Peter Bachmann

Internationale Flughäfen Europas

Peter Bachmann

Internationale Flughäfen Europas

Pläne - Daten - Fakten

Motorbuch Verlag Stuttgart

Einbandgestaltung: Johann Walentek

ISBN 3-613-01649-4

1. Auflage 1995

Copyright 1995 by Motorbuch Verlag, Olgastraße 86, 70180 Stuttgart
Ein Unternehmen der Paul Pietsch-Verlage GmbH & Co.
Sämtliche Rechte der Speicherung, Vervielfältigung und Verbreitung sind vorbehalten.

Produktion: Air Report Verlag, 64739 Höchst
Druck und Bindung: Konrad Triltsch, 97070 Würzburg

Printed in Germany

Die Informationen und Daten in diesem Handbuch sind von Autor und Verlag sorgfältig erwogen und geprüft. Dennoch kann eine Garantie für Richtigkeit und Vollständigkeit nicht übernommen werden. Eine Haftung des Autors bzw. Verlags und seiner Beauftragten für Personen-, Sach- und Vermögensschäden ist ausgeschlossen.
Der Einbandentwurf entstand unter Verwendung einer Luftaufnahme des Flughafens Frankfurt/Main. Wir danken der Flughafen Frankfurt/Main AG für die freundliche Unterstützung.
Die Karten und Kartenausschnitte stellte uns freundlicherweise Jeppesen & Co. GmbH, Frankfurt, zur Verfügung (Copyright Jeppesen Sanderson, Inc., USA, 1995. All rights reserved). Sämtliche Karten und Kartenausschnitte dienen nur der Information und dürfen nicht zur Navigation verwendet werden. Die Quellen der Farb- und S/W-Abbildungen sind hinter den Bildunterschriften in Klammern angegeben.

Inhalt

3. Internationale Flughäfen Europas von A bis Z

4. Anhang

Vorwort

Internationale Flughäfen - für viele Luftreisende sind sie oft nur notwendige Stationen eines Fluges. Und doch sind sie weit mehr als nur Beginn, Zwischenstation und Ende einer Reise: Flughäfen sind heute eine hochtechnisierte Welt für sich, Drehscheiben des Weltluftverkehrs, von denen aus man jeden Punkt dieser Erde in wenigen Stunden erreichen kann.

In der Geschichte der Luftfahrt sind aus den grasbewachsenen Flugfeldern der frühen Jahre riesige bebaute Areale mit Start- und Landebahnsystemen entstanden, die in ihrer Komplexität schon kleineren Städten entsprechen. Genügte früher eine Wellblechbaracke als Abfertigungsgebäude, von dem man gepäckschleppend zu Fuß zum „Flieger" ging, verbinden heute automatische Shuttle-Bahnen auf Hochtrassen die Terminals, in denen Passagiere und Besucher fast schon einen „Freizeitpark Flughafen" mit einer Vielzahl von Geschäften, Restaurants und anderen Servicebetrieben erleben können. Hinter den Kulissen sorgt eine gewaltige Organisation in Verbindung mit einem großen technischen Aufwand für einen reibungslosen Flugbetrieb und die Sicherheit der Fluggäste.

Die wirtschaftliche Bedeutung von Flughäfen ist enorm und beeinflußt wesentlich die volkswirtschaftliche Gesamtleistung eines Landes. Auch das unmittelbare Umland nimmt teil an dem wirtschaftlichen Erfolg eines Flughafens. Tausende von Menschen finden dort Arbeit, viele Unternehmen existieren nur durch ihn. Flughäfen verursachen aber auch ökologische Probleme, deren Auswirkungen zumindest bei uns in Deutschland mit immensen Kosten von den Flughafenbetreibern minimiert werden müssen. Viele europäische Flughäfen handhaben diese Problematik mit weit geringerem Aufwand und bieten nicht zuletzt dadurch die Serviceleistung „Flughafen" zunehmend kostengünstiger an. Darüber sollte man gerade unter dem Aspekt „Europäische Union" einmal nachdenken.

Dieses Handbuch gibt Luftfahrt-Interessierten in Bildern, Daten und Plänen einen Überblick über die meisten internationalen europäischen Flughäfen und beschreibt in den einleitenden Kapiteln am Beispiel des Flughafens Frankfurt/Main die vielfältigen und für Nicht-Eingeweihte unüberschaubaren Abläufe an und um einen internationalen Großflughafen.

Höchst, im Februar 1995

Peter Bachmann

Kapitel 1
Einführung

Flughäfen im Kartenbild

In diesem Kapitel wird einleitend am Beispiel Frankfurt/Main ein internationaler Verkehrsflughafen (in den Handbuch-Texten auch Flughafen genannt) anhand von speziellen Luftfahrtkarten, denen wichtige luftfahrttechnische und geografische Details entnommen werden können, vorgestellt. Diese Karten geben einen Überblick über Größe und Einzelheiten des Flughafengeländes (Lageplan) und die Lage des Flughafens in Beziehung zu seinem unmittelbaren Umland (Anflugkarte). Ein wichtiger Teil der Flughafen-Portraits in Kapitel 3 sind die Lagepläne. Anflugkarten jedoch sind (vor allem aus Platzgründen) nicht für jeden Flughafen veröffentlicht.

Landekarte (Lageplan)

Auf der folgenden Seite ist der Lageplan des Flughafens Frankfurt/Main (Ausschnitt aus der Bottlang-Airfield-Manual-Landekarte) abgebildet. Die Abkürzungen und Fachbegriffe auf der Karte sind im Anhang unter „Abkürzungen, Akronyme und Fachbegriffe" erläutert.

Kartenkopf

Der Kopf der Karte (links) enthält den Namen des Flughafen-Ortes, den Namen des Flughafens und den Länder-Namen. Darunter sind bestimmte Frequenzen mit Rufzeichen angegeben (Erläuterung s. Kapitel 4). In der rechten Hälfte des Kopfes sind die Karten-Nummer, das Datum der Kartenveröffentlichung und der Name des Karten-Verlages (Jeppesen) genannt. Darunter sind Piktogramme von Luftfahrzeugen, die den Flughafen nach Sicht anfliegen dürfen, zu sehen. Internationale Flughäfen werden vorrangig von Verkehrsflugzeugen nach Instrumentenflugregeln (IFR-

Anflüge) angeflogen. Anflüge nach Sichtflugregeln (VFR-Anflüge) werden gesondert geregelt. Da diese Karte eine Sichtflug-Karte ist, sind Verkehrsflugzeuge nicht als Piktogramme abgebildet. Unter den Piktogrammen ist die Frequenz des für den Flughafen zuständigen Fluginformationsdienstes mit Rufzeichen veröffentlicht.

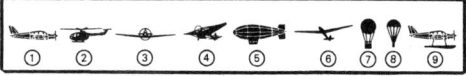

1 = Motorflugzeuge
2 = Hubschrauber
3 = Motorsegler
4 = Ultraleicht-Luftfahrzeuge
5 = Luftschiffe
6 = Segelflugzeuge
7 = Freiballonaufstiege
8 = Fallschirmspringen
9 = Wasserflugzeuge

Kartenbild

Das Kartenbild stellt Flughafen-Betriebsflächen hellgrau, Gebäude und Start-/Landebahnen schwarz dar. Kursive Zahlen (z.B. *474'*) sind Höhen (in Fuß) von Luftfahrt-Hindernissen (Gebäude, Geländeerhebungen usw.). Die Start-/Landebahnen sind mit ihrer Kurzbezeichnung (z.B. 07L 25R) und ihrer Länge (m) aufgeführt. Die Kurzbezeichnung gibt dabei die mißweisende Ausrichtung (in °) und die Lage der Bahn (L = links, R = rechts) an. Gepfeilte Grad-Angaben links und rechts der Bahnen sind die exakten mißweisenden Ausrichtungen. Die Erläuterungen weiterer Abkürzungen und Fachbegriffe auf dem Kartenbild können Kapitel 4 entnommen werden.

Kartenfuß

Piktogramme der am Flughafen verfügbaren Serviceleistungen und Einrichtungen sind am Kartenfuß abgebildet.

FRANKFURT/MAIN

FRANKFURT/MAIN

GERMANY

*initial call and start-up
GROUND 121.90* 121.80
APRON 121.70 122.05 121.95

(FIS)
FRANKFURT RADAR 119.15

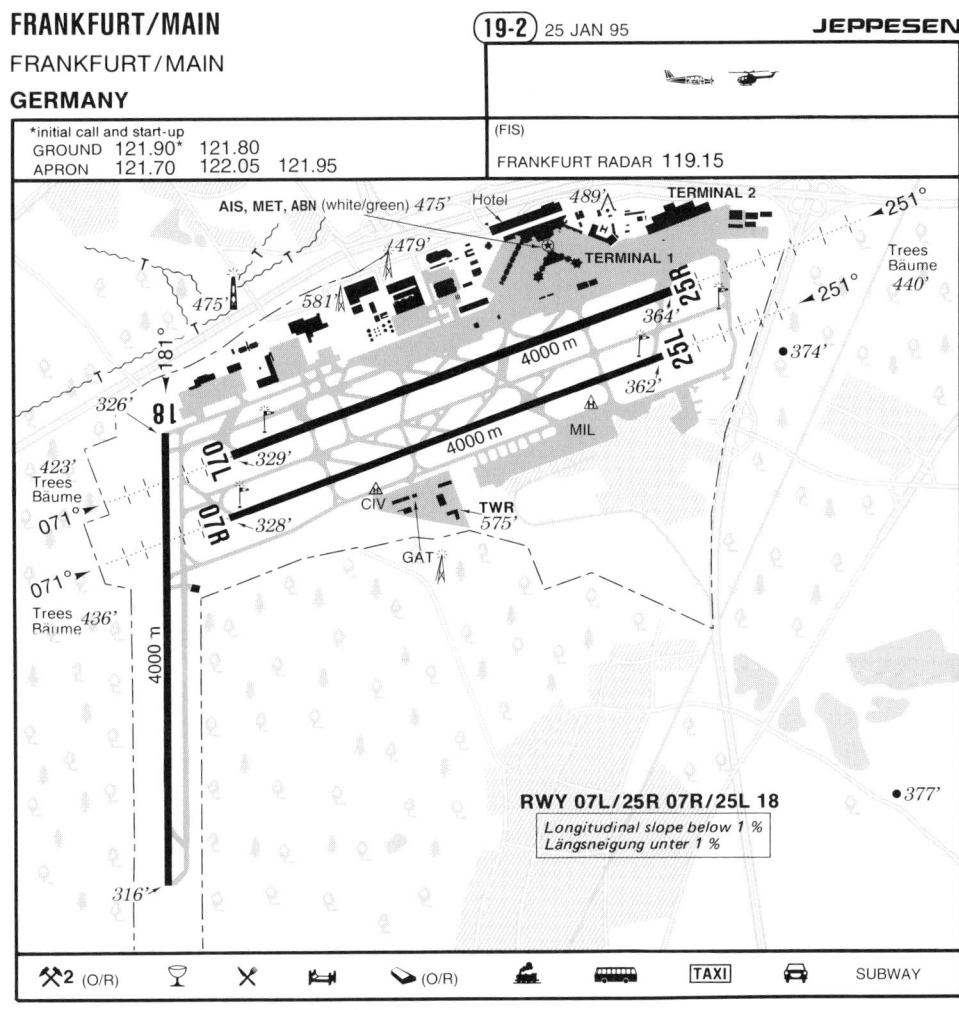

RWY 07L/25R 07R/25L 18

Longitudinal slope below 1 %
Längsneigung unter 1 %

① a ① b ② ③ ④ ⑤ ⑥ ⑦ ⑧ ⑨ ⑩ ⑪

1a = Kleinere Reparaturen
1b = Größere Reparaturen
2 = Erfrischungen
3 = Restaurant
4 = Übernachtungsmöglichkeit
5 = Flugschule

6 = Flugzeug-Charterung
7 = Hallenraum für Fremdflugzeuge
8 = Eisenbahnstation
9 = Bus, Autobus
10 = Taxis
11 = Mietwagen

13

Anflugkarte

Die teilweise bei den Flughafen-Portraits abgebildeten Anflugkarten sind Sichtanflugkarten aus den Bottlang Airfield Manuals.

Kartenkopf

In der obersten Kopfzeile sind zunächst der Name des Karten-Verlages (Jeppesen), das Datum der Kartenveröffentlichung und die Karten-Nummer zu sehen. Außerhalb des Rahmens befinden sich im Kartenkopf der Name des Flughafens, das Land, der ICAO-Code, die Flughafenhöhe in Fuß und Meter, die Lagekoordinaten und die Entfernung des Flughafens zur Stadt in Nautischen Meilen (NM) mit Richtungsangabe (SW = Süd-West).

Im linken oberen Kopfrahmen sind Frequenzen veröffentlicht, immer mit der oder den Approach-Frequenzen und deren Rufzeichen beginnend. Darunter stehen weitere Flughafen-Frequenzen mit Rufzeichen, z.B. Tower/Turm (TWR), Ground/Rollkontrolle, Apron/Vorfeld usw. Die Abkürzung VDF in den rechten Ecken der oberen Rahmen bedeutet, daß auf den genannten Frequenzen auch UKW-Peilverkehr zur Standortbestimmung des Luftfahrzeuges stattfinden kann.

Unterhalb des Datenblocks mit der Lageangabe wird die ATIS-Frequenz (ggf. auch mehrere) angegeben, auf der in gesprochenem Text automatisch Start- und Landeinformationen ausgestrahlt werden.

Der letzte Datenbereich gibt die Start- und Landebahnen an, die über ein Instrumenten-Landesystem (ILS) verfügen. Zusätzlich werden die ILS-Frequenz, die ILS-Kennung (z.B. IRF) und die genaue mißweisende Ausrichtung (z.B. 071°) genannt.

Die Angabe Scale 1:200.000 am rechten Kartenrand ist der Maßstab der Karte.

Kartenbild

In der Kartenbild-Mitte ist der Flughafen als schwarze Fläche mit den Start-/Landebahnen (weiße Linien) zu sehen. Die oberhalb und unterhalb der Flughafenfläche befindlichen gepfeilten Striche sind VFR-An- und Abflugstrecken zu den Meldepunkten (z.B. November) mit Kurs- und Flughöhenangaben. Die kleinen Ovale unmittelbar an den Pfeilen der An- und Abflugstrecken sind Wartepositionen mit Kursen. Wie auch auf der Landekarte sind Hindernisse kursiv gedruckt (Höhe in Fuß, z.B. *1463'*).

Zahlenangaben in von Akronymen unterbrochenen Rechtecken mit dünnen Linien sind Frequenzen von Funkfeuern mit Morsekennung. Die Bezeichnung L beispielsweise mit der Angabe 297 FR kennzeichnet ein Anflugfunkfeuer mit der Frequenz 297 kHz und der Morsekennung FR, das Akronym DVORTAC gibt die Position des DVORTAC mit der Frequenz 114.20 MHz und der Kennung FFM an.

Weitere Erläuterungen des Kartenbildes sind im Zusammenhang mit dem Inhalt dieses Handbuches nicht erforderlich.

Schlußbemerkungen

Die Lagepläne und Anflugkarten enthalten eine Vielzahl von Details, die nicht alle in diesem Handbuch erläutert werden können. Detaillierte und umfassende Erläuterungen (ca. 70 Seiten Legende) sind in den Bottlang und Jeppesen Airfield Manuals enthalten. Auf Seite 16 ist zum Abschluß dieses Einführungskapitels der seit Oktober 1994 gültige Terminalplan des Flughafens Frankfurt/Main zu sehen.

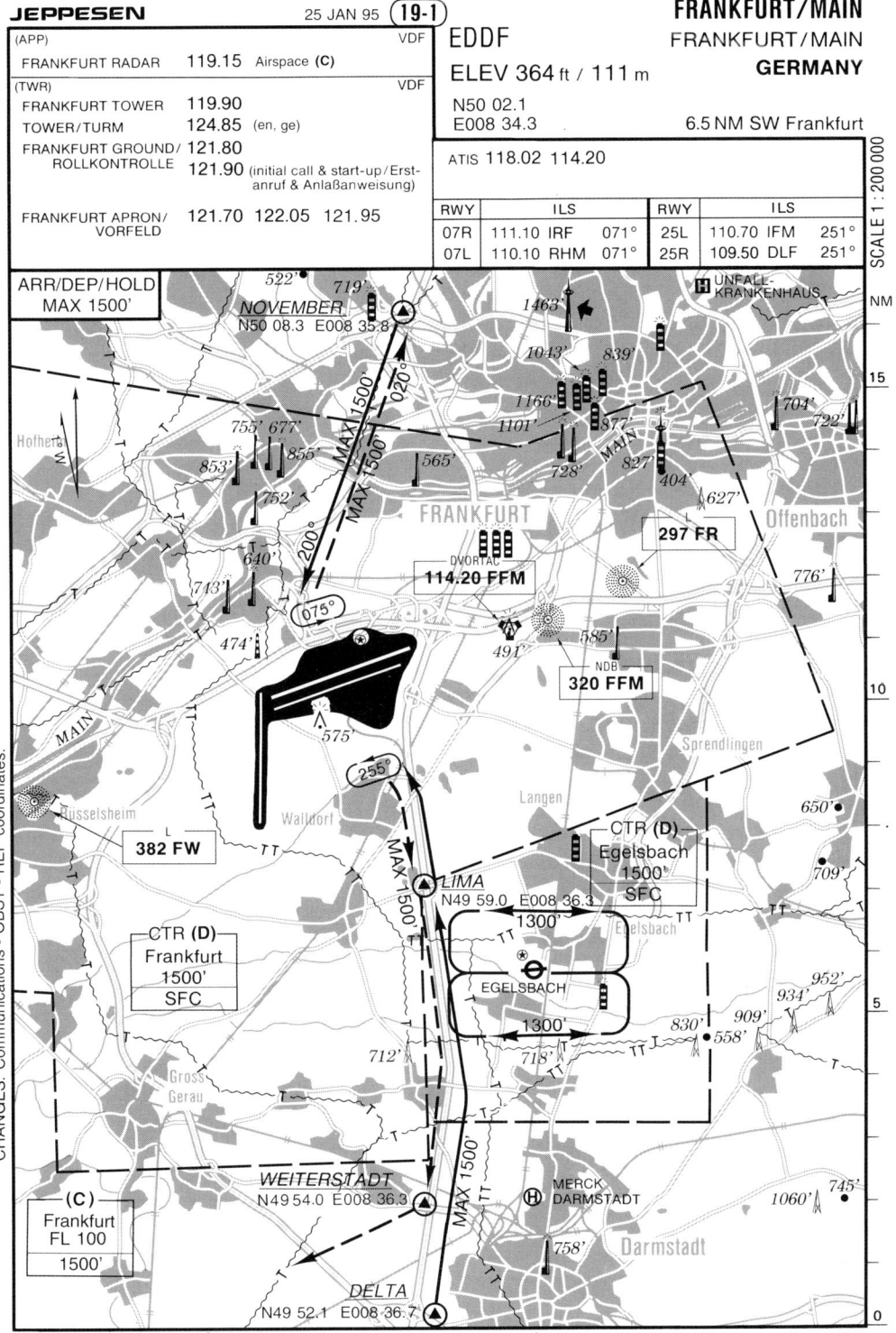

(APP)			VDF
FRANKFURT RADAR	119.15	Airspace **(C)**	

(TWR)		VDF
FRANKFURT TOWER	119.90	
TOWER/TURM	124.85	(en, ge)
FRANKFURT GROUND/	121.80	
ROLLKONTROLLE	121.90	(initial call & start-up/Erst-anruf & Anlaßanweisung)
FRANKFURT APRON/ VORFELD	121.70 122.05 121.95	

EDDF

ELEV 364 ft / 111 m

N50 02.1
E008 34.3

6.5 NM SW Frankfurt

ATIS 118.02 114.20

RWY	ILS		RWY	ILS	
07R	111.10 IRF	071°	25L	110.70 IFM	251°
07L	110.10 RHM	071°	25R	109.50 DLF	251°

SCALE 1 : 200 000

ARR/DEP/HOLD
MAX 1500'

NOVEMBER
N50 08.3 E008 35.8

522'   719'

1463'

UNFALL-KRANKENHAUS

NM

15

1043'

839'

1166'

704'

722'

1101'

877'

MAIN

755' 677'

855'

728'

827'

853'

565'

FRANKFURT

404'

627'

Offenbach

752'

200°

640'

743'

DVORTAC
114.20 FFM

491'

585'

NDB
320 FFM

297 FR

776'

10

474'

575'

MAIN

255°

Rüsselsheim

382 FW

Walldorf

Langen

Sprendlingen

650'

709'

CTR **(D)**
Egelsbach
1500'
SFC

LIMA
N49 59.0 E008 36.3

1300'

Egelsbach

CTR **(D)**
Frankfurt
1500'
SFC

EGELSBACH

1300'

952'

934'

830'

909'

558'

5

(C)
Frankfurt
FL 100
1500'

712'

718'

745'

WEITERSTADT
N49 54.0 E008 36.3

MERCK
DARMSTADT

1060'

758'

Darmstadt

DELTA
N49 52.1 E008 36.7

0

Gross
Gerau

Hofheim

075°

020°

MAX 1500'

MAX 1500'

MAX 1500'

Terminalplan des Flug-
hafens Frankfurt/Main

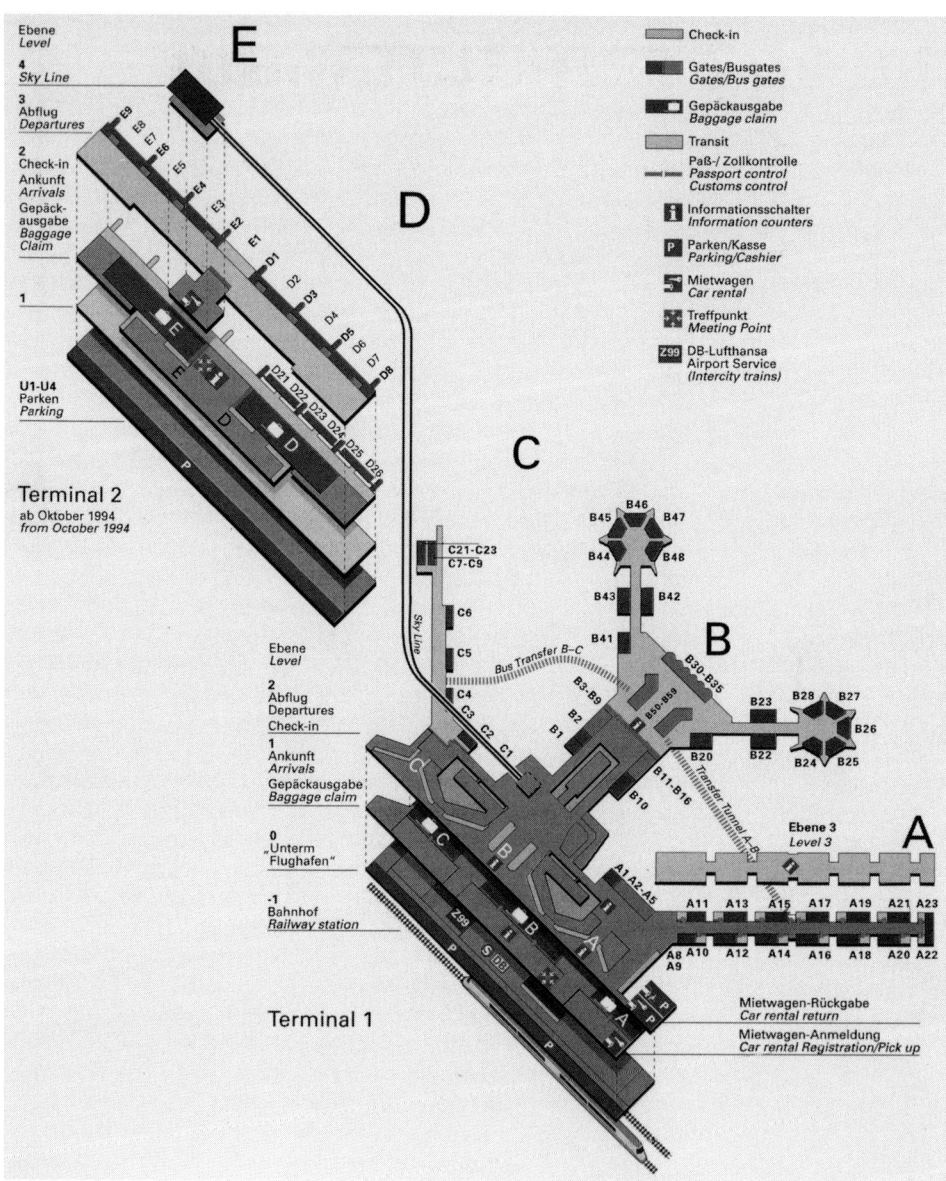

Ebene
Level

4
Sky Line

3
Abflug
Departures

2
Check-in
Ankunft
Arrivals
Gepäck-
ausgabe
*Baggage
Claim*

1

U1-U4
Parken
Parking

Terminal 2
ab Oktober 1994
from October 1994

E

D

C

B

A

Check-in

Gates/Busgates
Gates/Bus gates

Gepäckausgabe
Baggage claim

Transit

Paß-/ Zollkontrolle
*Passport control
Customs control*

Informationsschalter
Information counters

Parken/Kasse
Parking/Cashier

Mietwagen
Car rental

Treffpunkt
Meeting Point

Z99 DB-Lufthansa
Airport Service
(Intercity trains)

C21-C23
C7-C9

C6

C5

C4

C3 C2 C1

Sky Line

Bus Transfer B-C

B45 B46 B47

B44   B48

B43   B42

B41

B30-B35

B3-B9

B2

B50-B59

B1

B20

B11-B16

B10

B23

B28 B27

B26

B22 B24 B25

Transfer Tunnel A-B

Ebene
Level

2
Abflug
Departures
Check-in

1
Ankunft
Arrivals
Gepäckausgabe
Baggage claim

0
„Unterm
Flughafen"

-1
Bahnhof
Railway station

Ebene 3
Level 3

A1 A2-A5

A11 A13 A15 A17 A19 A21 A23

A8 A10   A12 A14 A16 A18 A20 A22
A9

Terminal 1

Mietwagen-Rückgabe
Car rental return

Mietwagen-Anmeldung
Car rental Registration/Pick up

Z99

Kapitel 2

Der internationale Flug-hafen Frankfurt/Main

Luftverkehr in Frankfurt von 1900 bis heute

Als einzige deutsche Stadt kann Frankfurt am Main auf eine über 200jährige Luftfahrttradition zurückblicken. Am 3. Oktober 1785 stieg auf der Bornheimer Heide zum ersten Mal ein Mensch mit einem Ballon in die Luft auf - das Zeitalter der bemannten Luftfahrt hatte begonnen.

Während des 19. Jahrhunderts gab es zur Frankfurter Messe immer Ballonfahrten. Um die Jahrhundertwende besuchten rund 20.000 Menschen die fast allsonntäglichen Ballon-Auffahrten von Kätchen Paulus am Zoo. 1909 beherrschte die Fliegerei die Stadt und ihre Umgebung 100 Tage lang: Die erste *Internationale Luftschiffahrt-Ausstellung* wurde in Frankfurt eröffnet. 1910 wurde als eine der ersten Luftverkehrsgesellschaften der Welt (für Zeppeline) die *Deutsche Luftschiffahrts-Aktiengesellschaft* in Frankfurt gegründet.

Zwischen 1908 und 1912 errichtete der Luftfahrtpionier August Euler die erste deutsche Flugzeugfabrik und Flugschulen in Darmstadt und Frankfurt. 1912 wurde mit einem Flugzeug aus seiner Firma (*Gelber Hund*) die deutsche Luftpost zwischen Frankfurt und Darmstadt begründet. Nach dem Ersten Weltkrieg und den mit dem Versailler Vertrag verbundenen Bedingungen (Flugverbote, Zerstörung der Flugzeuge und Teile der Bodeneinrichtungen) ging die Entwicklung des Luftverkehrs vorläufig zu Ende. Trotzdem gelang es 1922, den Flugdienst auf dem 1911 eröffneten alten *Flughof Rebstock* wieder aufzunehmen und 1924 die *Südwestdeutsche Luftverkehrs-AG, Frankfurt am Main* zu gründen. Die Statistik des Jahres 1924: 234 Starts und Landungen, 536 Fluggäste und 1.102 kg Luftpost.

1925 hatten sich diese Zahlen bei einem erweiterten europäischen Streckennetz verzehnfacht und mit über 30.000 kg Fracht entwickelte sich schon damals die Tendenz für Frankfurt, Knotenpunkt der europäischen Luftfahrt zu werden.

Als nach der Weltwirtschaftskrise die Fluggastzahlen zu Beginn der 30er Jahre weiter stiegen, begann die Planung eines neuen Flughafens an einem neuen Standort, dem Schnittpunkt der Autobahnen Kassel-Frankfurt-Mannheim und Rheinland-Würzburg. 1936 eröffnete der *Flug- und Luftschiffhafen Rhein-Main*. Rio de Janeiro und Lakehurst waren Zielorte des regelmäßigen Linienverkehrs der Luftschiffe *Graf Zeppelin* und *Hindenburg*. Mit einer *Ju 52* der Lufthansa war der Flugverkehr gestartet worden. Die Daten für den zweitgrößten Flughafen nach Berlin 1936:

Flugzeuge
5.270 Starts und Landungen, 58.010 Fluggäste, 801 t Fracht und Gepäck, 796 t Post

Luftschiffe Südamerika
1.083 Fluggäste, 9,3 t Post, 9,2 t Fracht

Luftschiffe Nordamerika
2.656 Fluggäste, 8,3 t Post, 9,0 t Fracht

1937 umfaßte das Streckennetz schon 22 Linien. Die meisten Länder Europas waren direkt erreichbar - nach Skandinavien, Spanien, den Ostseeländern und dem Balkan gab es Anschlußstrecken, es gab auch eine Luftflotte für Post und Fracht. Frankfurt war außerdem Brückenkopf für den Luftpostdienst nach Nord- und Südamerika.

Während des 2. Weltkriegs übernahm die Luftwaffe den Flughafen, der gegen Kriegsende von den Alliierten erheblich bombardiert wurde. Zusätzlich sprengten deutsche Truppen bei Rückzugsgefechten im März 1945 große Flughafenbereiche.

Nach Kriegsende ließen amerikanische Besatzungstruppen eine erste Startbahn (Länge 1.800 m) bauen. 1947 entstand die *Verkehrs-Aktiengesellschaft Rhein-Main*, die 2 Jahre später aufgrund eines Vertrags mit den amerikanischen Zivilluftfahrtbehörden unter Auflagen wieder mit der Bodenorganisation beauftragt wurde. Da die Berliner Luftbrücke die erste Startbahn stark beansprucht und beschädigt hatte, baute man 1949 eine zweite parallele Piste. Das Flughafen-Gelände gliederte sich nun in den nördlichen Teil für den zivilen und den südlichen Teil für den militärischen Luftverkehr.

Die weltweite rasante Entwicklung prägte die 50er Jahre. Die neugegründete *Bundesanstalt für Flugsicherung* (BFS) hatte 1953 ihren Sitz in Frankfurt. Die Betreibergesellschaft änderte 1954 erneut ihren Namen (*Flughafen AG Frankfurt/Main*). Im Jahr darauf wurde das Land Hessen neben der Stadt Frankfurt und der Bundesrepublik Deutschland größter Aktionär.

Der Aufschwung

1957 hatte sich die Zahl der Passagiere auf 1.153.830 bei 25.210 Flugbewegungen erhöht. Ein größeres Abfertigungsgebäude wurde daher geplant - zumal der Flughafen im gleichen Jahr seine auf 3.000 m verlängerte Startbahn Nord in Betrieb nahm und damit in die Kategorie I der ICAO-Klassifikation aufstieg.

Schon 1959 war wegen des Beginns des Jet-Zeitalters eine Pistenverlängerung auf 3.600 m fällig. 1960 zählte man über 2 Millionen Passagiere und 36 Luftverkehrsgesellschaften. 1965 war ein weiterer Meilenstein: Die *Flughafen Frankfurt/Main AG* (FAG) legte den Grundstein für das neue Terminal Mitte (heute Terminal 1) und stellte den Antrag zur Genehmigung der Startbahn 18 West.

1971 zählte man mehr als 10 Millionen Fluggäste, 58 Luftverkehrsgesellschaften kamen im Linienverkehr: Frankfurt stand bei der Anzahl der Fluggäste auf Platz 11 und im Frachtaufkommen (> 35.000 t) auf Platz 4 der Weltrangliste. Rund 25.000 Menschen in über 330 Firmen arbeiteten am Flughafen.

Terminal 1

Mit der Eröffnung von Terminal 1 (damals Terminal Mitte) begann 1972 eine neue Ära: Alle Abfertigungsanlagen unter einem Dach und einen kompletten Bahnhof für S-Bahn sowie Fernverkehr. Als die ersten Jumbos flogen, mußten noch während der Bauphase die Fluggastanlagen den Dimensionen dieser Jets angepaßt werden. Die elektronisch gesteuerte Gepäckförder- und Sortieranlage erreichte eine Leistung, die damals kein vergleichbarer Großflughafen bieten konnte. Bis heute hält Frankfurt die Rekord-Umsteigezeit für Passagiere von 45 Minuten. 1972 war das Streckennetz der Gepäckförderanlage noch 38 km lang, 22 Jahre später 55 km mit Terminal 2.

Für Passagiere und Besucher gleichermaßen interessant war schon in den Anfangsjahren die Fülle von Geschäften, Restaurants und Dienstleistern im Terminal 1, das die FAG inzwischen zu einem Einkaufszentrum ausgebaut hat.

1980 fuhr der erste Zug der S-Bahn-Linie, die den Airport mit Frankfurt verband. Drei Jahre später integrierte die Bundesbahn den Flughafen in das Intercity-Netz. Bis heute können nur in Deutschland die Fluggäste in Frankfurt vom Jet direkt in den Intercity steigen. Mit 12 Minuten Fahrzeit für die S-Bahn vom Hauptbahnhof direkt zum Terminal 1 liegt der Flughafen europaweit an 2. Stelle - nur Genf ist mit 7 Minuten noch schneller.

Gepäckförderanlage

Die Abflug-Gepäckstücke gelangen in der Regel über Check-In-Schalter im Terminal in das Transportsystem. Jedes Gepäckstück kommt automatisch in eine Containerwanne, die mit Fluginformationen codiert ist. Danach geht es auf die „Reise" zum Flugzeug.

Eine 1993 neu installierte Rechneranlage registriert und steuert an den Lesestellen die von allen Check-In-Schaltern kommenden Gepäckwannen, die entweder im Gepäckspeicher auf Abruf warten oder auf ihrer Fahrt zum jeweiligen Abfluggate sind. Das gleiche geschieht mit Koffern auf ihrem Weg vom gelandeten Flugzeug zu den Gepäckausgabebändern im Terminal.

Der Umsteigeranteil von fast 50% bedingt, daß dem Handling des Umsteigergepäcks innerhalb der Umsteigezeit von 45 Minuten größte Aufmerksamkeit gewidmet wird. Deshalb gibt es im Terminal und in den Vorfeldstationen zentrale Eingabestellen für das direkt aus dem Flugzeug ausgeladene Gepäck zum schnellen Weitertransport.

Während der Fluggast mit der Hochbahn *Sky Line* minutenschnell von einem Terminal in das andere fahren kann, folgt ihm sein Koffer mit „High-Speed": Zwischen dem neuen Terminal 2 und Terminal 1 erreichen die Gepäckwannen in einer geraden Tunnelstrecke 5 m/sec Geschwindigkeit, im übrigen System 2,5-4 m/sec. Pro Jahr befördert das 55 km lange System ca. 21 Millionen Gepäckstücke.

Der neue Tower

Nach 3-jähriger Bauzeit übergab die FAG im April 1989 der *Bundesanstalt für Flugsicherung* (1993 privatisiert und in *Deutsche Flugsicherung GmbH* umbenannt) auf der Südseite den neuen, 70 m hohen Kontrollturm. Seine Kanzel, 59 m hoch in der 21. Ebene gelegen, ist eine achteckige, rundum verglaste Stahlkonstruktion.

Technisch ist der Tower mit allen Hilfsmitteln zur Sicherheit der startenden und landenden Flugzeuge ausgestattet: Eine unterbrechungsfreie Stromversorgung, ein Radarsystem, ein Vermittlungssystem zur flexiblen Fernsprech- und Sprechfunkkanalnutzung, ein Monitorsystem für die Befeuerung der Bahnen sowie ein Wetterdaten- und Informationsanzeigesystem.

Terminal 2

Mit 17 qkm ist das Flughafen-Areal kompakt, relativ kurz sind die Wege. Um diese Vorteile auszubauen, startete die FAG Mitte der 80er Jahre die Planung des neuen Terminals 2. Ein großzügiges Ambiente, Transparenz und ein entspannendes Interieur geben ein Gefühl von Sicherheit und Komfort. Eine große Anzahl von Schaltern ermöglicht einen komfortablen Check-In.

Ausgelegt ist das Terminal 2 für eine Kapazität von über 10 Millionen Fluggästen pro Jahr. Entsprechend sind die Gate-Lounges dimensioniert, die gleichzeitig 8 Gebäudepositionen für Großraumflugzeuge und 18 zusätzliche Vorfeldpositionen bedienen. Im westlichen Bereich wurden nachträglich 3 Pavillons mit 6 EU-Gates angebaut.

Wie im Terminal 1 ist das Service- und Dienstleistungsangebot im neuen Terminal 2 umfassend: Ruhezonen laden zum Entspannen ein, Banken, Autovermieter, Restaurants und Geschäfte bieten ihre Dienste an. Infostände, Gepäckaufbewahrung, Lost & Found und Gepäckermittlung sind selbstverständlich. Neben Treppen und Rolltreppen gibt es Aufzüge, um die Ebenen zu wechseln.

*Blick vom neuen Tower des Flughafens Frankfurt/Main auf das Start-/Landebahnsystem
(Flughafen Frankfurt/Main AG)*

Die Erlebniswelt Flughafen rundet im neuen Terminal eine Aussichtsterrasse ab, von der man Starts und Landungen gut verfolgen kann.

Die *Sky Line* sorgt für einen nahtlosen Anschluß zum IC- und S-Bahnhof unter Terminal 1. Passagiere, die mit dem eigenen Auto oder per Taxi anreisen, erreichen das Terminal 2 durch die eigene Straßenanbindung und die Tiefgarage schnell und einfach.

Zunächst werden rund fünf Millionen Passagiere pro Jahr im Terminal 2 für das erste Jahr erwartet. Wahrscheinlich dauert es lediglich 2-3 Jahre, bis die Jahreskapazität zunächst 8 oder 9 Millionen Passagiere erreicht hat.

Die Terminals 1 und 2 sind eine organisatorische Einheit, wobei die *Sky Line* und die um 10 auf nunmehr 55 km erweiterte Gepäckförderanlage eine Nabelschnur darstellen.

Die Eröffnung des neuen Terminals 2 im Jahr 1994 ist ein Meilenstein in der Geschichte des Flughafens. Sowohl architektonisch wie technisch ist Terminal 2 das markanteste Gebäude am Flughafen. Im Inneren schaffen die großen Glasfassaden und das Glasdach eine lichtdurchflutete, angenehme Atmosphäre. Beim Bau verwendete man nicht nur möglichst umweltgerechte Materialien, sondern installierte z.B. neben einem regulären Trinkwasser- gleichzeitig ein Brauchwassersystem, das mit Regenwasser vom Dach gespeist wird.

Für den Bau der Klimaanlage im Terminal 2 nahmen die FAG-Planer eine Anleihe bei alpenländischen Tunnelbauern, indem sie 8 m unter der Oberfläche einen 360 m langen Tunnel vom Kommunikationsgebäude zur Westseite des Terminals 2 gru-

ben, durch den das auf 6° C heruntergekühlte Wasser aus der Großkälteanlage im Kommunikationsgebäude zum Terminal 2 kommt.

Ein von der Bauabteilung der FAG geplantes Straßensystem verbindet das Terminal 2 landseitig mit Terminal 1, der Bundesstraße und der Autobahn.

Züge zwischen den Terminals

Einer Umsteigezeit von höchstens 45 Minuten haben die Planer Priorität eingeräumt und ein Konzept entwickelt, daß dieser Service auch bei auf 2 Terminals verteilten Fluggastanlagen und einer weiteren Zunahme des Luftverkehrs sichergestellt ist. Möglich macht dies die neue Hochbahn *Sky Line* (kostenlos für Fluggäste und Beschäftigte). In ihrer ersten Ausbauphase verbindet sie den Bereich B des Terminals 1 mit Terminal 2.

Die Fahrzeit beträgt ca. 2 Minuten, in Spitzenzeiten verkehren die Züge im 90-Sekunden-Takt. Kreuzungsfrei überquert die Trasse auf mehr als 50 Stahlbetonpfeilern in 17 m Höhe das Flughafen-Gelände. Jeder Zug besteht aus 2 klimatisierten Wagen. Ein 600-Volt-Drehstromnetz sorgt für den Antrieb. Gesteuert werden die fahrerlosen Züge über Computeranlagen.

Eine Verlängerung bis in den Bereich A des Terminals 1 in einer zweiten Ausbaustufe ist bereits vorgesehen. Die Fahrzeit von Terminal 2 bis zur Station A im Terminal 1 wird dann einschließlich eines Zwischenstopps im Bereich B nicht länger als 3 Minuten sein. Ab 1997 kann die *Sky Line* mit maximal 10 Zügen über 4.000 Passagiere pro Stunde (je Richtung) befördern.

Terminal 2 des Flughafens Frankfurt/Main in Daten

Kapazität
10-12 Millionen Passagiere pro Jahr.

Lage
950 m östlich vom Terminal 1.

Flugsteige
8 Gebäudepositionen für Großraumjets.

Vorfeld
18 Abstellpositionen, Nutzer von Terminal 2 erhalten Flächen in unmittelbarer Gebäudenähe.

Verkehrsanbindung
Hochbahn *Sky Line* zum Terminal 1 mit seinem Tiefbahnhof, eigener Straßenanschluß mit Vorfahrt für Pkw, Taxi, Busse.

Parken
4.500 Stellplätze auf 4 Etagen der Tiefgarage.

Kosten
Rund 1,6 Milliarden Mark.

Bauherr des Terminals
Flughafen Frankfurt/Main AG (FAG).

Maße
590,40 m lang; 100,80 m breit; 34,50 m hoch.

Termine
Baubeginn Juni 1989, Richtfest Herbst 1992, Eröffnung 24. Oktober 1994.

Baudetails
106 Unternehmen beteiligt. In der Rohbauphase maximal 1.350 und beim Ausbau bis zu 2.000 Menschen gleichzeitig beschäftigt.

Haustechnik
85 Klima- und Lüftungsanlagen, 550 Ventilatoren, 40.000 Sprinklerköpfe, 3.500 Heizkörper.

Elektrotechnik
9.300 Leuchten für Sonder- und 50.000 für Normalbeleuchtung, 23.000 Steckdosen, 3.800 km Leitungen.

Akustik
8.500 Lautsprecher, 320 km Leitungen.

Brandmeldeanlagen
8.000 Automatik- und 200 Druckknopfmelder, 240 km Leitungen.

Kommunikation
45 Infotafeln, 100 Kameras, 1.100 km Leitungen für Fernmeldeeinrichtungen.

Läden etc.
Zeitungen/Bücher, Mini-Markt, Geschenkartikel, Schmuck, Lederwaren, Geldwechsel, Post-Service, Duty Free Shop, Delikatessen-Shop, Souvenirs, Unterhaltungselektronik/Technik, Boutique, Mietwagen.

Restaurants und Bars
Bistro (Steigenberger), Transit-Restaurant und vier Snack Bars (Steigenberger), Besucher-Restaurant (McDonald's).

Serviceeinrichtungen
Airline-Lounges
Ärztliche Dienste
Aufzüge
Babywickelräume
Behindertenwartezone mit Außenstelle
Fundbüro
Gepäckaufbewahrung, Porter Service
Gepäckwagen zur kostenlosen Nutzung
Info-Monitorsäulen, Informationsschalter
Krankenrollstühle
Meeting Point sowie Company Meeting
Messeschalter
Rent a car
Telefone (öffentliche Telefone, behindertengerecht, und Service-Telefone)
Toiletten mit Behindertentoiletten

Sky Line
Vollautomatisch, pro Zug 2 Wagen (In- und Ausland). Minimaler Zeitabstand zwischen 2 Zügen: 90 Sekunden. Kapazität 4.800 Fahrgäste pro Richtung und Stunde, Energieversorgung: 2 x 10 KV-Einspeisung, Systemspannung 600 V.

Flughafen-Organisation

Mit einem Areal von ca. 17 qkm hat der Flughafen Frankfurt eine größere Gemarkungsfläche als etwa die benachbarte Stadt Hattersheim. Die Zahl der Beschäftigten am Flughafen von über 52.000 entspricht ungefähr den Einwohnerzahlen von Hof oder Friedrichshafen. Ähnliche Beschäftigtenzahlen gibt es in Deutschland nur noch in Wolfsburg bei VW und bei BASF in Ludwigshafen - der Airport Frankfurt/Main ist in Deutschland die größte lokale Arbeitsstätte.

Im Rahmen der Internationalisierung der Wirtschaft und der Öffnung neuer Märkte in Europa spielt der Flughafen für viele Firmen eine bedeutende Rolle bei der Standortentscheidung. So haben neben den auf dem Flughafen ansässigen Firmen die sogenannten Arbeitsstätten des Luftverkehrs im Gebiet der Stadt Frankfurt und den Nachbargemeinden ein starkes wirtschaftliches Gewicht. Eine Studie der FAG von 1992/93 ergab hochgerechnet 10.000 Beschäftigte bei 325 registrierten Betrieben im Umland. Natürlich haben die ca. 10.000 Arbeitsplätze des Luftverkehrs in der Nachbarschaft des Frankfurter Flughafens einen zusätzlichen Effekt auf Beschäftigung und Einkommen. Die gesamtwirtschaftliche Bedeutung des Frankfurter Flughafens für das Umland läßt sich auch durch die von den Flughafen-Unternehmen ausgezahlten Bruttolöhne und -gehälter dokumentieren: Insgesamt ca. 4 Milliarden Mark (1992).

Zentrale Verkehrsleitung

Bei der *Zentralen Verkehrsleitung* (ZV) liegt die Wahrnehmung der Pflichten und Rechte, die der Gesetzgeber der FAG zur Aufrechterhaltung des betriebssicheren Zustands des Flughafens zuweist.

Der Leiter der ZV und sein Vertreter sind gleichzeitig die nach der Luftverkehrs-Zulassungsordnung bestellten und von der Landesluftfahrtbehörde bestätigten Verkehrsleiter, die im Rahmen ihrer Verkehrsleitungs- und Betriebssicherungsaufgaben verantwortlich sind. Außerdem nimmt die ZV hoheitliche und andere behördliche Aufgaben wahr: Luftaufsicht des Landes Hessen und Vertretung der Flugunfalluntersuchungsstelle beim Luftfahrt-Bundesamt. Ziel der ZV ist die Verkehrslenkung als Kundendienst. Dabei haben die Fluggäste vor den Luftverkehrsgesellschaften und den übrigen Beteiligten am Luftverkehr und Flughafen Priorität.

Die *Verkehrsleitung Flugbetrieb* - verantwortlich unter anderem auf den Flugbetriebsflächen für die Koordination von Baumaßnahmen, die Leitung des Winterdienstes und die generelle Funktionsfähigkeit der einschlägigen Anlagen und Einrichtungen - erfüllt ihre Aufgaben mit den Diensten Vorfeld-Kontrolldienst und Verkehrszentrale, Vorfeld-Aufsicht sowie Luftaufsicht und Allgemeine Luftfahrt.

Vorfeld-Kontrolldienst und Verkehrszentrale stellen maßgeblich die tägliche Luftverkehrsabwicklung unter allen Betriebs- und Wetterlagen sicher. Sie sind für die Betriebssicherheit der gesamten Flugbetriebsfläche und zusätzlich für die Verkehrssicherheit auf dem Vorfeld zuständig. Gleichzeitig obliegen ihnen die Zuweisung von Flugzeugabstellplätzen (Positionen) und Fluggastsammelräumen (Gates). Sie führen gelandete Flugzeuge von der Grenze des Rollfeldes per Funk zur zugewiesenen Position und umgekehrt (in Zusammenarbeit mit der *Deutschen Flugsicherung GmbH*) abfliegende Flugzeuge von der Position bis in die Nähe der zugewiesenen Startbahn.

Die **Vorfeld-Aufsicht** sichert den Betrieb auf dem Vorfeld durch Kontrolle von Verkehrsflächen, Anlagen und Einrichtungen sowie Überwachung des Vorfeld-Verkehrs. In ständiger Funkverbindung mit dem Vorfeld-Kontrolldienst unterstützt sie die Verkehrsführung auf dem Vorfeld, winkt, falls erforderlich, Flugzeuge auf die Positionen ein, lotst Flugzeuge abseits der Leitlinien und Fahrzeuge, die außerhalb des Vorfeld-Fahrstraßensystems verkehren müssen.

Die Mitarbeiter der örtlichen **Luftaufsichtsstelle** nehmen im Auftrag der Landesluftfahrtbehörde, des Hessischen Ministeriums für Wirtschaft, Verkehr, Technologie und Europa-Angelegenheiten, als Beauftragte für Luftaufsicht zur Abwehr betriebsbedingter Gefahren luftpolizeiliche Aufgaben bei der **Allgemeinen Luftfahrt** wahr. Diese reichen von Betriebsflächenkontrollen bis zu Kontrollen von Flugzeugdokumenten und den Dokumenten der Flugvorbereitung. Des weiteren werden für den Bereich des General Aviation Terminals (GAT) im Auftrag des Bundesgrenzschutz (BGS) die Luftsicherheitskontrollen durchgeführt. Mit dem GAT betreibt diese Stelle einen auf die Allgemeine Luftfahrt angepaßten Flughafen für Geschäfts- und Privatmaschinen. Dieser Service reicht von der Unterstützung der Piloten bei der Flugvorbereitung über die Ent- und Versorgung der Flugzeuge sowie von Crew- und Passagiertransporten bis zum Inkasso.

Die **Verkehrsleitung Allgemeine Dienste** steht Airlines, Passagieren, Behörden und Firmen als Ansprechpartner der Verkehrsleitung zur Verfügung. Ferner ist sie für die Versorgung des Flughafen-Betriebs mit Flugplan-, Flugbetriebs-, Flugverlaufs- und Ladedaten zuständig. Sie erfüllt ihre Aufgaben mit den Diensten Verkehrsleiter vom Dienst, Flugplanstelle und Verkehrsvorbereitung sowie Informationszentrale.

Die **Verkehrsleiter vom Dienst** sind als „Chefs vom Dienst" eine rund um die Uhr verfügbare Instanz für Fluggäste, Airlines, Behörden und Firmen, die Probleme im oder mit dem Verkehrsablauf haben.

Bei der **Flugplanstelle** werden zur Vorbereitung des Saisonflugplans alle erreichbaren Daten des Luftverkehrs nach und von Frankfurt gesammelt und ausgewertet. Hierzu gehört die Erfassung dieser Flugplandaten sowie Druck und Verteilung des täglichen *OPS-Plans* und die Erstellung der Basisdaten für den periodisch publizierten Taschenflugplan.

Bei der **Verkehrsvorbereitung** werden die Positionen und die Gates auf Grundlage der bekannten Daten disponiert sowie Betriebsdiensten zur aktuellen Verwendung als Arbeitsgrundlage an die Hand gegeben.

Die **Informationszentrale** stellt die betriebliche Datenbasis für den gesamten aktuellen Flughafen-Betrieb bereit. Durch permanente Darstellung der bestehenden und sich entwickelnden Verkehrslage bewirkt sie damit auch die Fluggastführung über die Anzeige- und Fernsehinformationssysteme im Terminal-Bereich. Sie liefert notwendige Steuerdaten für weitere Hilfssysteme wie die Gepäckförderanlage. Hierzu gehören die Flugplan- und Flugverlaufsdaten. Pro Flugdurchgang müssen bis zu 90 Einzelinformationen (d.h. ca. 450.000 Datengruppen täglich) rechtzeitig verfügbar sein.

Der Bereich **Systementwicklung** ist sozusagen das „Ingenieurbüro" der ZV, dessen Aufgaben vor allem darin bestehen, Ressourcen intensiver zu nutzen und entsprechende Konzepte zu entwickeln. Dies ist deshalb von Bedeutung, weil die Verkehrsanlagen durch ihre Entwicklungsgrenzen bestimmt sind und ein einfacher Ausbau im Sinne einer Addition von Flächen, Anlagen und damit die Gewinnung von Kapazitäten nicht möglich ist.

Die Planungsstabstelle **Luftverkehrstechnik und Flugbetriebsplanung** befaßt sich hauptsächlich mit der Weiterentwicklung der Anlagen und Einrichtungen sowie deren verfahrensmäßiger Verwendung. Analog zum luftseitigen Planungsbereich befaßt man sich bei den **Verkehrsanlagen** mit der landseitigen Weiterentwicklung der Anlagen und Einrichtungen.

Neben der Kostenkontrolle für Verkehrsanlagen ist die ZV bei der **Wirtschaftlichkeitskontrolle** auch für die Kapazitätskontrolle für den Luftverkehr durch ständige Überwachung der Auslastung von Anlagenkapazitäten zuständig. Des weiteren nimmt man hier wirtschaftlich/technische Beurteilungen für Investitionen im Start-/Landebahnbereich und der Energieversorgung ebenso wie für Instandhaltungs- und Wartungsvorhaben vor.

Fluggastanlagen/Terminal-Dienste

Die zunehmende Überlastung der Fluggasteinrichtungen im Terminal 1 und die bevorstehende Eröffnung des neuen Terminals 2 erforderten 1991 die Einrichtung einer neuen Abteilung der FAG: **Fluggastanlagen und Terminal-Dienste** (FD). Sie nimmt sämtliche fluggastorientierten Terminal-Funktionen wahr und versteht sich als zentrale Ansprechpartner aller Nutzer der Fluggastanlagen, allen voran der Passagiere. Die Abteilung FD betreut den Fluggast als Zu-, Aus- oder Umsteiger auf seinem Weg aus dem öffentlichen Verkehrsraum bis zum Gate und zurück. Sie sorgt in Zusammenarbeit mit den am Flughafen vertretenen Behörden wie Bundesgrenzschutz, Polizei, Zoll und anderen für rei-

bungslose Betriebsabläufe. Service „aus einer Hand" bietet diese Abteilung - angefangen von der Koordination von Baustellen im Terminal, der Steuerung von Sofortmaßnahmen im Falle technischer Störungen an Rolltreppen, Aufzügen und anderen Einrichtungen, der Bereitstellung von Gepäckwagen oder Rollstühlen bis zur Planung künftiger Nutzungskonzepte.

Zur zielgerichteten Koordination zwischen den operativen Tätigkeiten und den planerischen Funktionen eingesetzte **Servicebeauftragte** stellen in enger Abstimmung mit allen Beteiligten sicher, daß Wünschen der Kunden oberste Priorität eingeräumt wird. Die Tätigkeit des Servicebeauftragten Gepäcktransport und seine Zuständigkeit für die bedarfsgerechte Bereitstellung aller Servicekomponenten im Terminal (Gepäckträgerdienste, Gepäckwagen, Door-to-Door-Service usw.) ist ein erfolgreich eingeführtes Beispiel.

Alle operativen Dienstleistungsbereiche von FD sind in der Hauptstelle **Terminal-Dienste** zusammengefaßt. Dieser Bereich ist in enger Zusammenarbeit mit dem *Verkehrsleiter vom Dienst* (FAG-Abteilung *Zentrale Verkehrsleitung*) die generell zuständige Instanz vor allem für Airlines, Behörden und Firmen, wenn es darum geht, Probleme der Betriebs- und Verkehrsabwicklung zu lösen.

Eine wesentliche Schnittstelle zwischen den Terminal-Diensten und ihren Kunden bildet der sogenannte **Terminal-Manager**. Mit diesem noch relativ neuen Aufgabenbereich besitzt die Abteilung FD eine zentrale Kontakt- und Koordinationsstelle für alle betrieblichen Fragen im Terminal.

Sie steht rund um die Uhr zur Verfügung und ist mit weitreichenden Kompetenzen ausgestattet. Zu den Aufgaben der Terminal-Aufsicht zählt vor allem die Betriebssicherheit der Fluggastanlagen. Hierzu gehört das Öffnen und Schließen der Gates ebenso wie die Zugangskontrollen zu nicht allgemein zugänglichen Bereichen. Sollte ein unvorhersehbares Ereignis, zum Beispiel die Untersuchung eines stehengelassenen Gepäckstücks bei Sprengstoffverdacht, die Sperrung eines Bereichs des Terminals notwendig machen, liegt dies ebenfalls im Verantwortungsbereich der Terminal-Aufsicht, die neben der Bedienung der Fluggastbrücken z.B. Elektrowagen und Rollstühle zum Transport behinderter Fluggäste bereithält. Auch Reinigungsarbeiten (Terminal, Toiletten usw.) gehören zum Aufgabengebiet der Terminal-Ordnung.

Zu den schon erwähnten Fluggastdiensten zählen zunächst die *Informationsdienste* - sei es, daß ein Passagier oder Besucher eine Auskunft an einem Informationsschalter im Terminal wünscht oder von außerhalb jemand eine Flugauskunft benötigt. Wer die Orientierung verloren hat oder einen Bekannten vermißt, dem wird mit einem entsprechenden Ausruf über Lautsprecher geholfen. Schließlich nehmen FD-Mitarbeiter an den Infoschaltern Fundsachen entgegen und übergeben sie dem FAG-Fundbüro.

Wie an jedem Verkehrsknotenpunkt besteht auch am Flughafen Frankfurt für den Passagier die Möglichkeit, Koffer und Reisetaschen an einer der *Gepäckaufbewahrungen* abzugeben. Die *Fernsprechzentrale* der Abteilung FD nimmt für das gesamte flughafeninterne Telefonnetz Gespräche entgegen und vermittelt sie weiter.

Bei einem Flughafen der Größenordnung von Frankfurt (1993 über 32 Millionen Passagiere) bedarf es einer umfangreichen Planung, was Terminal- und Fluggastanlagen betrifft. Die Verantwortung hierfür liegt bei der Hauptstelle *Planung Terminal-Nutzung und Betriebsverfahren*. Dabei geht es einmal um die Umsetzung eines kundengerechten Angebots an Service-Einrichtungen bis hin zu langfristig angelegten Planungen für die Weiterentwicklung der bestehenden Fluggastanlagen.

Passagierdienste und Operations

Der Struktur einer Airline entspricht die Abteilung *Passagierdienste und Operations* (PO) in Organisation und Serviceleistungen Der wichtige Unterschied: Sie unterhält keine eigenen Flugzeuge. Dafür betreut sie Luftverkehrsgesellschaften, die am Flughafen aus Kostengründen kein eigenes Personal oder lediglich eine kleine Station haben. Zur Zeit fertigen Mitarbeiter der Abteilung PO 36 Linien- und etwa 50 Charterfluggesellschaften ab. Dazu kommen zusätzlich noch einmal gut 30 Luftverkehrsgesellschaften und ad-hoc-Verkehr. Diese Gesellschaften fliegen Frankfurt nicht regelmäßig, sondern beispielsweise nur zu Messen an.

Für Carrier übernimmt die FAG alle flugbezogenen Arbeiten wie das Check-In, Boarding und Gepäckannahme an Schaltern im Terminal, die das Logo der Airline haben. Als besonderen Service gibt es Expreßschalter und Counter. Für Umsteiger steht im Transitbereich ebenfalls ein Service-Schalter zur Verfügung.

Sollte bei der Ankunft ein Koffer nicht mitgekommen sein, hat der Fluggast die Möglichkeit, sich beim *Baggage Service* nahe der Gepäckausgabebänder weiterhelfen zu lassen.

Mitarbeiter nehmen die Verlustmeldung auf, geben den „Steckbrief" des vermißten Gepäckstücks in ein internationales Computersystem ein. Sollte der Koffer fehlgeleitet worden sein, läßt er sich für den europäischen Bereich meistens innerhalb von 24 Stunden auffinden und wird auf Kosten der betreffenden Luftverkehrsgesellschaft zugestellt. International dauern Suche und Rücktransport etwas länger.

Mitarbeiter der Abteilung PO betreuen auch **Kinder oder hilfsbedürftige Fluggäste**. Hier besteht eine Kooperation mit der Luftverkehrsgesellschaft, die von vornherein über die Art der Hilfe informiert.

Zum Service gehört die **Überwachung der Be- und Entladung** der Flugzeuge bis hin zur Walk-out-Assistance (Begleitung des Flugzeugs beim Verlassen der Position auf dem Vorfeld). Zuvor heißt es, die Beladung bzw. die Verteilung der Ladung im Flugzeug, das sogenannte Trimmen, zu organisieren. Computersysteme errechnen einen Ladeplan, der sicherstellt, daß das Flugzeug nicht aus dem Gleichgewicht gerät. Anhand dieses Ladeplans kann der Ramp Agent auf dem Vorfeld die korrekte Beladung beaufsichtigen.

Ein letzter wichtiger Service-Bereich ist die **Flugplanung und -beratung** für Crews. Ca. 3 Stunden vor dem Abflug stellen Flugberater der Abteilung PO die wichtigsten Wetterinformationen und *Nachrichten für Luftfahrer* (NOTAMs) zusammen und bearbeiten den Flugplan. In der Regel finden sich die Crews zu einem Beratungsgespräch in der Dienststelle ein, um dann beim *Crew Briefing* den detaillierten Flugplan zu erörtern, der wichtige Informationen wie Flughöhe, Richtung, Entfernung, Treibstoffmenge, Flugzeit, Funkfrequenzen usw. enthält.

Ebenfalls an die Abteilung PO ist der Bereich **Touristik** mit einem Reisebüro und der Reisestelle angegliedert. Neben dem Verkauf von Tickets und kompletten Flugreisen besteht die Möglichkeit, Sight-Seeing-Touren zu buchen oder Hotelzimmer zu reservieren.

Flugzeugabfertigung

Wie auf allen anderen Verkehrsflughäfen in Deutschland übernimmt auch in Frankfurt die Flughafen-Gesellschaft die Flugzeugabfertigung. Innerhalb der FAG ist die Abteilung **Flugzeugabfertigung** (FA) zuständig. Als Partner der Luftverkehrsgesellschaften auf dem Vorfeld und im Terminal leistet die mit rund 4.700 Mitarbeitern größte Abteilung der FAG einen Rund-um-die-Uhr-Dienst für über 200 Fluggesellschaften.

Kaum ist das Flugzeug gelandet und hat seine Parkposition eingenommen, sind Mitarbeiter der Flugzeugabfertigung zur Stelle. Sie legen Bremsklötze vor die Räder und schließen die Bordelektrik an die Stromversorgung am Boden an. Dadurch erhält das Flugzeug die für die Bordfunktionen notwendige Energie; es kann die Triebwerke ausschalten. Inzwischen dockt die schwenkbare Fluggastbrücke an, damit die Passagiere die Maschine verlassen können. Bei einer Außenposition rollen Flugzeugabfertiger mit Fluggasttreppen heran, während ein anderer schon mit dem Bus auf die Passagiere wartet, um sie zum Terminal zu bringen. Auch die Beförderung der Flugzeugcrew im Bereich des Flughafens mit einer eigenen Busflotte fällt in den Aufgabenbereich der FA.

Der Full-Service der Flugzeugabfertigung umfaßt ebenso das Auffüllen des Trinkwassers für den Weiterflug, die Entsorgung der Bordtoiletten sowie bei Bedarf die Versorgung der Triebwerke mit Startluft oder das Hinausschieben des Flugzeugs aus der Terminal-Position mit dem 400-PS-Flugzeugschlepper.

28

Flugzeugabfertigung bei einem Lufthansa-Großraum-Passagierflugzeug Boeing 747-400 auf dem Flughafen Frankfurt/Main (Lufthansa AG).

Boden-Service bei einem Airbus A340 der Lufthansa auf dem Flughafen Frankfurt/Main (Lufthansa AG).

Trotz moderner Technik und einer ganzen Palette von Spezialfahrzeugen und -geräten kommt es vor allem auf fachkundige Mitarbeiter an. Flugzeugabfertigung bedeutet Perfektion auf die Minute im Flugplan und den Millimeter genau im Flugzeug-Ladebereich. Nur so ist es möglich, in Spitzenstunden mehr als 70 Maschinen abzufertigen, 8.000 Gepäckstücke und 750 Tonnen Fracht sowie Post zu bewältigen. Bei der Gepäckabfertigung ist die Gepäckförderanlage der zentrale technische Bestandteil.

Für die reguläre **Frachtabfertigung** steht kein System wie die Gepäckförderanlage zur Verfügung, aber trotzdem bringen die Fachleute vom Fracht- und Posttransport alle Güter auf den richtigen Weg. Mit über 100 Motorzugmaschinen, 10 Elektroschleppern und 20 Transportern legen die Mitarbeiter der Flugzeugabfertigung täglich gut 12.000 km auf dem Flughafen-Gelände zurück. Über 6.000 Transporteinheiten (vom 20-Fuß-Trailer bis zum Frachtwagen) sind im Fuhrpark für die Frachttransporte vorhanden.

Weil wie bei der Gepäckabfertigung immer die Zeit eine entscheidende Rolle spielt, hat die Flugzeugabfertigung zusammen mit Luftverkehrsgesellschaften Verfahren entwickelt, die kürzeste Umladezeiten ermöglichen. Als Beispiel seien der Service für *Same Day*-Kuriersendungen und der *Lufthansa Cargo Express* genannt.

Zusammen mit der Lufthansa entwickelte die FAG ein weiteres Eil-Verfahren bei der Frachtabfertigung: *Express Fracht Service* (XCS). Zwischen 23 und 4 Uhr können in der Vorfeld-Sortieranlage bis zu 8.000 Expreßgutstücke und rund 1.000 Briefsendungen umgeschlagen werden. Nach Eingabe der Daten sortiert die Anlage automatisch die Frachtstücke für 66 Destinationen im

In- und Ausland. Auch Expreßgutstücke mit Übergewicht oder Übermaß, gut 400 pro Nacht, schicken FA-Mitarbeiter termingerecht auf die Reise. Der Transport von Bordtaschen, gefährlichen Gütern, verderblichen Waren oder lebenden Tieren gehört zum normalen Geschäft.

Der **Flugzeugabfertiger** be- und entlädt die Maschinen. Großraum-Jets sind mit Containern zu bestücken, die von Hubwagen direkt in die Ladeluken befördert werden. Lediglich kleinere Flugzeugtypen be- und entlädt man von Hand, da in ihren Frachträumen für Container kein Platz ist. Fast die Hälfte aller FA-Mitarbeiter ist als Flugzeugabfertiger tätig.

Gepäckabfertiger gehören zur zweitgrößten Berufsgruppe der Flugzeugabfertigung. Ihre Aufgabe ist es, die Gepäckförderanlage mit dem Reisegepäck der ankommenden Fluggäste zu beladen, so daß diese in der Regel ihren Koffer schon wenige Minuten nach der Landung am Ausgabeband in Empfang nehmen können. Ebenso ist das Gepäck der Umsteiger, die in Frankfurt nur das Flugzeug wechseln, auszuladen und erneut auf den Weg zu schikken. Auch das an den Check-In-Schaltern aufgegebene Abflug-Gepäck wird in den Gate-Gepäckräumen der Förderanlage entnommen und zum Flugzeug transportiert.

Der **Gepäckfahrer** ist das Bindeglied zwischen den Flugzeugabfertigern, die die Maschine be- bzw. entladen, und den Mitarbeitern der Gepäckabfertigung an der Gepäckförderanlage. Er ist für den schnellen Transport über das Vorfeld verantwortlich. Hierbei kommt es natürlich auf Ortskenntnisse an.

Das gilt auch für die **Frachtfahrer**, wenn sie mit Cargo unterwegs sind. Von der Schraube bis zur 30 Tonnen schweren Turbinenwelle muß jedes Teil entsprechend behandelt werden. Rund 500 Frachtfahrer sind bei der FAG tätig.

Neben diesem operativen Bereich der Abteilung FA gibt es eine weitere Gruppe von Mitarbeitern, die sich um **Entwicklung und Verbesserung der eingesetzten Geräte** kümmern. Ziel ist es, die Leistungsfähigkeit der Flugzeugabfertigung mit technologischen Innovationen sicherzustellen.

Hierbei geht es beispielsweise um Elektrofahrzeuge und -geräte. Es wird untersucht, wo und wie diese umweltverträglichen Alternativen eingesetzt werden können. Für jeden einzelnen Fahrzeugtyp stellt sich die Frage, ob auf Elektrobetrieb umgestellt werden kann, denn nur bis zu einer bestimmten Größe und Gewicht ist der Batteriebetrieb sinnvoll. Mittlerweile existieren dank der Arbeit der FA-Konzeptionsgruppe für Abfertigungsgeräte und -systeme schon weit über 200 elektrisch betriebene Einheiten. Neben der Verringerung des Lärms und der Abgase sind die niedrigen Betriebskosten und die einfachere Wartung ausschlaggebend.

Luftfracht

Seit 1980 ist das Luftfrachtaufkommen um 80% von 640.000 auf 1.150.000 Tonnen gestiegen. Frankfurt gehört damit auch als Frachtflughafen weltweit zur Spitze: Nr. 1 in Europa, weltweit Nr. 5. Die Abteilung **Luftfracht** (LF) der FAG übernimmt für eine Vielzahl von Luftverkehrsgesellschaften den Frachtumschlag - von der Annahme über die Lagerung und Palettierung bis hin zur Dokumentation in Form von Luftfrachtbrief, Ausfuhrerklärung und Ladelisten. Ca. 70 Linien- und 30 Chartergesellschaften nutzen mittlerweile die Serviceleistungen dieser FAG-Abteilung, die außerdem den Luftpostumschlag betreut.

Seit mehreren Jahren nutzen große Kurierdienstfirmen den Luftfrachtservice.

Die Frachtabwicklung läßt sich in 4 Bereiche gliedern: Export- und Import-Abfertigung, Spezialfracht und Luftpost. Für die Koordination und Verwaltung des gesamten Luftfrachtbereichs ist die Abteilung **Luftfrachtplanung** zuständig. Sie ist eine zentrale Organisationseinheit, die das Angebot der Serviceleistungen plant, koordiniert und vermarktet. Sie plant und organisiert die innerbetrieblichen Abläufe und arbeitet mit am Ausbau des Flughafens. Schwerpunkt ist dabei das neu zu errichtende Frachtzentrum Cargo City Süd.

Die Abteilung LF übernimmt bei der **Exportfracht** die Überprüfung und Ausfertigung der Fracht- bzw. Zolldokumente, die Kontrolle der Frachtstückzahl, Zwischenlagerung, Container- oder Paletten-Verladung und schließlich die Bereitstellung zum gewünschten Flug. Ausgebildete Mitarbeiter erstellen die Frachtcharter-Ladepläne.

Erfolgreich auf dem Luftfrachtsektor ist der *Not-ready-to-go-Service* (NRTG). Hier gelang es, eine Servicelücke zu schließen, die einzelne Frachtstücke betraf, die bisher entweder zu größeren Sendungen zusammengefügt oder schon frühzeitig für einen Flug in den nächsten Tagen abgeliefert wurden, ohne daß die Begleitpapiere komplett waren. Heute ist es möglich, diese Frachtstücke täglich rund um die Uhr anzuliefern und zwischenzulagern.

Das *FAG-Cargo-Informations-System* (CIS) erfaßt und katalogisiert die zentral gelagerte Fracht - es entfällt eine Menge Verwaltungsarbeit. Durch den NRTG-Service reduziert sich die Zahl der am Frachttransport Beteiligten. Dieser Service umfaßt alle Arten von Fracht, Gefahrgut und Kühlgut.

Bevor Flugzeuge mit *Importfracht* landen, sind die Frachtdaten längst bekannt, denn schon am Abflugort haben die Luftverkehrsgesellschaften die Angaben über die Fracht automatisch in das CIS übermittelt. Die Zoll-Anmeldung erfolgt mittels CIS bei den meisten Kunden ebenfalls per automatischer Datenübertragung. Dadurch ist es möglich, für die Abwicklung von Luftfrachtsendungen feste Transferzeiten zu garantieren: Unter 4 Stunden liegt der *Standard-Transfer* zu jeder Fluggesellschaft im Frachtbereich, der *Quick-Transfer* schafft es sogar in 2 Stunden. Wird die Fracht gleich vom Spediteur abgeholt, läuft dies ohne Zwischenlagerung.

Verderbliche Waren, die besonders hohe Anforderungen an Transport, Lagerung und technische Ausstattung stellen, betreuen Frischdienst-Spezialisten der LF im Frachtbereich in Kühlräumen. *Gefährliche Güter* dürfen nur Mitarbeiter abfertigen, die das vorgeschriebene ICAO-Zertifikat für den Umgang mit gefährlichen Gütern erworben haben. Ein eigener Fahrdienst holt *Expreß- sowie Kuriersendungen* direkt am Flugzeug ab. In Verbindung mit dem Zoll fertigen die zuständigen Mitarbeiter zentral an einer Stelle ab.

Die *Tierstation im Frachtzentrum* ist vorbildlich eingerichtet. Sie hat für große Tiere wie Pferde oder Giraffen ebensogut eingerichtete Quartiere wie für Hunde, Katzen oder Vögel.

1993 hat die Luftfracht die Abfertigung der *Luftpost* übernommen. Zuerst nur als Provisorium für eine Übergangszeit geplant, ist daraus eine Dienstleistung mit mehrjähriger Laufzeit entstanden. Zwischen 22 und 2 Uhr werden pro Nacht 160 Tonnen Post allein aus dem Rhein-Main-Gebiet sortiert und umgeschlagen. Hinzu kommt die Abfertigung des *Nachtpoststerns*, der alle Regionen der Bundesrepublik verbindet. Mittlerweile liegt der Umschlag pro Nacht über 300 Tonnen Post.

Mieten/Konzessionen

Bei mehr als 32 Millionen Passagieren und über 400 am Airport ansässigen Unternehmen ist es nur konsequent, daß die Flughafen-Gesellschaft an diesem wichtigen Verkehrsknotenpunkt ein Zentrum von Geschäften und Dienstleistungen aufbaut.

Eine erhebliche Nachfrage an Hallen, Werkstätten, Büroräumen und anderen Flughafen-Einrichtungen besteht nicht nur bei den Luftverkehrsgesellschaften, sondern auch bei anderen Unternehmen, die den Standort Flughafen für ihre eigene Entwicklung nutzen möchten. Die große Zahl Passagiere, Besucher und Beschäftigte am Flughafen (ca. 52.000) ließ auch bei Dienstleistungsunternehmen (Banken, Sparkassen) die Nachfrage nach geeigneten Bürogebäuden zunehmen.

Zuständig für die Betreuung der am Flughafen ansässigen Firmen und Betriebe ist bei der FAG die Abteilung *Mieten und Konzessionen* (MK). Sie ist verantwortlich für die Verwaltung des *Frankfurt Airport Center* (FAC), der Ladenlokale im Bereich von Terminal 1 bzw. Terminal 2 und für die über den Flughafen-Bereich verteilten Büroflächen. Auf 47.000 qm Gesamtfläche über 9 Etagen finden Reisende und Geschäftsleute vom Restaurant bis zum Zahnarzt jede Menge Serviceleistungen. Das Parkhaus mit über 5.000 Parkplätzen und ca. 6.000 Stellplätzen in der Tiefgarage vervollständigt die günstige Verkehrsanbindung. Auf der Ostseite des FAC ist das *Frankfurt Sheraton Hotel* eine ideale Ergänzung des Serviceangebots.

(Fortsetzung auf Seite 41)

Blick vom Vorfeld auf das Terminal 1 des Flughafens Frankfurt/Main (Flughafen Frankfurt/Main AG).

Blick von Nord-Osten auf den Flughafen Frankfurt/Main mit Terminal 1 in der Bildmitte (Flughafen Frankfurt/Main AG).

Blick von Westen auf den Flughafen Frankfurt/Main, nach London Heathrow Europas Airport Nr. 2 (Flughafen Frankfurt/Main AG).

Andockstation am Terminal 1 des Flughafens Frankfurt/Main. Im Hintergrund das neue Terminal 2 (Flughafen Frankfurt/Main AG).

Reger Passagierverkehr im Terminal 1 des Flughafens Frankfurt/Main (Flughafen Frankfurt/Main AG).

Das im Oktober 1994 eröffnete Terminal 2 des Flughafens Frankfurt/Main (Flughafen Frankfurt/Main AG, oben).
Reminiszenz an die Gründerzeiten der großen Bahnhöfe: Dachkonstruktion des Terminal 2 im Flughafen Frankfurt/Main (Flughafen Frankfurt/Main AG, unten).

*„Sky Line", der Shuttle-Service zwischen Terminal 1 und 2 am Flughafen Frankfurt/Main
(Flughafen Frankfurt/Main AG).*

Leistungsfähige Gepäckförderanlage des Flughafens Frankfurt/Main im Terminal 1 (Flughafen Frankfurt/Main AG).

Integriert in das Frankfurt Airport Center ist das **Airport Conference Center** (ACC). Es bietet Tagungsflächen und Konferenzräume, ein Pressezentrum und einen Videokonferenzraum. Die Bilanz des ACC pro Jahr: Über 4.500 Veranstaltungen und mehr als 70.000 Gäste, davon rund 50% aus dem Ausland.

Auf mehreren Ebenen steht dem Passagier in den Terminals 1 und 2 ein umfangreiches **Geschäfts- und Gastronomieangebot** zur Verfügung: Vom Fastfood-Restaurant über eine Pizzeria bis zur Küche des Fernen Ostens. Natürlich ist das Luxus-Restaurant genauso vertreten wie die Stehbar. Wer von der Reise ohne Mitbringsel wiederkommt, kann im Souvenirshop, im Spielzeugladen oder der Mode Boutique Versäumtes nachholen. Auf dem Weg zur Tiefgarage befindet sich der Flughafen-Supermarkt.

Über 30.000 **Parkplätze** gibt es am Flughafen. Davon sind mehr als 1/3 für Fluggäste und Besucher reserviert - der Rest steht den Flughafen-Beschäftigten zur Verfügung. Ein übersichtliches Parkleitsystem garantiert, daß auch zu Spitzenzeiten bei fast vollständiger Auslastung immer ein Platz in akzeptabler Entfernung zum Terminal zu finden ist.

Kommunikation und Information

Zur Abteilung **Kommunikation und Information** (KI) gehören externe Kontakte, Nachbarschaftspflege, Veranstaltungen, die *Luftfahrthistorische Sammlung*, Ausstellungen auf der *Airport Gallery* sowie der Besucher- und VIP-Service.

Die Angebote zur *Freizeitgestaltung* sind vielfältig. Besucher und Fluggäste kommen, um die faszinierende Welt des Flughafens zu erleben. Aussichtsterrassen ermöglichen es, Aktivitäten auf dem Vorfeld und dem Start- und Landebahnsystem zu beobachten. Wer von den Besuchern mehr Zeit mitbringt, kann den Flughafen bei einer Rundfahrt intensiver kennenlernen. Zentrum attraktiver Ausstellungen, ob Länderschau oder Kunstpräsentationen beispielsweise, ist die *Airport Gallery* im Terminal 1. Ein besonderes Ereignis sind hier Ausstellungen der *Luftfahrthistorischen Sammlung*.

Schon seit vielen Jahren hat sich die Besucherterrasse des Frankfurter Flughafens als **beliebtes Ausflugsziel** etabliert. So strömen jährlich über 700.000 Gäste auf die Terrasse. Sie kommen zu Veranstaltungen, Präsentationen und Aktionen, die hier vor allem im Laufe der Sommermonate stattfinden. Sie kommen vor allem aber, um von hier aus das bunte Leben auf dem Vorfeld, die großen und kleinen Flugzeuge aus aller Welt zu betrachten.

Mit Eröffnung von Terminal 2 erhielten Besucher eine weitere Beobachtungs-Perspektive, denn entlang der Vorfeldseite befindet sich eine Aussichtsplattform. Von hier aus bietet sich die Möglichkeit, besonders den Landebetrieb von Osten zu beobachten.

Einen Großflughafen als direkten Nachbarn zu haben, ist nicht immer einfach. Deshalb sucht die FAG mit den Menschen des Umlands das Gespräch. Mittel zum Zweck ist das **Mobile Informations-Zentrum**, mit dem Städte und Gemeinden des Umlands, Märkte und Messen besucht werden.

Sicherheit am Flughafen

Spätestens, wenn der Passagier am Check-In-Schalter sein Reisegepäck aufgibt, merkt er, das Sicherheit im Luftverkehr auch eine Frage der Sicherheitskontrollen von Reise- und Handgepäck sowie natürlich des Fluggastes selbst ist. Zu den gesetzlichen Vorgaben gehört die Überprüfung von Passagieren, Gepäck, Fracht und Post. Bei der FAG ist dafür die Abteilung **Bundesauftrag Sicherheitskontrollen** (VR-S) zuständig.

Die bekannteste Kontrollmaßnahme für Fluggäste ist das körperliche Durchsuchen beim Betreten des Sicherheitsbereichs. Mit Hilfe ringförmiger Metalldetektoren wird geprüft, ob der Passagier gefährliche Gegenstände wie Messer, Schlagringe oder Pistolen am Körper mit sich führt. Wer die Kontrolle verweigert, wird in den öffentlichen Bereich des Terminals zurückgebracht und vom Flug ausgeschlossen. Sollte sich jedoch tatsächlich etwas finden, was auf der Liste der gefährlichen Gegenstände steht, wird im Zweifelsfall Polizei oder Bundesgrenzschutz eingeschaltet.

Parallel zur Fluggastkontrolle findet die **Kontrolle des Handgepäcks** statt. Dabei fährt das Handgepäck durch ein Röntgengerät. Auf einem Bildschirm kann der Kontrolleur erkennen, ob das Gepäckstück „sauber" ist. Ist z.B. wegen eines elektronischen Gerätes ein Durchleuchten nicht möglich, wird das Gepäckstück von Hand kontrolliert. Durchsucht wird bei allen Unklarheiten, nachkontrolliert wird stichprobenartig.

Seit 1990 ist auf Verkehrsflughäfen in Deutschland die **Kontrolle des Reisegepäcks**, das der Passagier am Check-In-Schalter aufgibt, Pflicht. Vorrangiges Ziel ist nicht das Finden von Waffen (wie bei der Fluggast- und Gepäckkontrolle), sondern das Aufspüren von „zündfähigen Explosivkörpern". Während die FAG-Abteilung VR-S dies mit Hilfe von Röntgengeräten überprüft, kontrollieren die Luftverkehrsgesellschaften, daß kein „herrenloses" Ge-

päckstück an Bord kommt. 1993 nahm die FAG die 1. Stufe ihres *Baggage Reconciliation Systems* in Betrieb, ein EDV-Sicherheitssystem, das Passagier- und Gepäckdaten abgleicht. In den Terminal-Hallen wird auch das Gepäck in Anwesenheit der Fluggäste stichprobenartig geprüft. „Solo"-Gepäck wird ohnehin untersucht.

Die **Kontrolle von Luftfracht und Luftpost** ist abhängig von Zielort und Airline. Kann man ein Frachtstück von „außen" problemlos begutachten oder sind die Anlieferer als zuverlässig bekannt, ist nicht immer eine Überprüfung notwendig. Bei Unsicherheit übergibt die Fluglinie die Fracht der FAG zur Kontrolle in der Simulationskammer.

Vorfeld bzw. Betriebsgelände sind Sicherheitsbereiche und werden im Rahmen der **Zugangskontrolle** direkt vom *FAG-Flughafen-Schutzdienst* überwacht. Zusätzlich werden Terminal und die nicht öffentlichen Flughafen-Sicherheitsbereiche von Polizei und Bundesgrenzschutz kontrolliert.

Die Abteilung **Flughafen-Sicherheitsdienste** (FS) ist zentrale Anlaufstelle für sicherheitsrelevante Vorkommnisse. Sie koordiniert in Not- oder Unglücksfällen alle notwendigen Einsatzmaßnahmen und gewährleistet die Versorgung mit Informationen über Ort, Art oder Hergang des Vorfalls. Zu diesem Zweck gibt es eine **Sicherheitsleitstelle** (SLS), zu der Werkschutz, Feuerwehr und Rettungsdienste gehören.

Die **Flughafen-Feuerwehr** kann jeden Punkt des Start- und Landebahnsystems in maximal 3 Minuten erreichen. Zur Feuerbekämpfung stehen ca. 40 Einsatzfahrzeuge zur Verfügung: Von 1.250-PS-Löschfahrzeugen, die 6.000 Liter Wasser-/Schaum-Gemisch pro Minute verspritzen können, bis zum „normalen" Feuerwehrauto.

Bei Unfällen auf nahegelegenen Autobahnen wird die Feuerwehr genauso eingesetzt wie z.B. bei Waldbränden in der Region.

Die **Flughafen-Klinik** (die erste auf deutschen Verkehrsflughäfen) ist nicht nur zur Hilfeleistung bei Katastrophenfällen eingerichtet, sondern dient zugleich der ärztlichen Versorgung aller Passagiere und Mitarbeiter. Sie garantiert bei Erkrankungen und Unfällen die Erstversorgung. Kranke Fluggäste werden von Klinikärzten vor dem Start im Auftrag der Fluggesellschaften untersucht, ob sie flugtauglich sind. Möchte sich ein Fluggast impfen lassen, kein Problem: Die Klinik ist gleichzeitig Außenstelle des Frankfurter Gesundheitsamtes.

Da immer mehr ältere und behinderte Menschen das Flugzeug wählen, sorgt z.B. seit 1991 ein Hubwagen, der behinderte Passagiere am Flugzeugausgang aufnimmt und ebenerdig wieder absetzt, für ein einfaches Ein- oder Aussteigen.

Der Anteil **gefährlicher Güter** am Luftfrachtaufkommen nimmt seit Jahren zu. FAG-Gefahrgutbeauftragte sind gefragt, wenn es gilt, Fracht richtig zu deklarieren und entsprechend den Bestimmungen für den Transport vorzubereiten.

Damit der Flughafen bei Schnee und Eis startenden und landenden Flugzeugen optimale Sicherheit bieten kann, ist ein funktionsfähiger **Winterdienst** erforderlich. Um sich möglichst früh auf Eis und Schnee einrichten zu können, setzt die FAG ein computergestütztes Frühwarnsystem ein und trainiert schon im Herbst alle Mitarbeiter, die bei Schneetreiben und Eisregen zwischen den rollenden, startenden oder landenden Flugzeugen für Verkehrssicherheit sorgen müssen. Start- und Landebahnen, Taxiways, Vorfeld und Straßen müssen geräumt werden, zusammen mehr als

5 Millionen qm. Auftaumittel (umweltverträgliches Kaliumacetat) werden nur eingesetzt, wo es im Interesse der Verkehrssicherheit unvermeidbar ist. Insgesamt verfügt die FAG über 26 Streu- und Schneeräumfahrzeuge, 6 Schneefräsen, 20 Kehrblasgeräte, 8 Enteiser sowie 2 Radlader.

Fahrzeug-/Förderwesen

Fahrzeug- und Förderwesen (FW) heißt die Fachabteilung für Wartung und Instandhaltung von allem, was sich bewegt und rollt. Zu ihr gehören der FAG-TÜV, der Fahrzeuge und Geräte turnusmäßig auf ihre Verkehrssicherheit überprüft, und der Winterdienst. Viele der 3.000 Fahrzeuge und fast 8.000 mobilen Geräte sind permanent im Einsatz. Werkstätten hierfür stehen im Osten des Flughafen-Geländes.

In der ca. 10.000 qm großen **Werkstatthalle** findet sich neben Serienmodellen eine Vielzahl von flughafentypischen Spezialfahrzeugen. Kann ein Spezialgerät nicht in die Werkstatt gebracht werden, wird am Einsatzort repariert. Moderne Fluggastbrücken z.B. sind hochtechnische Spezialgeräte mit hydraulischer Hubeinrichtung und steuerungstechnischen Anlagen neuester elektronischer Entwicklung. Die Ingenieurbetreuung hierbei beinhaltet Planungs- und Beschaffungsmaßnahmen bei der Sanierung oder Neukonzeption alter Anlagen.

Die komplizierte Technik, etwa der von FW betreuten **Sky Line**, fordert vom zuständigen Personal eine spezielle Qualifikation, die durch besondere Schulungsmaßnahmen erreicht wird. Das ist der Grund, weshalb sich dort **Spezialisten** finden: Mechaniker, Schlosser, Elektriker, Aufzugsmonteure, Elektroniker, Meister der verschiedenen Fachrichtungen, Maschinenbauingenieure, Dreher, Schweißer, Elektrotechniker und -ingenieure, Hardware-Servicetechniker usw. Rund um die Uhr betreibt FW auch das gesamte Materialhandling von der Disposition bis zur Lagerhaltung.

Große Tankwagen befüllen Fahrzeuge vor Ort, andere tanken an der **Betriebstankstelle**. Riesige Flächen müssen im Winter schnell und auch in der Nacht immer wieder geräumt werden. Dies und den normalen **Reinigungsdienst** des Vorfelds, der Parkplätze, der öffentlichen Zu- und Abfahrten zum Flughafen mit Spezialfahrzeugen oder per Hand übernimmt FW.

Für die Fahrzeug- und Geräteplanung unter Wirtschaftlichkeits- und Umweltaspekten ist das **Ingenieurwesen** zuständig. In Verbindung mit anderen Fachabteilungen erstellen FAG-Ingenieure Konzepte zur technischen Weiterentwicklung der Fahrzeuge und Geräte.

Die Kraft aus der Pipeline

Die Zeiten, in denen auf einem Großflughafen noch viele Tankwagen zu sehen waren, sind lange vorbei. Das hängt damit zusammen, daß die heute benötigten Treibstoffmengen (ein Jumbo faßt bis zu 210.000 Liter Kerosin) nicht mehr per Tankwagen herangeschafft werden können. Sie kommen aus den Pipelines eines unterirdischen Betankungssystems.

Die 14 riesigen Tanks sind aus der Luft gut zu erkennen. 121 Millionen Liter Kerosin faßt dieses Tanklager. Damit kann ein Flughafen der Größenordnung Frankfurts etwa 6 Tage lang seine Flugzeuge mit Treibstoff versorgen. Zum Airport kommt das Kerosin über einen Pipelineanschluß am Main, wo der Treibstoff vom Schiff „gelöscht" wird. Darüber hinaus gibt es eine Fernleitung, durch die Kerosin aus Rotterdam zum Flughafen fließt. 40 km Rohrleitungen für Treibstoff sind auf dem Airport verlegt, 185 Flugzeugbetankungsanschlüsse auf dem Vorfeld installiert.

Bauabteilung

Den Abteilungen der FAG, die für Planung, Bauen und Unterhaltung am Flughafen zuständig sind, brachten die vergangenen Jahre gehäufte bauliche Aktivitäten. 1987 wurde das neu errichtete **Bürogebäude Ost** der FAG bezogen, und die Zeit, in der die Verwaltung der Flughafen-Gesellschaft über das gesamte Betriebsgelände verstreut war, war zu Ende. Schon 1988 konnte das Frankfurt Airport Center in Betrieb gehen.

Seit 1989 gibt es im Südwesten den 70 m hohen neuen **Tower**, der wegen des Neubaus der Startbahn 18 West und der Erweiterungen der Vorfelder den alten ablöste. Für den Privat- und Geschäftsflugverkehr nahm 1990 der Neubau des **General Aviation Terminal** im Süden des Flughafens den Betrieb auf.

Nicht so leicht für Besucher und Passagiere erkennbar, aber für den reibungslosen Betriebsablauf unverzichtbar, ist im Ostteil des Geländes die neue **Vorfeld-Betriebstankstelle** der FAG mit 16 Tanksäulen. Flugzeugschlepper, Passagierbus oder einfacher Transporter, alle bekommen hier elektronisch überwacht ihren Kraftstoff.

Weitere Aufgaben sind unter anderem die **Instandhaltungsarbeiten** an den Start- und Landebahnsystemen zur Aufrechterhaltung eines sicheren Luftverkehrs und die Begrünung des Flughafen-Geländes. Hierfür gibt es eigens eine Gärtnerei, die sowohl für die Pflanzen im Inneren der Terminals als auch für die Dachbegrünung von FAG-Gebäuden zuständig ist.

Arbeitsmedizin

Grundlage der Abteilung **Arbeitsmedizin und Ergonomie** (AM) ist das Arbeitsschutzgesetz. Zu ihren Aufgaben gehört im Rahmen der Früherkennung und Verhinderung berufsbedingter Krankheiten ein breites Spektrum von Untersuchungen und Beratungen: Arbeitsplatzbegehungen, arbeitsplatzspezifische Untersuchungen, Vorsorgeuntersuchungen sowie Einstellungs- und Eignungsuntersuchungen.

Die Abteilung Arbeitsmedizin ist daher nicht nur gerätetechnisch gut dimensioniert: 8 Ärzte, zwei Ergonomen, ein Diplom-Sportlehrer, zwei Masseure, ein Sozialpädagoge und medizinisches Hilfspersonal betreuen außer den Angestellten der FAG zusätzlich ca. 6.000 Beschäftigte der am Flughafen ansässigen Unternehmen und Behörden. Präventiv startete die Abteilung AM eine Reihe von Aktivitäten auf dem Gebiet der *Gesundheitsförderung*. Dabei nimmt das Sportangebot einen herausragenden Platz ein.

Berufe, bei denen durch Heben und Tragen in ungünstiger Körperhaltung Muskulatur und Wirbelsäule stark belastet werden, sind besonders gefährdet. Bei der FAG sind dies vor allem die Flugzeugabfertiger. Mitarbeiter, die eine überwiegend sitzende Tätigkeit im Büro haben, leiden dagegen oft an Bewegungsmangel. Deshalb hat die Abteilung Arbeitsmedizin *Trainingsprogramme* ausgearbeitet, die solchen Fehlbelastungen entgegenwirken. Um Gesundheitsschäden zu verhindern, werden regelmäßig unter ergonomischen Aspekten die Arbeitsplätze untersucht.

Arbeitssicherheit

Der zuverlässige Schutz der Mitarbeiterinnen und Mitarbeiter beginnt bereits bei der Planung der Arbeitsumgebung. So unterzieht die FAG den Einsatz der Arbeits-Materialien (z.B. bei Gefahrstoffen) einem strengen Produktverwertungsverfahren.

Trotz erhöhter Arbeitssicherheit sind angewendete Schutzpraktiken und die Gewöhnung besonders gefahrenträchtig. Deshalb veranstaltet die FAG-Fachabteilung *Arbeitsschutz* Tagungen und Aktionen, an denen neben FAG-Mitarbeitern Aufsichtsbeamte der Berufsgenossenschaften, der Gewerbeaufsicht, Gefahrgutbeauftragte, Sicherheitsfachkräfte und Mitarbeiter deutscher Flughäfen teilnehmen. Daneben gibt es Arbeitsplatzbegehungen, um das Anwenden der gesetzlichen Unfallverhütungsvorschriften zu kontrollieren. Die Abteilung Arbeitsschutz ist auch gefragt, wenn es um den richtigen Umgang mit Gefahrgut geht, dessen Anteil am Luftfrachtaufkommen ständig zunimmt.

Schulung/Ausbildung

Spezifische Ausbildungsberufe gibt es für die Kernbereiche Flugzeug- und Frachtabfertigung nicht. Deshalb müssen neu eingestellte Mitarbeiter durch *Schulungs- und Einarbeitungsprogramme* auf ihre Arbeit vorbereitet werden. Im Rahmen der traditionellen Schulausbildung bietet die FAG Ausbildungsmöglichkeiten in modernen und zukunftsträchtigen Berufen an.

Im gewerblichen Bereich stehen Ausbildungsplätze für Automobilmechanik, Konstruktionsmechanik sowie Energie- und Kommunikations-Elektronik zur Verfügung. Luftverkehrskaufleute und Kaufleute für Bürokommunikation gehören zum kaufmännischen Ausbildungsbereich. Daneben steht den Mitarbeitern nach der Berufsausbildung das *Schulungszentrum* (SC) mit einem Fortbildungsprogramm zur Verfügung.

Personal-/Sozialwesen

Über 57% der Beschäftigten arbeiten im FAG-Bereich Flugbetrieb (Flugzeug- und Frachtabfertigung, Passagierdienste).

14% sind für Wartungs- und Instandhaltungsaufgaben und 15% für Schutz- und Aufsichtsarbeiten zuständig. Über 10% der Mitarbeiter arbeiten im Bereich Planung und Verwaltung.

Da der Flughafen rund um die Uhr arbeitet, stellt er besondere Anforderungen an die Belegschaft. So erhöht sich seit Jahren kontinuierlich der prozentuale Anteil der Beschäftigten im Schichtdienst. Daher ist der eigene Wagen immer noch Transportmittel Nr. 1 für den Weg zur Arbeit (ca. 70%). Der Anteil der Fahrgemeinschaften liegt dagegen nur bei 12%, der Prozentsatz der Benutzer von Bahn, S-Bahn oder Bussen nur bei 15%.

Der Anteil der **ausländischen Mitarbeiter** an der Gesamtbelegschaft beträgt z.Zt. ca. 20%. 53 Nationalitäten sind vertreten und sorgen dafür, daß gerade Dienst- und Serviceleistungen im Vorfeldbereich angeboten werden können. Mitarbeiter aus der Türkei sind mit 1.500 Beschäftigten (12%) die stärkste Gruppe, gefolgt von Mitarbeitern aus dem ehemaligen Jugoslawien, Spanien und Italien. Der Ausländeranteil lag 1992 bei 2.366 Mitarbeitern (19,7%).

In den vergangenen Jahren konnte die Pflichtquote von 6% **schwerbehinderter Mitarbeiterinnen und Mitarbeitern** zwar noch nicht erreicht werden (z.Zt. ca. 4,5%). Das Problem ist, daß die Art der Arbeitsplätze bei der Flugzeugabfertigung oder den anderen operativen Bereichen der FAG die Erfüllung der Pflichtquote auch künftig kaum zulassen (Schichtarbeitsplätze bei schwerer körperlicher Arbeit). Zum Ausgleich vergibt die FAG umfangreiche Aufträge an Behindertenwerkstätten.

Zur **Frauen- und Familienförderung** zählen Schulungen und Seminare für Frauen. Seit Oktober 1993 hat die FAG eine **Frau-enbeauftragte**, deren Aufgabe es ist, Mitarbeiterinnen und Mitarbeiter und Verantwortliche in den Fachabteilungen für die Frauenförderung zu sensibilisieren. Weitere Programmteile sind die langfristige Erhöhung des Frauenanteils und die Erweiterung der Tätigkeitsfelder für Mitarbeiterinnen - parallel zu Qualifikationsmaßnahmen. Über 13% beträgt z.Zt. der Anteil der Mitarbeiterinnen. Der höchste Prozentsatz an Frauen liegt im Angestelltenbereich bei fast 26%, im Arbeiterbereich über 1%.

Die FAG hat 1990 ein Programm zur **Ideen-Förderung** entwickelt. Seitdem ist die Zahl der eingegangenen Verbesserungsvorschläge auf gut 800 pro Jahr gestiegen. Seit 1992 gibt es die Einrichtung von Ideen- oder Projekt-Teams, in denen sich 5-8 Mitarbeiter während der Arbeitszeit treffen, um Lösungen für Probleme zu erarbeiten und anschließend zu präsentieren.

Betriebssport hat bei der FAG einen hohen Stellenwert, daher baute sie 1991 eine eigene Sporthalle. Den Beschäftigten stehen im neuen Multifunktionsgebäude neben einer Sporthalle Gymnastik- und Fitnessräume sowie 2 Squash-Courts und 2 Clubräume zur Verfügung. Das Sportangebot umfaßt inzwischen 20 Sparten.

Stabsstellen

Um Entscheidungswege zu verkürzen, wurde manche Abteilung aus ihrem vorherigen Fachbereich herausgelöst und als Stabsstelle direkt dem verantwortlichen Vorstand angegliedert. Dadurch erleichtert die Zuordnung der Abteilung **Luftsicherheitskontrolle/Fluggastkontrolle** beim Vorstand Recht und Sicherheit die Kooperation mit dem Bundesministerium des Innern und anderen Behörden.

Seit 1993 ist **Presse und Publikationen** direkt dem Vorstandsvorsitzenden angegliedert, um die Bedeutung von Flughafen-Publikationen und einer zeitgemäßen Pressearbeit zu unterstreichen. Der Bereich Presse dieser neu geschaffenen Stabsstelle umfaßt die direkten Kontakte zu den Medien und organisiert die Pressekonferenzen der FAG am Flughafen. Die Publikationsgruppe produziert die für die Pressearbeit notwendigen Veröffentlichungen, vom jährlichen Geschäftsbericht über Broschüren bis zu Pressemeldungen und den regelmäßig erscheinenden Zeitungen für Passagiere, Besucher und Mitarbeiter der FAG.

Umweltschutz

Seit 1964 arbeitet in der Umgebung des Flughafens eine Anlage zur kontinuierlichen **Lärmüberwachung** aller an- und abfliegenden Flugzeuge. 1988 hat die FAG eine neue computergestützte Lärmmeßanlage mit 25 Meßpunkten eingerichtet. Ein Resultat der Arbeit im Bereich der Lärmerfassung und freiwilliger Vereinbarungen mit Luftverkehrsgesellschaften ist das *Frankfurter Anflugverfahren*. Hierbei fahren die Flugzeuge ihre Landeklappen nur bis zu einer Zwischenstellung aus, wodurch das lärmintensive Hochfahren der Triebwerke entfällt. Ebenso lärmmindernd wirkt sich ein gleichfalls in Frankfurt eingeführtes Steilstartverfahren aus.

Lärmkategorien

Chapter 1. Flugzeugtypen, die vor 1970 zugelassen wurden (z.B. Boeing B 707)

Chapter 2. Flugzeugtypen, die zwischen 1970 und 1978 zugelassen wurden (z.B. Boeing B 747-200)

Chapter 3. Flugzeugtypen, die seit 1978 zugelassen werden (z.B. Airbus A310)

Die FAG fördert die Tendenz zu leiseren Flugzeugen mit gestaffelten Landegebühren. So liegen die Landegebühren für Chapter-3-Flugzeuge 48% niedriger als für Chapter 2. Überdies besteht eine Nachtflugbeschränkung von 22:00 bis 6:00 Uhr. Zu dieser Zeit dürfen keine Flugzeuge starten oder landen, die nicht Chapter 3 entsprechen. Darüber hinaus gelten Start- und Landeverbot für Nicht-Linienflüge von 23:00 bis 6:00 Uhr, Landeverbot für Linienflüge von 0:00 bis 5:00 Uhr, Landeverbot für Postflüge von 1:00 bis 5:00 Uhr und Landeverbot für Fluggesellschaften, die auf dem Flughafen Frankfurt beheimatet sind, von 1:00 bis 4:00 Uhr.

1992 betrug der Anteil der relativ leisen Chapter-3-Flugzeuge ca. 80%. Dies führte dazu, daß sich die Fluglärmbelastung in der Umgebung in den letzten Jahren trotz einer zunehmenden Zahl von Starts und Landungen verringerte.

Zum Schutz der unmittelbar im Norden an den Flughafen grenzenden Stadt Kelsterbach hat die FAG eine 3,5 km lange und 15 m hohe **Schallschutzwand** gebaut, die sie im Rahmen des laufenden Begrünungsprogramms bepflanzt. Nach einem 1991 abgeschlossenen freiwilligen Schallschutzfensterprogramm ließ die FAG in ca. 1.800 Wohnungen und 2 Krankenhäusern **Schallschutzfenster** einbauen.

Die **Schadstoffbelastung** durch den Flugverkehr liegt in Deutschland bei ca. 0,5% aller Emissionen. Im Belastungsgebiet Untermain beträgt sie 2% aller Emissionen und 5,5% der Verkehrsemissionen. Die direkten Auswirkungen des Flughafens auf die Luftverschmutzung der Region Untermain sind gering. Um den Faktor 2-3 liegt der Flughafen bei der Kohlenmonoxid-Konzentration niedriger als die City, bei der Stickoxid-Konzentration um den Faktor 2.

Aufgrund der Entwicklung neuer umwelt-
freundlicherer Reiseflugzeuge stieg die
Gesamtemission in den letzten 10 Jahren
lediglich um 14% bei einer Zunahme des
Luftverkehrs um 50%.

Im Rahmen der **innerbetrieblichen Beiträge zur Luftreinhaltung** führt die FAG
einen ganzen Maßnahmen-Katalog durch,
so z.B. Fernwärme statt Ölfeuerungsanla-
gen, Bodenstrom an allen Flugzeugpositionen (Verzicht auf bordeigene Hilfsturbinen),
elektro- statt dieselbetriebene Fahrzeuge,
Abgasuntersuchungen für Dieselfahrzeuge,
emissionsarme Fahrzeuge als Ersatz für
ältere Modelle, Bioindikatortests zur Mes-
sung der Luftqualität, Konzepte für Diesel-
schlepper zur Reduzierung der Luftschad-
stoffe auf dem Vorfeld.

Die **Abwässer** (Schmutzwasser, Flugzeug-
waschwasser, Regenwasser) werden getrennt gesammelt, soweit erforderlich gereinigt und den städtischen Kläranlagen zu-
geleitet. 30 km lang und mit Rückhalte-
becken ausgestattet ist das Kanalsystem,
in dem die FAG das gesamte am Flughafen anfallende Schmutzwasser sammelt.
Vor der Übergabe an die öffentliche Kanali-
sation wird das Schmutzwasser durch Ab-
wasserbehandlungsanlagen, Benzin-, Fett-
und Ölabscheider, Schlammfänger usw.
aufbereitet.

Das Regenwasserkanalsystem auf dem
Flughafen ist 130 km lang und ebenso wie
das Schmutzwassersystem mit Rückhalte-
becken ausgestattet. **Regenwasser** vom
Vorfeld wird in Großanlagen mit Bezinab-
scheidern gereinigt, bevor es in die Kana-
lisation fließt.

Zum **Schutz des Grundwassers** kontrolliert ein hochempfindliches Computersystem die Pipeline-Anlage zur Betankung
der Flugzeuge.

Eine spezielle Anlage bereitet das bei der
Flugzeugreinigung anfallende **Waschwasser** auf und sorgt für die Trennung von
Ölen und Waschmitteln. Ölschlamm wird
gesondert entsorgt. Ein FAG-Labor und
externe Labors kontrollieren regelmäßig
Abwassermenge und -qualität. Meßstatio-
nen spüren grenzwertüberschreitende Be-
lastungen des Abwassers auf.

Bei der **Schneeräumung** setzt die FAG in
erster Linie auf mechanische Verfahren.
Sie hat deshalb neben handelsüblichen
Schneeschiebefahrzeugen zusätzlich Kehrblasgeräte und Schneeschleudern in den
Winterdienst-Fuhrpark aufgenommen. Um
die Eisbildung an neuralgischen Punkten zu
verhindern, kann auf Enteisungsmittel noch
nicht völlig verzichtet werden.

Zum Schutz der Ressource Wasser geht
die FAG neue Wege: Terminal 2 ist mit einer **Regenwasser-Nutzungsanlage** ausgerüstet. Ein Sammelbecken fängt das auf
der riesigen Dachfläche anfallende Regenwasser auf und gibt es über ein gesonder-
tes Leitungsnetz zur Versorgung von rund
800 Sanitäreinrichtungen wieder ab.

Die FAG sammelt **Wertstoffe** wie Glas
Papier, Holz, Metall und Folie getrennt; die
Recycling-Quote liegt bei etwa 10% des
Abfallaufkommens. Sonderabfälle werden
getrennt gesammelt und - sofern nicht wie-
derverwertet - der Hessischen Industriemüll
GmbH zur endgültigen Entsorgung über-
lassen. Sowohl für Haus- und Gewerbeab-
fall als auch für Sonderabfall ist im Rahmen eines neuen Abfallwirtschaftsplanes
eine weitere Erhöhung der Verwertungsra-
te vorgesehen.

Verkehr ist grundsätzlich mit **Flächenver-
brauch** verbunden. Da aber im Flugverkehr auf einer kleineren Fläche wesentlich
mehr Verkehr abgewickelt wird als auf

Straße oder Schiene, ist die Ökonomie größer. Frankfurt schneidet hier günstig ab, da es weltweit keinen anderen Flughafen mit vergleichbarer Verkehrsleistung gibt, der mit 17 qkm Fläche auskommt.

Aufforstungen in der Nachbarschaft glichen Waldverluste der vergangenen Jahre aus. Das größte Wiederaufforstungsgebiet hat eine Größe von 95 Hektar. Insgesamt hat die FAG etwa 300 Hektar Wald aufgeforstet - davon gut 2/3 als freiwilligen Beitrag zum Umweltschutz. Ein computergestütztes Flächeninformationssystem hilft bei der ökologischen Kartierung des Flughafen-Geländes, um geeignete Stellen für *Begrünung* ausfindig zu machen. Darunter fallen Dachbegrünungen auf dem Terminal 1 und anderen Flughafen-Gebäuden.

Ausblick

Die Inbetriebnahme des neuen Terminals 2 war das wichtigste Ereignis im Rahmen des Flughafen-Ausbaus in diesem Jahrzehnt. Aber damit ist die Entwicklung nicht abgeschlossen. Neben den bereits geplanten Erweiterungen im Terminal 1 und Terminal 2 ist für Passagiere und Besucher vor allem die künftige Optimierung der landseitigen Verkehrsanbindung (Schiene, Straße) von Bedeutung.

Durch die Beseitigung der Kontrollen an innereuropäischen Grenzen wird am Flughafen Frankfurt der *EU-Luftverkehr* bis zum Jahr 2000 gut 65 bis 70% des gesamten Verkehrsaufkommens ausmachen. Bis dahin werden ca. 70 Inland-Gates benötigt. Das Terminal 1 paßt sich diesen Gegebenheiten an. Erkennbare Veränderungen sind der Ausbau des Bereichs A und eine zusätzliche Bus-Ankunft im Bereich B für Fluggäste aus dem EU-Inland. Für den EU-Inlandverkehr wird das sogenannte *Europort-Konzept* umgesetzt.

Das erfordert den Bau einer zusätzlichen Ebene für Nicht-EU-Flüge im Bereich der heutigen Besucherterrasse. Nach Fertigstellung ist dann der Flugsteig B für den gemischten EU-/NON-EU-Flugbetrieb einsetzbar.

Nördlich der beiden Terminals ist ein *neuer Fernbahnhof* geplant. Passagiere können bis zum Ende des Jahrzehnts den Flughafen mit dem ICE erreichen. Auch für den schon bestehenden Bahnhof unter Terminal 1 wird sich der Bau des ICE-Bahnhofs positiv auswirken: Die Verlagerung internationaler Fernzüge wird die Anlage entlasten. Daher können künftig von hier aus noch mehr S-Bahnen in die Frankfurter City und die Rhein-Main Region verkehren.

Im Mittelpunkt aller Frachtplanungen steht *Cargo City Süd*, ein Bauvorhaben mit dem Ziel, im Südteil des Frankfurter Flughafens einen zweiten Bereich für Frachtabfertigung entstehen zu lassen. Geplant ist eine nutzergerechte Infrastruktur, um den Anforderungen der Luftverkehrsgesellschaften und der Spediteure gerecht zu werden. Nach Prognosen für das Jahr 2005 werden dann 10% der am Flughafen abgefertigten Fracht mit der Bahn transportiert.

Flughafen Frankfurt/Main in Daten

Start- und Landebahnsystem

Start- und Landebahn Nord
4.000 m lang, 60 m breit.

Start- und Landebahn Süd
4.000 m lang, 45 m breit plus 2 x 7,5 m breite Betonschultern.

Startbahn West
4.000 m lang, 45 m breit plus 2 x 7,5 m breite Betonschultern.

Schlechtwetterbetrieb   nach CAT IIIa/b

CAT IIIa
Entscheidungshöhe 30-0 m, RVR* min. 200 m.

CAT IIIb
Entscheidungshöhe 15-0 m, RVR* min. 50 m.
(*RVR = Mindest-Landebahnsicht)

Gepäckförderanlage

Kapazität	10.000 Gepäckstücke/h
Zuverlässigkeitsquote	99,8 Prozent
Umladezeit, Umsteigezeit	45 Minuten
Gesamtlänge der Förderstrecken	55 km

Mit der Anbindung zum Terminal 2 und den dortigen Gepäckanlagen wurde das Netz der Förderstrecken um etwa 10 km erweitert.

Fördergeschwindigkeit	2,5 m/sec
In Hochgeschwindigkeitsstrecken im Tunnelbereich	bis 5 m/sec

Frachtaufkommen

Frachtaufkommen 1993	1,17 Mio Tonnen
Prognosen für 2010	2,7 Mio Tonnen

Prognosen und bestehende Engpässe machen die Ausdehnung des Frachtbereichs erforderlich. Unter dem Namen *Cargo City Süd* soll im Südteil des Flughafens ein zweites Frachtabfertigungs-Zentrum entstehen.

Terminals

Terminal 1 ist auf eine Kapazität von etwa 30 Millionen Fluggäste ausgelegt.

Bilanz 1993	32,5 Mio Passagiere
Prognosen für 2010	52,6 Millionen Passagiere

Erheblich neue Kapazität durch Terminal 2. Insgesamt an beiden Gebäuden und auf dem Vorfeld 120 Flugzeugpositionen.

Die Verbindung zwischen beiden Empfangsgebäuden mit einer automatischen Hochbahn, der *Sky Line*, die die Fluggäste in Minutenschnelle zum gewünschten Flughafen-Gebäude bringt.

Parken für Fluggäste und Besucher

Im Parkhaus und in den Tiefgaragen stehen seit Eröffnung von Terminal 2 rund 14.000 Stellplätze zur Verfügung. Von hier kann der Passagier trockenen Fußes die Terminals erreichen.

Fluggesellschaften

Fluggesellschaften	über 100
Flugverbindungen pro Woche.	ca. 3.000
Charterfluggesellschaften	ca. 80 (Sommer)
Charterfluggesellschaften	ca. 40 (Winter).

Beschäftigte, Betriebe, Firmen

Insgesamt	ca. 52.000
Davon bei FAG	ca. 12.000
Betriebe/Firmen	438

Besucherterrassen 1 und 2

Öffnungszeiten	8 bis 19.30 Uhr

Tägliche Rundfahrten ab Besucherterrasse von Terminal 1. Eintritt berechtigt zum Besuch beider Terrassen (Besucherterrasse 2 seit Eröffnung von Terminal 2 im Oktober 1994). Gruppenrundfahrten nach Anmeldung.

Kapitel 3

Internationale Flughäfen Europas von A bis Z

Einführung zu den Flughafenportraits

In diesem Hauptteil des Buches werden die ausgewählten europäischen Verkehrsflughäfen ab Seite 55 im Detail vorgestellt. Jeder Flughafen beginnt auf einer neuen Seite. Die Flughafenportraits sind bis auf wenige Abweichungen bei den Karten und Abbildungen nach folgendem Schema aufgebaut:

1. **Flughafenname und Codes (Headline)**
2. **Lageplan**
3. **Daten**
4. **Informationen**
5. **Touristische Tips**
6. **Anflugkarte**
7. **Abbildung**

Diese Gliederungspunkte haben dabei folgende Bedeutungen:

1. Flughafenname und Codes

Zunächst erscheint in der obersten Zeile der Name des Flughafens und seine Abkürzungen (Codes) nach der Festlegung der ICAO und der IATA. Frankfurt/Main z.B. ist die ausgeschriebene Bezeichnung des Flughafens Frankfurt, sein ICAO-Code ist EDDF, und sein IATA-Code ist FRA. Die Codes sind im Abschnitt „3. Daten" auf dieser Seite erläutert.

Zu beachten ist bei den ICAO-Kennungen einiger deutscher Verkehrsflughäfen, daß im Gegensatz zu den Kartenbezeichnungen ab 1.1.95 andere Kennungen angegeben sind. Diese neuen Kennungen wurden vom Bundesministerium für Verkehr eingeführt, um auch die Verkehrsflughäfen der neuen Bundesländer in das bestehende Kennzeichnungssystem zu integrieren.

2. Lageplan (Landekarte)

Nach der Flughafenbezeichnung folgt bei den meisten der Flughafenportraits der Flugplatz-Lageplan (Sichtflug-Landekarte) aus den Bottlang Airway Manuals. Ein Instrumentenflug-Lageplan aus den Jeppesen Airway Manuals wurde gewählt, wenn keine Sichtflug-Landekarte verfügbar war.

Da Instrumentenflug-Lagepläne durchweg ganzseitige Abbildungen sind, stehen hier die Daten und Textinformationen unmittelbar unter der Headline, der Lageplan erscheint erst auf der Folgeseite. Alle Lagepläne hatten bei Drucklegung des Buches den neuesten Stand.

3. Daten

Ausführliche Daten eines Flughafens sind so umfangreich, daß für dieses Handbuch nur die wichtigsten gewählt wurden. Die Daten sind in jedem Flughafenportrait einheitlich dargestellt. Am folgenden Beispiel Frankfurt/Main sind sie grau hervorgehoben und kurz kommentiert:

Flughafen Frankfurt/Main / Deutschland
Name und Land des Flughafens im Klartext.

ICAO-Code EDDF
ICAO-Code des Flughafens. In dieser Form erscheint ein Flughafen z.B. auf Lande- und Anflugkarten sowie in sonstigen Luftfahrtpublikationen für Crew, Flugsicherung, Luftfahrtbehörden, Wetterdienst usw.

Flughafen-Code FRA
IATA-Code des Flughafens. Im internationalen Luftfahrtverkehr wird dieser Code z.B. in Flugplänen, Anzeigen, Tickets, Gepäckanhängern usw. für Start- und Zielflughäfen sowie Zwischenstationen angegeben.

Nationale Airline   Deutsche Lufthansa
In dieser Zeile wird die größte Airline des Landes, in dem der Flughafen liegt, im Klartext angegeben.

Code der nationalen Airline   DLH/LH
IATA-Codes der nationalen Airline, wie sie u.a. für Flugnummern eingesetzt werden (z.B. LH 4711). Der 3-Buchstaben-Code (z.B. DLH) wird den alten Code mit 2 Buchstaben (z.B. LH) in Kürze ersetzen.

Lage   12,0 km SW Frankfurt
Hier ist die Entfernung des Flughafens zur nächstliegenden Stadt in Kilometer in Verbindung mit der Himmelsrichtung (englisch abgekürzt, siehe Anhang 4) angegeben. Im Beispiel liegt der Flughafen Frankfurt 12,0 km süd-westlich der Stadt Frankfurt.

Koordinaten   N 50 02 04 / E 08 34 17
In der Lageangabe werden die geografischen Koordinaten (Breiten- und Längengrade) in Grad, Minuten und Sekunden genannt. In der Regel sind dies die Koordinaten des Flugplatz-Bezugspunktes (ARP).

Flughafenhöhe   111 m
Als nächstes folgt die Flughafenhöhe über Normal Null (NN) bzw. über Meer (mittlere Meereshöhe, Mean Sea Level, MSL).

Start-/Landebahnen

Start-/Landebahn 1   07L/25R > 4.000 m
Start-/Landebahn 2   07R/25L > 4.000 m
Start-/Landebahn 3   Nur 18 > 4.000 m
Bei den Start-/Landebahnen wird die mißweisende Ausrichtung jeder Bahn in abgekürzter Form (nur in 10°-Schritten) genannt. Bei Parallelbahnen erscheint zusätzlich noch die Angabe L (links) oder R (rechts), um die jeweilige Bahn genau zu kennzeichnen. Nach der Ausrichtung folgt die Bahnlänge in Meter (m).

Frequenzen

Die genannten Flugsicherungsfrequenzen werden im Sichtflug verwendet (Ausnahme: Jeppesen IFR-Lagepläne). Sie geben einen Überblick über die flugsicherungstechnischen Abläufe an einem Flughafen. In einigen Ländern wurde vor ein paar Jahren im Frequenzbereich 118,000-137,000 MHz der 25-kHz-Kanalabstand eingeführt. Auf den Karten und im Datenteil sind allerdings nur zwei Dezimalstellen angegeben. Die Frequenzen entsprechen, wie alle anderen Daten auch, bei Drucklegung dieses Buches dem aktuellen Stand.

ATIS   118,02 MHz
Automatische Ausstrahlung von Start- und Landeinformationen eines Flughafens. Diese Frequenz wird von der Crew vor dem Start und vor der Landung abgehört.

FIS   Frankfurt Radar 119,15 MHz
Sprechfunk-Frequenz des für den Flughafen zuständigen Fluginformationsdienstes. Vor jedem Anflug ist immer zuerst die FIS-Frequenz zu rufen.

GND   Frankfurt Apron 121,70 MHz
Ground 121,80 MHz
Sprechfunk-Frequenzen der Kontrolldienste Vorfeld und Rollkontrolle. Die Crew meldet sich nach dem Anlassen der Triebwerke und nach der Landung auf diesen Frequenzen, um Anweisungen zu Rollvorgängen auf dem Flughafen zu erhalten. Auf manchen Flughäfen übernimmt statt der Flugsicherung der Flughafenbetreiber teilweise die Bewegungslenkung.

TWR   Frankfurt Tower 119,90 MHz
Unmittelbar vor dem Start und vor der Landung meldet sich die Crew auf dieser Sprechfunk-Frequenz. Der TWR führt und informiert Flugzeuge in unmittelbarer Umgebung des Flughafens.

APP/DIV   Frankfurt Radar 119,15 MHz
Hier werden die Sprechfunk-Frequenzen genannt, die bei Anflügen und Abflügen in der weiteren Umgebung eines Flughafens von der Crew zu wählen sind. Auf diesen Frequenzen werden Anweisungen zum Ab- oder Anflug und für bestimmte Verfahren gegeben.

Leistungskennzahlen

Passagiere p.a.	32,5 Mio.
Fracht p.a. (Tonnen)	1,143 Mio.
Flugbewegungen p.a.	0,352 Mio.

Diese 3 Leistungskennzahlen aus dem Jahr 1993 geben gute Anhaltspunkte für die Bedeutung des jeweiligen Flughafens und seines wirtschaftlichen Potentials im nationalen und internationalen Vergleich. Sie haben folgende Bedeutung: Passagiere pro Jahr in Millionen Personen, Fracht pro Jahr in Millionen Tonnen und Flugbewegungen pro Jahr in Millionen Bewegungen (An- und Abflüge gesamt).

4. Informationen

Nach den Daten folgen Informationstexte, in denen auf die Geschichte und die Gegenwart sowie auf Besonderheiten des Flughafens eingegangen wird. Ein Ausblick auf zukünftige Ausbau-Projekte rundet diese Texte ab.

Auf die Abbildung von Piktogrammen, wie sie jeder Verkehrsflughafen zur Kennzeichnung seiner Serviceleistungen und Einrichtungen verwendet, haben wir nicht zuletzt aus Gründen der Übersichtlichkeit verzichtet. Jeder Flughafen setzt zum Teil nämlich auf seine Corporate Identity abgestimmte Piktogramme ein, die nicht vereinheitlicht werden können.

Außerdem bieten heute alle internationalen Flughäfen optimale Verkehrsverbindungen,

Restaurants, Hotels, Duty Free Shops, Einzelhandelsgeschäfte sowie weitere Einrichtungen für den Komfort von Passagieren und Besuchern. Ausnahmen gibt es heute fast nur noch in osteuropäischen Ländern. In den Flughafen-Lageplänen (fünf IFR-Lagepläne ausgenommen) ist ein Teil der Serviceleistungen und Einrichtungen jedoch in Form von Piktogrammen abgebildet.

5. Touristische Tips

Eine ausführliche Beschreibung der zu den Flughafen gehörigen Städte würde den Rahmen dieses Buches sprengen. Wir haben uns deswegen auf die wichtigsten touristischen Informationen und Tips in Kurztext-Form beschränkt. Diese Texte erheben jedoch keinen Anspruch auf Vollständigkeit und stellen keine Wertung dar.

6. Anflugkarte

Bei einigen Flughäfen sind auch VFR-Anflugkarten aus den Bottlang Airfield Manuals abgebildet. IFR-Anflugkarten haben wir wegen der überaus komplizierten Kartendarstellungen und der Anzahl der Karten in keinem Fall verwendet. Die VFR-Anflugkarten sollen einen Eindruck darüber vermitteln, wie ein Flughafen in Beziehung zu seinem Umland liegt und wie z.B. An- und Abflüge auf der Karte aussehen.

7. Abbildung

Sofern uns reproduktionsfähige Abbildungen von den Verkehrsflughäfen zur Verfügung gestellt wurden, haben wir zusätzlich zu den Lageplänen eine oder mehrere Abbildungen veröffentlicht. Hinter den Bildunterschriften ist (wie bei allen Abbildungen in diesem Buch) die Quelle in Klammern angegeben.

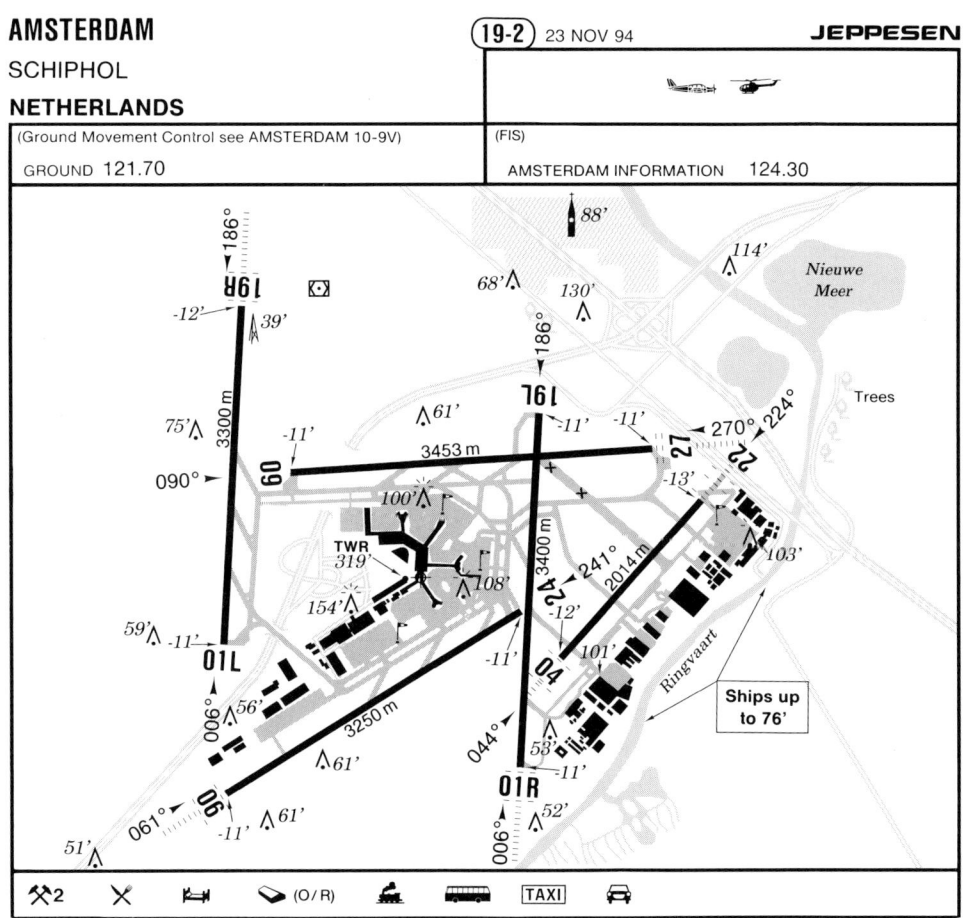

Daten

Flughafen	Amsterdam Schiphol / Niederlande
ICAO-Code	EHAM
IATA-Code	SPL
Nationale Airline	KLM Royal Dutch Airlines
Code der nationalen Airline	KLM/KL
Lage	9,1 km SW Amsterdam
Koordinaten	N 52 18 29 / E 04 45 51

Flughafenhöhe	-3,5 m
Start-/Landebahn 1	01R/19L > 3.400 m
Start-/Landebahn 2	01L/19R > 3.300 m
Start-/Landebahn 3	09/27 > 3.343 m
Start-/Landebahn 4	06/24 > 3.250 m
Start-/Landebahn 5	04/22 > 2.014 m
ATIS	ARR 108,40 MHz / DEP 122,20 MHz
FIS	Amsterdam Information 124,30 MHz
GND	Schiphol Ground 121,70 MHz

TWR	Schiphol Tower 118,10 MHz
APP/DIV	Schiphol Approach 121,20 MHz
	Arrival 118,40 MHz
	Departure 119,05 MHz

Passagiere p.a.	21,3 Mio.
Fracht p.a. (Tonnen)	0,775 Mio.
Flugbewegungen p.a.	0,288 Mio.

Informationen

1916: Gründung als Militärflugplatz.
1918: Ausstellungsgelände für Militärflugzeuge.
1926: Übernahme durch die Stadt Amsterdam.
1930: Beginn des internationalen Luftverkehrs.
1938: 100.000 Passagiere.
1940: Besetzung durch deutsche Truppen, Nutzung bis zum Kriegsende als Militärbasis.
1945: Wiederaufbau des zerstörten Flughafens.
1950: 350.000 Passagiere, weiterer Ausbau.
1958: Gründung einer Flughafen-Gesellschaft.
1963: Beginn der Ausbauarbeiten zum Flughafen „Schiphol Central".
1967: Einweihung „Schiphol Central".
1970: Landung der ersten Boeing 747.
1975: Terminalerweiterungen, Bau einer weiteren Anlegestelle (Pier D).
1987: Neubau Pier C.
1988: Start des Hauptausbauplans.
1990: 16 Millionen Passagiere.
1991: Eröffnung des höchsten Towers der Welt mit 101 m Höhe.

Der Ausbauplan reicht bis 2003. Geplant sind Erweiterungen der Piers und Terminals, die Einführung eines automatischen Transportsystems und die Ansiedlung von Hotelketten. Schiphol hat eine zentrale Lage in Europa und ideale Verkehrsverbindungen auf dem Land- und Seeweg. Im Vergleich mit den großen europäischen Flughäfen hat Schiphol die niedrigsten Betriebskosten. Restriktionen (z.B. Nachtflugbeschränkungen) gibt es nicht.

Touristische Tips

Amsterdam, die Hauptstadt der Niederlande, liegt an der Amstelmündung. 675.000 Einwohner. Die Stadt spielt eine überragende wirtschaftliche Rolle als Hafen- und Handelsstadt und ist das bedeutendste niederländische Kulturzentrum. Der See- und Rheinhafen ist ca. 700 ha groß. Als Diamantenzentrum genießt die Stadt Weltruf, als Einkaufszentrum ist sie bekannt für Antiqitäten und Kunst.

Amsterdam besitzt neben zahlreichen Akademien, Instituten und Bibliotheken, 2 Universitäten, 2 Konservatorien, Stadttheater und mehrere Museen wie z.B. das Rijksmuseum, das Rijksmuseum Vincent van Gogh und das Tropenmuseum.

Für den einzigartigen Charme der Stadt sorgen die unendlich vielen Kanäle (Grachten), die Altstadt mit ihren Kneipen, Restaurants und kleinen Geschäften. Auffallend sind die vielen schmalen Häuser, denn früher zahlte man nach der Breite der Hausfront Steuern. In der Altstadt befindet sich auch der Dam, ein zentraler Platz, mit dem königlichen Palast.

(Farbabbildung des Flughafens Seite 73)

AMSTERDAM
SCHIPHOL
NETHERLANDS

(APP) * On ATC discretion.
** Only with PPR by ATC.
SCHIPHOL APPROACH 121.20   131.15 *
SCHIPHOL ARRIVAL   118.40 **
SCHIPHOL DEPARTURE 119.05

EHAM
ELEV -11 ft / -3.5 m

52 18 29 N
04 45 51 E

4.9 NM SW Amsterdam

(TWR) *Q/R or ATC discretion	VDF
SCHIPHOL TOWER 118.10 118.90 * 118.27*	
GROUND 121.70	
(Ground Movement Control see AMSTERDAM 10-9V)	

		ATIS (ARR) 108.40	132.97		
		ATIS (DEP) 122.20			
RWY	ILS		RWY	ILS	
01R	110.30 SC	006°	19R	109.50 SP	186°
06	111.10 SL	061°	27	111.50 PH	270°

SCALE 1 : 250 000

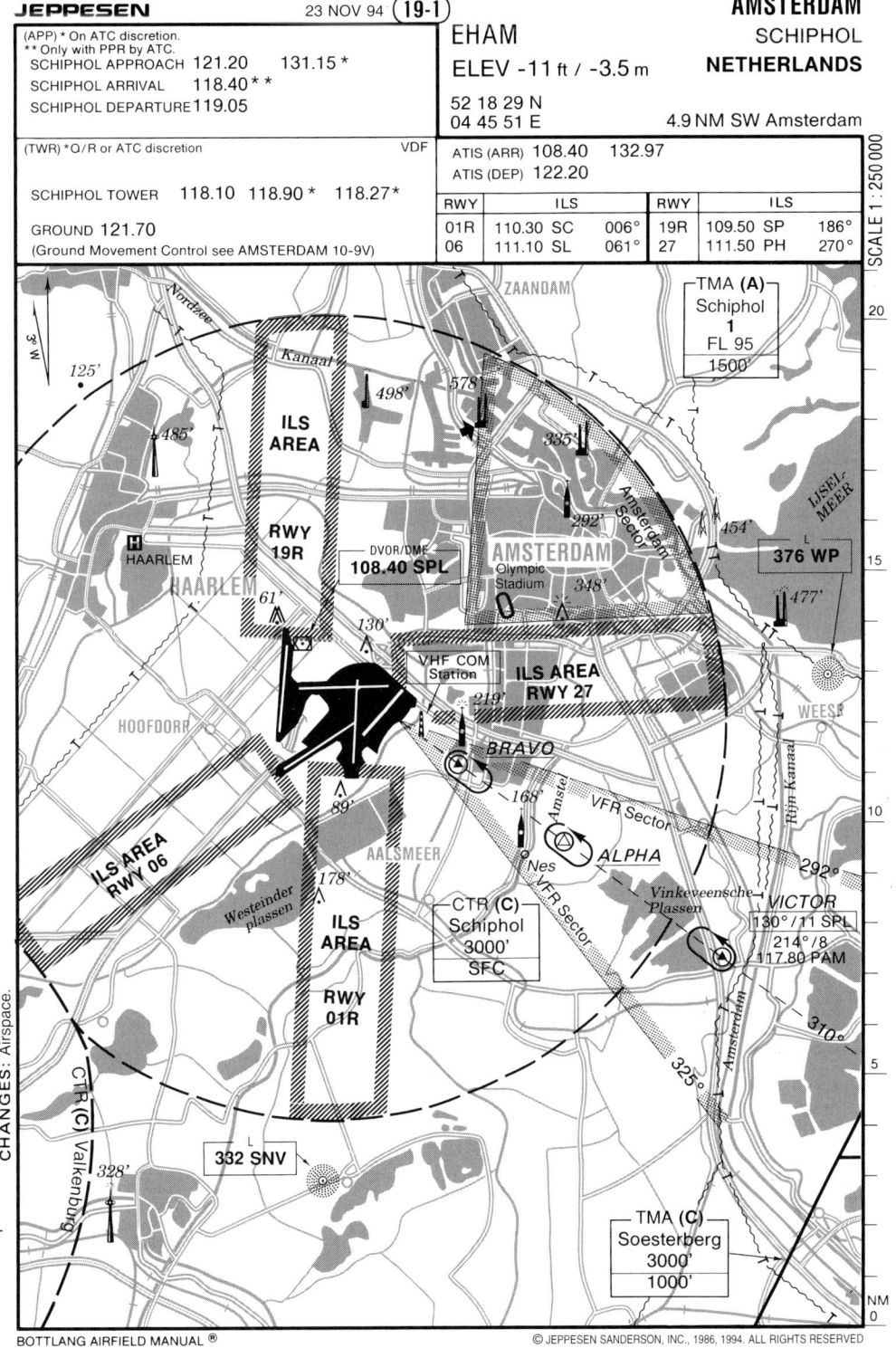

CHANGES: Airspace.

Cargo-Areal des Verkehrsflughafens Amsterdam Schiphol (Amsterdam Schiphol).

Ankara (ca. 2 Mio. Passagiere pro Jahr) ist vorwiegend auf Inlandsflüge ausgerichtet (Esenboga Airport).

58

Ankara Esenboga

Daten

Flughafen	Ankara Esenboga / Türkei
ICAO-Code	LTAC
IATA-Code	ESB
Nationale Airline	Turkish Airlines
Code der nationalen Airline	THY/TK
Lage	28,1 km NNE Ankara
Koordinaten	N 40 07 28 / E 32 59 35
Flughafenhöhe	1.034 m
Start-/Landebahn 1	03L/21R > 3.750 m
Start-/Landebahn 2	03R/21L > 3.750 m
ATIS	123,60 MHz
GND	Esenboga Ground 121,90 MHz
TWR	Esenboga Tower 118,10 MHz
Passagiere p.a.	2,8 Mio.
Fracht p.a. (Tonnen)	0,015 Mio.
Flugbewegungen p.a.	0,042 Mio.

Touristische Tips

Ankara, die Hauptstadt der Türkei, ist Sitz der Staatsregierung. 1,9 Millionen Einwohner. Ankara ist bedeutendes Handels- und Verkehrszentrum und Industriestandort. Die Stadt entwickelte sich am Kreuzungspunkt wichtiger Karavanenstraßen.

Neben einem Konservatorium und einem archäologischen Museum (mit der weltweit umfangreichsten Sammlung über die Hethiter) hat die Stadt eine Nationalbibliothek und Theater, drei Universitäten, ein Konservatorium und ein Goethe-Institut.

Zu den bekannten Bauwerken gehören die Zitadelle, Ruinen römischer Thermen und eines römischen Tempels mit eingemeißelten Bericht des Kaisers Augustus.

Informationen

1955: Eröffnung des Flughafens.
1991: Fertigstellung neuer Gebäude und neuer Serviceeinrichtungen.

Vorrangig sind in Ankara Esenboga Inlandflüge (1,8 Mio. Passagiere), die mehr als das Doppelte der internationalen Flüge ausmachen. Die Spitzenbelastungen des Flughafens liegen in den Monaten Juli, August und September (Touristikflüge, Charterflüge), während der übrigen Zeit dominieren Inlandflüge.

Ausbaupläne wie z.B. bei den internationalen Flughäfen in Mittel- und Nordeuropa gibt es in Ankara Esenboga, dem südlichsten europäischen Flughafen, nicht.

LTAC   **ANKARA, TURKEY**
ESENBOGA

ATIS	123.6
ESENBOGA Ground	121.9
Tower	118.1

213.2°/8.8 from BUK 114.3   N40 07.5 E032 59.6
Var 03°E   Elev 3125'

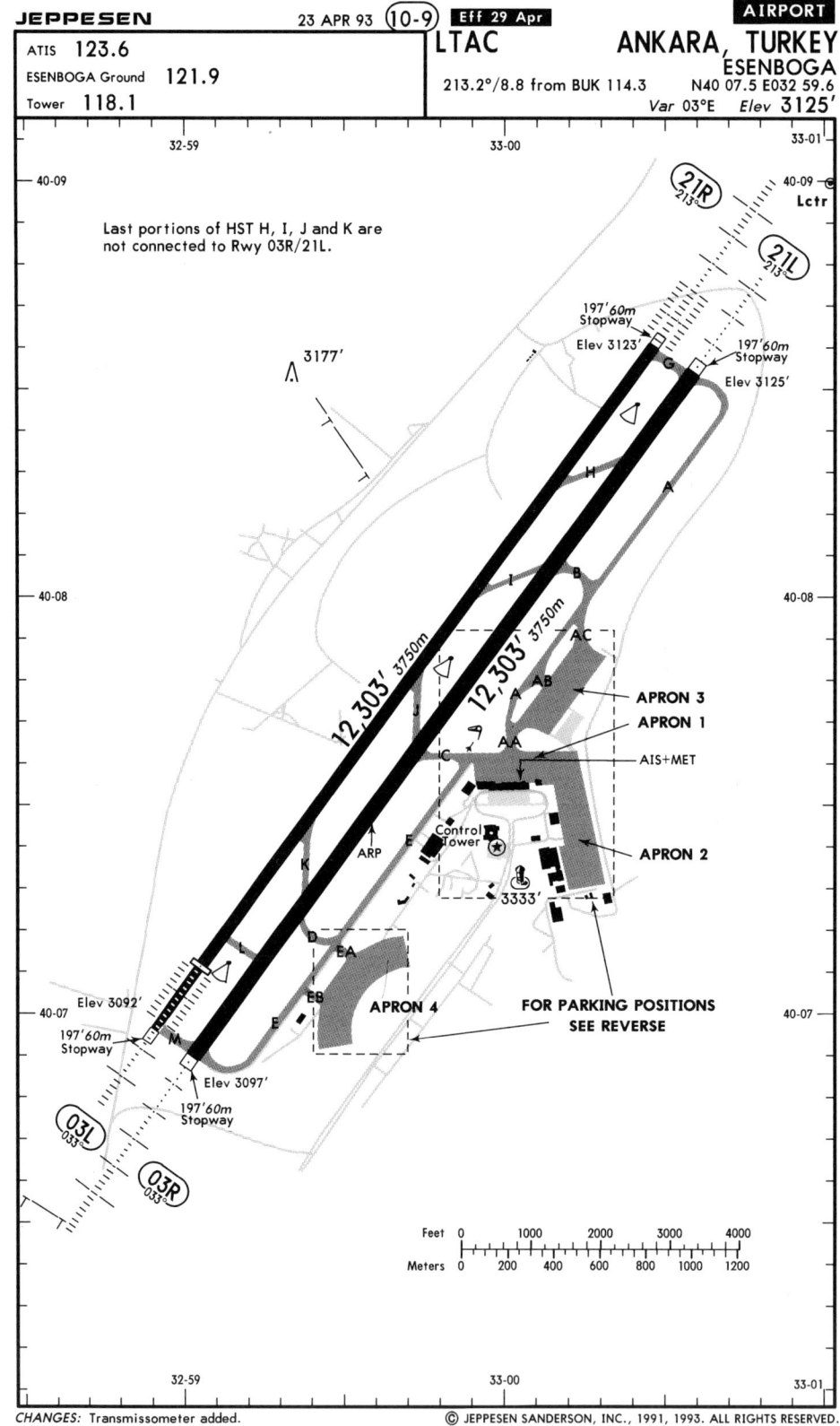

Last portions of HST H, I, J and K are
not connected to Rwy 03R/21L.

3177'

197'60m Stopway
Elev 3123'

197'60m Stopway
Elev 3125'

21R 213°
21L 213°
Lctr

G

H

A

I

B

J

AC

A AB

12,303' 3750m

12,303' 3750m

APRON 3
APRON 1

AA
AIS+MET

C

E   Control Tower

ARP

APRON 2

3333'

K

L

D   EA

EB

APRON 4

E

Elev 3092'
197'60m Stopway

M

Elev 3097'
197'60m Stopway

03L 033°
03R 033°

**FOR PARKING POSITIONS
SEE REVERSE**

| Feet | 0 | 1000 | 2000 | 3000 | 4000 |
| Meters | 0 | 200 400 | 600 | 800 | 1000 1200 |

ATHINAI

ATHINAI

GREECE

(19-2) 24 NOV 93 JEPPESEN

(FIS)

MAKEDONIA INFORMATION 130.92

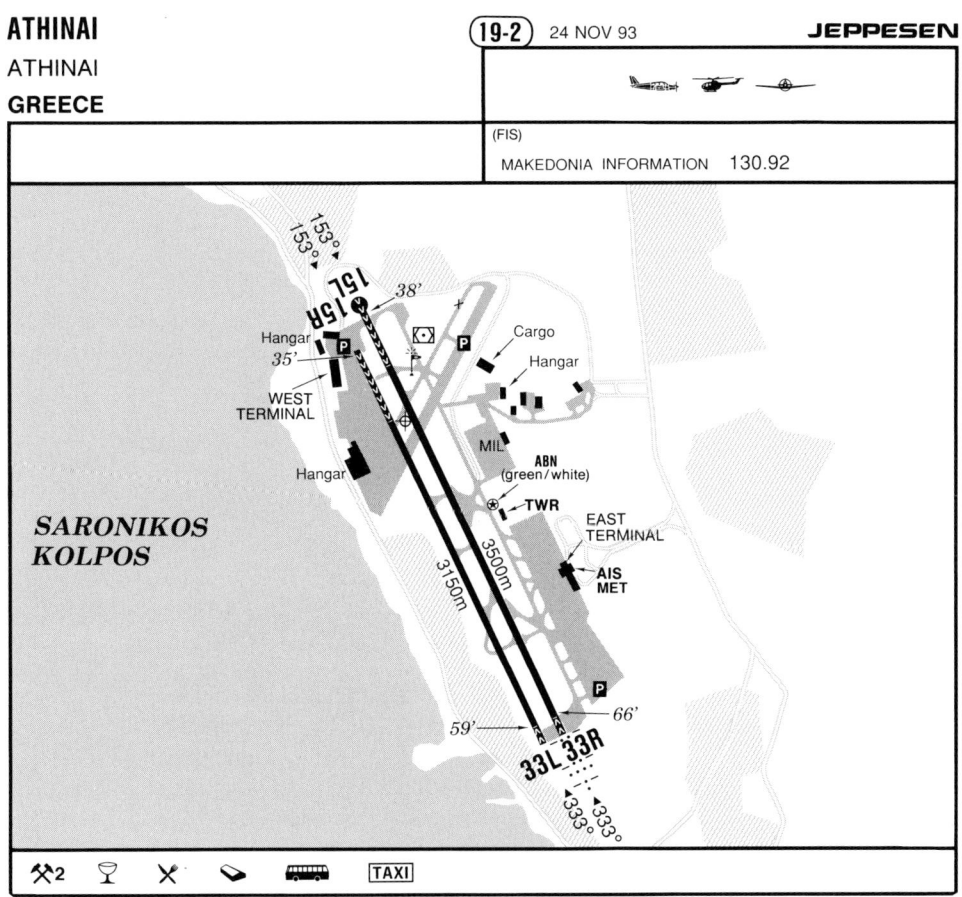

Daten

Flughafen	Athen Athinai / Griechenland
ICAO-Code	LGAT
IATA-Code	ATH
Nationale Airline	Olympic Airways
Code der nationalen Airline	OAL/OA
Lage	8,3 km S Athen
Koordinaten	N 37 53 45 / E 23 43 40
Flughafenhöhe	21 m

Start-/Landebahn 1	15L/33R > 3.500 m
Start-/Landebahn 2	15R/33L > 3.150 m
ATIS	123,40 MHz
FIS	Makedonia Information 130,92 MHz
GND	Athinai Ground 121,70 MHz
TWR	Athinai Tower 118,10 MHz
APP/DIV	Athinai Approach 119,10 MHz
Passagiere p.a.	9,6 Mio.
Fracht p.a. (Tonnen)	0,089 Mio.
Flugbewegungen p.a.	0,141 Mio.

61

Informationen

1936: Gründung des Flughafens.
1945-1968: Erweiterung nach Süden und
Osten, Bau eines neuen Terminals. Nutzung
des alten Terminals durch Olympic Airways.
1969: Eröffnung des erweiterten Flughafens.
1975: Bahnverlängerung und Anpassung an
Jumbo-Jets.

Detaillierte Ausbaupläne und künftige Entwicklungen hat die Flughafenverwaltung nicht veröffentlicht. Es ist jedoch seit längerer Zeit geplant,
an anderer Stelle (Spata Saggani) einen neuen
Flughafen mit einer Jahreskapazität von 15 Millionen Passagieren zu bauen.

Touristische Tips

Die Hauptstadt Griechenlands ist Sitz des Ober-
hauptes der griechisch-orthodoxen Staatskirche.
885.000 Einwohner.
Zusammen mit Piräus ist Athen die überragende Geschäfts- und Handelsstadt Griechenlands
mit Versicherungen, Banken, Groß- und Fach-
handel und Reedereien. Es ist das touristische
Zentrum Griechenlands.
Athen ist Universitätsstadt, hat eine Technische
Hochschule, eine Akademie der Wissenschaften,
eine Kunstakademie, archälogische Institute, das
Nationaltheater, die Nationalbibliothek sowie viele
Museen.
Berühmt ist die Akropolis, der heilige Hügel, der
von Tempel und Opferstätten, Schatzhäusern
und Weihesteinen gekrönt wird. Das Stadtzen-
trum wird von der Akropolis (156 m), Lykabettos
(277 m) und Pnyx (110 m) umgeben. Es besteht
aus einem mittelalterlichen Teil mit zahlreichen
kleinen Geschäften und Handwerksbetrieben sowie der im 19. Jahrhundert entstandenen Innenstadt mit modernen Hochhäusern, breiten Boulevards und großen Plätzen.
In der Altstadt, der Plaka, wird man durch die
winkligen Gäßchen mit winzigen Lädchen an
einen orientalischen Basar erinnert.

Daten

Flughafen	Barcelona / Spanien
ICAO-Code	LEBL
IATA-Code	BCN
Nationale Airline	Iberia
Code der nationalen Airline	IBE/IB
Lage	15,1 km SW Barcelona
Koordinaten	N 41 17 54 / E 02 04 47
Flughafenhöhe	3 m
Start-/Landebahn 1	02/20 > 2.720 m
Start-/Landebahn 2	07/25 > 3.108 m
ATIS	118,65 MHz
GND	Barcelona Ground 121,70 MHz
	Delivery 121,80 MHz
TWR	Barcelona Tower 118,10 MHz

Passagiere p.a.	10 Mio.
Fracht p.a. (Tonnen)	0,057 Mio.
Flugbewegungen p.a.	0,136 Mio.

Informationen

1947: Fertigstellung der ersten Asphaltbahn und Einweihung eines Terminals.

1950-1956: Bau weiterer drei Bahnen.

1966: Eröffnung des Towers.

1968: Inbetriebnahme eines weiteren Terminals.

1991: Wiedereröffnung des Terminals B nach Umbauarbeiten.

Geplant sind in den kommenden Jahren ein neuer Kontrollturm sowie neue Verkehrsführungen und die Urbanisierung der Industriegebiete in der Nähe des Flughafens. Terminal C ist ausschließlich dem Flugverkehr zwischen Barcelona und Madrid vorbehalten.

Touristische Tips

Die Hafenstadt am Mittelmeer ist ein verkehrsgeographischer, wirtschaftlicher und kultureller Mittelpunkt Spaniens. 1,8 Millionen Einwohner. Barcelona, wichtiger Handels- und Umschlagplatz und führendes Industriezentrum des Landes, hat einen Hafen, der durch eine 4 km lange Mole geschützt ist. Zu den Balearen und den Kanarischen Inseln gibt es einen Linienverkehr. In der Stadt sind drei Universitäten, technische Hochschulen, Akademien, ein Konservatorium, ein Observatorium, zahlreiche Museen und die Oper.

Bekannte Bauwerke sind die Kathedrale, der Templo de la Sagrada Familia, das Rathaus und die Casa Milá. Am Fuße des Montjuich liegt das für die Weltausstellung 1929 angelegte Spanische Dorf.

Die große Einkaufsstraße, die Ramblas, bietet ein unvergeßliches Flair. In der Stadtnähe erhebt sich der 1.241 m hohe Montserrat, der Gesägte Berg, mit einem der ältesten Klöster Spaniens. Im Montjuich-Park gibt es eine 3,97 km lange Grand-Prix-Rennstrecke.

(Farbabbildung des Flughafens Seite 74)

63

AIRPORT

LEBL   **BARCELONA, SPAIN**
BARCELONA

QUV 114.3 - On Airport   N41 17.9   E002 04.8
Var 03°W   Elev 10'

*ATIS 118.65
*BARCELONA Clearance Delivery 121.8
Ground 121.7
Tower 118.1

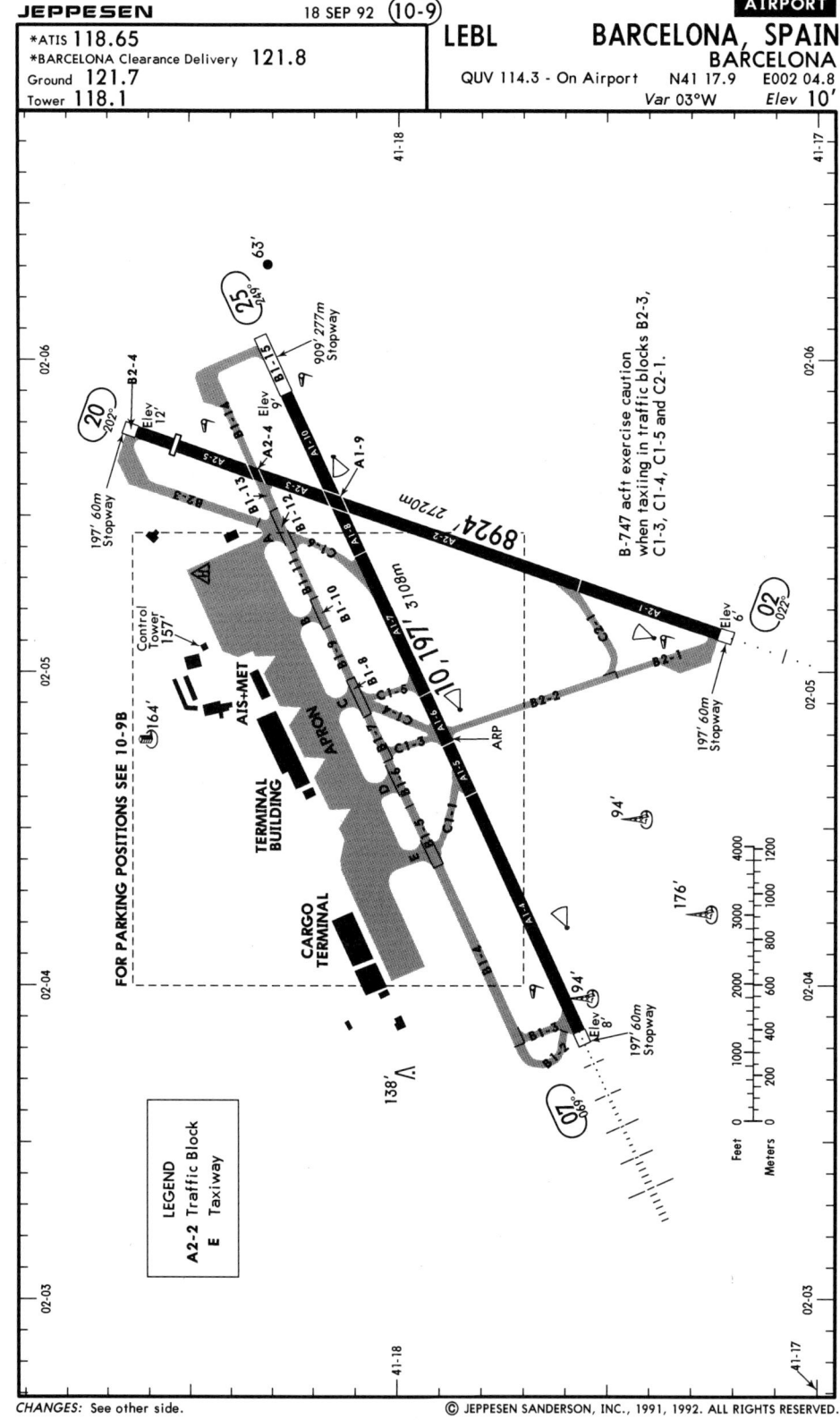

B-747 acft exercise caution when taxiing in traffic blocks B2-3, C1-3, C1-4, C1-5 and C2-1.

FOR PARKING POSITIONS SEE 10-9B

LEGEND
A2-2 Traffic Block
E Taxiway

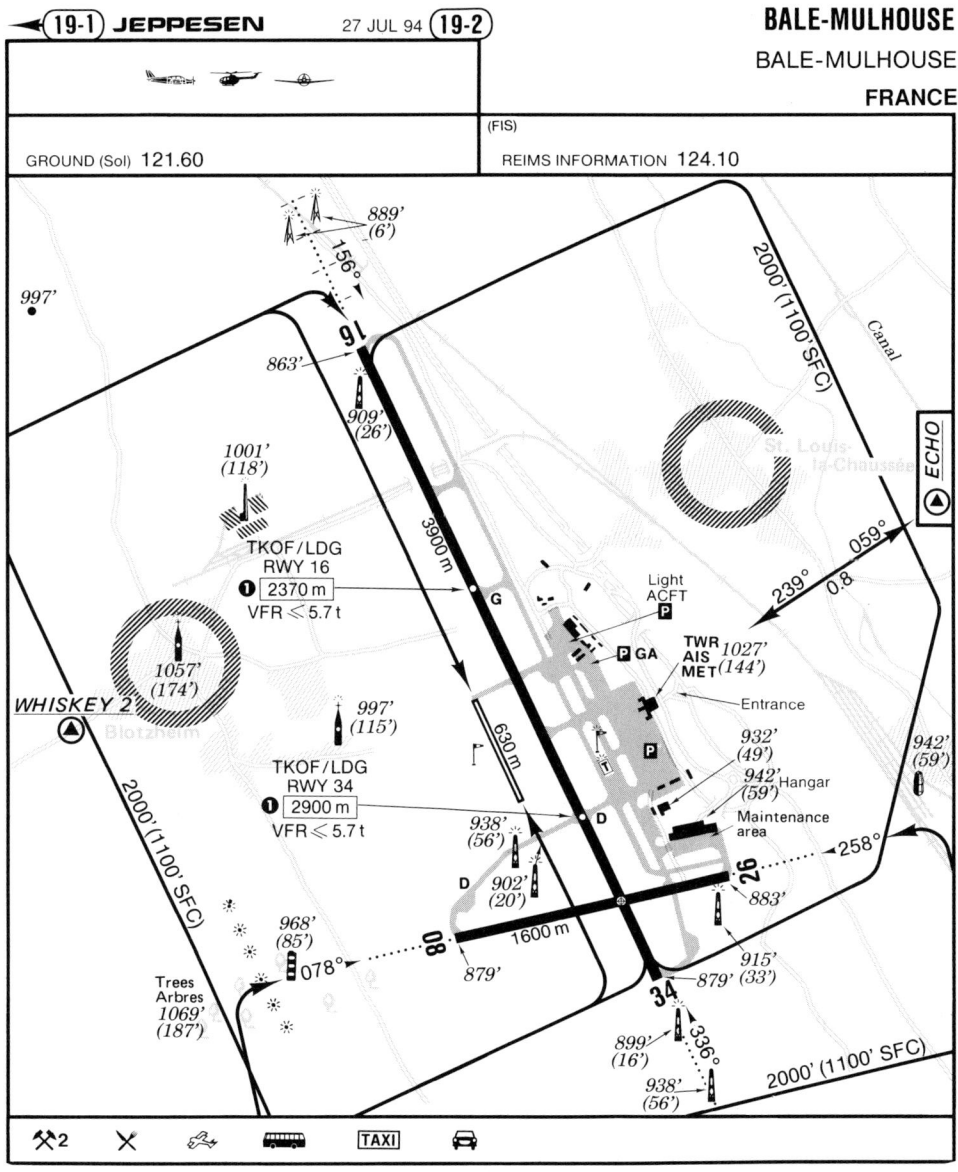

19-1 *JEPPESEN*   27 JUL 94 **19-2**

BALE-MULHOUSE
BALE-MULHOUSE
FRANCE

GROUND (Sol) **121.60**

(FIS)
REIMS INFORMATION **124.10**

889'
(6')

156°

997'

9

863'

909'
(26')

1001'
(118')

2000'(1100' SFC)

Canal

ECHO

St. Louis-
la-Chaussée

059°

239° 0.8

TKOF/LDG
RWY 16
❶ 2370 m
VFR ≤ 5.7 t

3900 m

G

Light
ACFT
P

TWR
AIS
MET
P GA

1027'
(144')

Entrance

1057'
(174')

WHISKEY 2
Blotzheim

997'
(115')

630 m

T

P

932'
(49')

942'
(59')

942'
(59') Hangar

TKOF/LDG
RWY 34
❶ 2900 m
VFR ≤ 5.7 t

938'
(56')

D

Maintenance
area

2000'(1100' SFC)

D

902'
(20')

26

883'

968'
(85')

078°

08

1600 m

879'

258°

915'
(33')

879' (33')

Trees
Arbres
1069'
(187')

34

899'
(16')

336°

2000' (1100' SFC)

938'
(56')

⚒2   ✕   ✈   🚌   TAXI   🚗

Flughafen	Basel-Mulhouse / Frankreich
ICAO-Code	LFSB
IATA-Code	BSL
Nationale Airline	Air France
Code der nationalen Airline	AFR/AF
Lage	5,9 km NW Basel
Koordinaten	N 47 35 26 / E 07 31 49
Flughafenhöhe	269 m
Start-/Landebahn 1	08/26 > 1.600 m
Start-/Landebahn 2	16/34 > 3.900 m
Start-/Landebahn 3	16/34 > 630 m
ATIS	127,87 MHz
FIS	Reims Information 124,10 MHz
GND	Bale Ground 121,60 MHz
TWR	Bale Tower 118,30 MHz
APP/DIV	Bale Approach 119,35 MHz
Passagiere p.a.	2,1 Mio.
Fracht p.a. (Tonnen)	0,061 Mio.
Flugbewegungen p.a.	0,097 Mio.

Informationen

1923: Erste Flugverbindungen London-Paris-Zürich und Basel-Mannheim.
1936: Beginn der Verhandlungen mit Frankreich über einen bi-nationalen Flughafen.
1939: 2/3 des schweizerischen Luftverkehrs gehen über den Flughafen Basel-Sternenfeld.
1946: Einweihung des neuen Flughafens nach zweimonatiger (!) Bauzeit.
1949: Basel wird im Rahmen eines Staaatsvertrages mit Frankreich bi-nationaler Flughafen.
1953-1972: Bau der 2.370 m langen Hauptbahn.
1970: Offizielle Flughafeneinweihung.
1976: Verlängerung der Hauptbahn auf 3.900 m.
1985: Pläne zur Belebung des Flugbetriebs.
1987: Basel wird tri-nationaler Flughafen. Umbenennung in „Euro-Airport Basel-Mulhouse-Freiburg". Anpassung der Jahreskapazität an 2 Millionen Passagiere.

Nach Verbesserung der Infrastruktur sollen weitere Ausbaupläne gestartet werden. Basel ist der einzige Flughafen in Europa, der die drei Länder Schweiz, Frankreich und Deutschland gleichzeitig bedient.

Touristische Tips

Basel ist die Hauptstadt des schweizerischen Halbkantons Basel-Stadt, am Dreiländereck zwischen der Schweiz, Frankreich und Deutschland gelegen. 176.000 Einwohner.
Neben der traditionellen Textilindustrie entstand im 19. Jahrhundert die Farbenfabrikation, aus der sich später die chemisch-pharmazeutische Industrie entwickelte. Buchdruckerei und Buchhandel sind seit dem 15. Jahrhundert heimisch.
Basel ist Endpunkt der Großschiffahrt auf dem Rhein.
Die Universitätsstadt Basel besitzt eine Musikakademie, das Schweizer Tropeninstitut, Bibliotheken, 27 Museen, Theater sowie einen bekannten Zoo.
Die Stadt ist prunkvoll, aber nicht protzig. Bekannte Bauten sind das Münster, die Barfüßer- oder Franziskaner Kirche (heute Historisches Museum), das Rathaus und zahlreiche Zunfthäuser, Brunnen und Stadttore.
Die Altstadt ist eine der schönsten in Europa. Weltberühmt ist die traditionelle Fastnacht, die Basler Fasnacht.

(Farbabbildung des Flughafens Seite 74)

Berlin Schönefeld   ETBS / SXF

BERLIN   (19-2) 21 DEC 94   **JEPPESEN**

SCHÖNEFELD

GERMANY

(FIS)

GROUND 121.60 121.80 (O/R)   BERLIN RADAR 121.05 (en, ge)

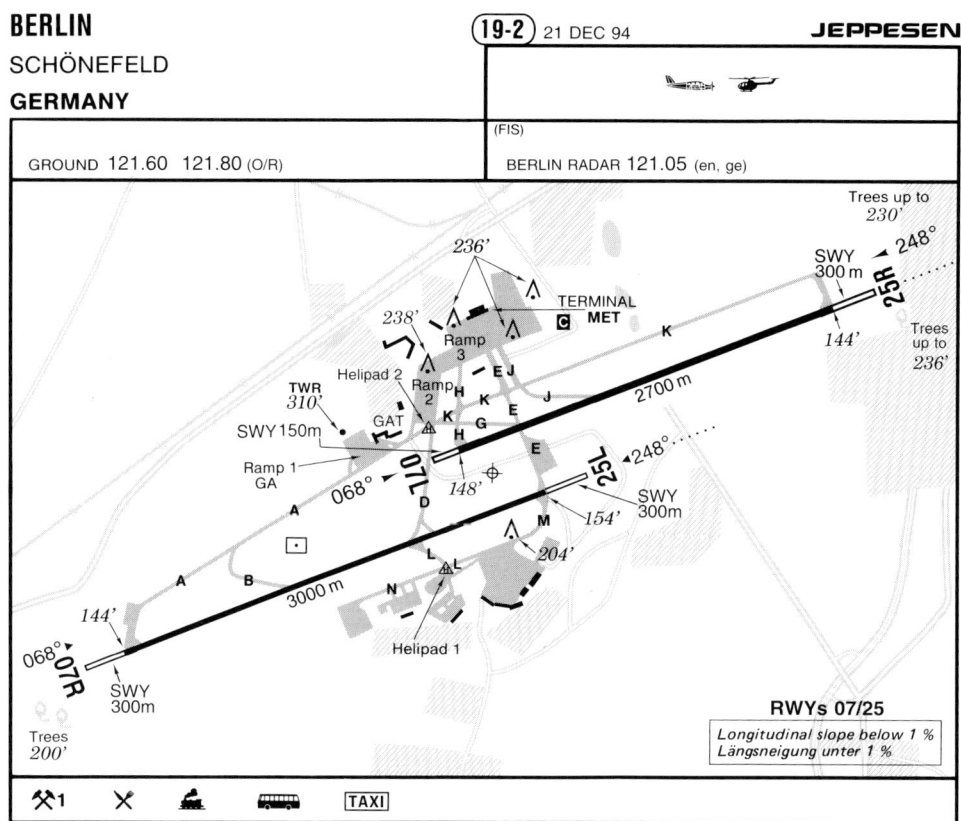

RWYs 07/25

Longitudinal slope below 1 %
Längsneigung unter 1 %

TAXI

Daten

Flughafen	Berlin Schönefeld / Deutschland
ICAO-Code	ETBS
IATA-Code	SXF
Nationale Airline	Deutsche Lufthansa
Code der nationalen Airline	DLH/LH
Lage	18,5 km SE Stadtmitte
Koordinaten	N 52 22 48 / E 13 31 20
Flughafenhöhe	47 m
Start-/Landebahn 1	07L/25R > 2.700 m
Start-/Landebahn 2	07R/25L > 3.000 m

ATIS	125,90 MHz
FIS	Berlin Information 126,82 MHz
GND	Schönefeld Ground 121,60 MHz
TWR	Schönefeld Tower 118,30 MHz
Passagiere p.a.	1,6 Mio.
Fracht p.a. (Tonnen)	0,011 Mio.
Flugbewegungen p.a.	0,046 Mio.

67

1945: Besetzung durch sowjetische Truppen.
1955: Aufnahme des Flugbetriebs durch die Deutsche Lufthansa DDR.
1958: Gründung der Interflug, weiterer Ausbau.
1961: Inbetriebnahme der Start-/Landebahn 1.
1969: Aufnahme des Flugbetriebs mit Jets.
1975: Inbetriebnahme der Start-/Landebahn 2.
1976: Fertigstellung des Abfertigungsgebäudes.
1990: Gründung der Berlin Schönefeld GmbH.
1990: Übergabe der Lufthoheit an die deutschen Behörden (3.10.90). Die Bundesanstalt für Flugsicherung übernimmt den kontrollierten Luftraum von Berlin und der ehemaligen DDR.
1991: Erster gemeinsamer Berlin-Flugplan für Schönefeld, Tegel und Tempelhof.
1992: Inbetriebnahme der erneuerten Haupt-Start-/Landebahn. Erstmals seit 1950 findet wieder die Internationale Luft- und Raumfahrtausstellung (ILA) in Berlin statt.
1993: Beschluß, die Abfertigungsanlagen um ein neues Terminal mit einer Jahreskapazität von 4,5 Millionen Passagieren zu erweitern.

Die künftigen Aktivitäten werden von der 1991 gegründeten Berlin Brandenburg Flughafen Holding GmbH, zu der die Flughäfen Berlin Schönefeld, Berlin Tegel und Berlin Tempelhof gehören, konsolidiert. Geplant ist ein Berliner Großflughafen unter der Bezeichnung „Flughafen Berlin Brandenburg International", dessen Standort allerdings noch nicht feststeht.

Ehemalige und zukünftige Hauptstadt Deutschlands, die von Spree, Havel und Panke durchflossen wird. 3 Millionen Einwohner.
Berlin ist einer der großen Industrie-Standorte Deutschlands und ein wichtiger Verkehrsknotenpunkt. Eine dominierende Stellung hat die Elektroindustrie. Die wichtigsten Industriebetriebe haben sich z.T. zu eigenen Stadtteilen entwickelt (z.B. Borsigwalde oder Siemensstadt). Große Teile des Güterfrachtverkehrs werden über Binnenwasserstraßen abgewickelt.
Neben einer Universität, Hochschulen, Instituten und der Akademie der bildenden Künste gibt es Bibliotheken, zahlreiche Museen und Galerien und mehrere Theater, u.a. die Deutsche Oper. Der Botanische und Zoologische Garten, die Berliner Festwochen, die Berliner Jazztage und die Internationalen Filmfestspiele runden das Angebot ab.
Es gibt viele Schlösser, z.B. Charlottenburg mit seinen außergewöhnlichen Museen und einem prachtvollen Schloßgarten, Sanssouci in Potsdam und das Jagdschloß Grunewald. Aus der Zeit des Klassizismus stammen u.a. das Brandenburger Tor, gekrönt durch die Quadriga der Friedensgöttin. Neubauten sind u.a. die Philharmonie (1960-63), die neue Nationalgalerie (1965-68) und das Internationale Congress-Zentrum (ICC, 1976-79).
Unzählige Geschäfte, Restaurants, Premiere-Kinos und Theater schmücken Berlins Flanierstraße, den Kudamm. Gedächtniskirche, Europa Center und zoologischer Garten sind sehenswert. Großartige Bauwerke liegen entlang der Prachtstraße Unter den Linden vom Marx-Engels-Platz bis zum Brandenburger Tor.

(Farbabbildung des Flughafens Seite 75)

Luftaufnahme der Haupthalle des Flughafens Berlin Schönefeld mit Vorfeld (Berlin Branden-burg Flughafen Holding GmbH).

Blick auf den Flughafen Berlin Tegel mit Flugsteigring, Haupthalle und Park-Areal (Berlin Brandenburg Flughafen Holding GmbH).

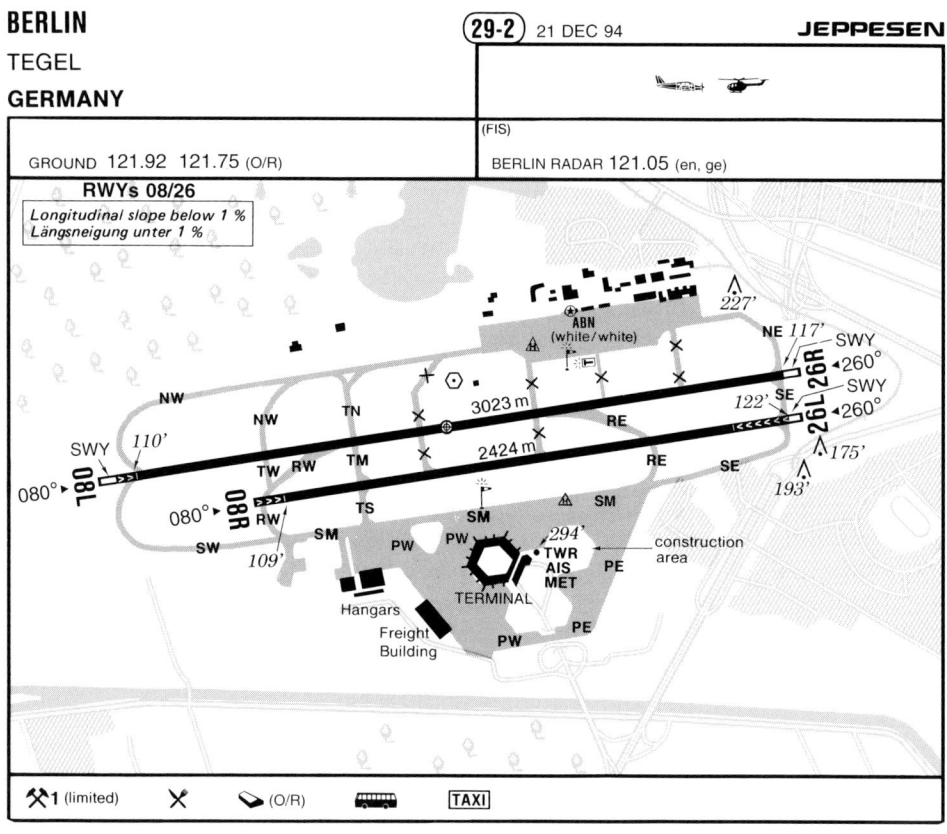

BERLIN

TEGEL

GERMANY

(29-2) 21 DEC 94   *JEPPESEN*

(FIS)

GROUND 121.92 121.75 (O/R)

BERLIN RADAR 121.05 (en, ge)

RWYs 08/26

Longitudinal slope below 1 %
Längsneigung unter 1 %

Daten	
Flughafen	Berlin Tegel / Deutschland
ICAO-Code	EDDT
IATA-Code	TXL
Nationale Airline	Deutsche Lufthansa
Code der nationalen Airline	DLH/LH
Lage	NW Stadtmitte
Koordinaten	N 52 33 40 / E 13 17 22
Flughafenhöhe	37 m
Start-/Landebahn 1	08L/26R > 3.023 m
Start-/Landebahn 2	08R/26L > 2.424 m

ATIS	124,95 MHz
FIS	Berlin Information 126,82 MHz
GND	Tegel Ground 121,75 MHz
TWR	Tegel Tower 118,70 MHz
Passagiere p.a.	7,1 Mio.
Fracht p.a. (Tonnen)	0,035 Mio.
Flugbewegungen p.a.	0,093 Mio.

1930: Tegel wird Raketenschießplatz.

1948: Baubeginn der damals längsten Start-/Landebahn Europas (2.400 m). Einweihung des Flughafens unter „Tegel-Nord".

1960: Aufnahme des zivilen Luftverkehrs mit einer Super Constellation der Air France, Landung der ersten Caravelle (Air France).

1965: Inbetriebnahme der Erweiterungsbauten.

1966: Beginn des Charterflugverkehrs.

1968 Verlegung des gesamten Pauschalflugverkehrs von Tempelhof nach Tegel.

1969: Baubeginn der neuen Flughafenanlage in Tegel-Süd.

1973: Eröffnung der auf 3.000 m verlängerten nördlichen Start-/Landebahn.

1974: Einweihung der Flughafenanlage Tegel-Süd, Aufnahme des Linienflugverkehrs.

1987: 5 Millionen Passagiere.

1989-1993: Zahlreiche Umbauarbeiten und kleinere Erweiterungen.

1990: Übergabe der Lufthoheit an die deutschen Behörden (3.10.90). Die Bundesanstalt für Flugsicherung übernimmt den kontrollierten Luftraum von Berlin und der ehemaligen DDR.

1991: 6,4 Millionen Passagiere.

Die künftigen Aktivitäten werden von der 1991 gegründeten Berlin Brandenburg Flughafen Holding GmbH, zu der die Flughäfen Berlin Schönefeld, Berlin Tegel und Berlin Tempelhof gehören, konsolidiert. Geplant ist ein Berliner Großflughafen unter der Bezeichnung „Flughafen Berlin Brandenburg International", dessen Standort allerdings noch nicht feststeht.

Ehemalige und zukünftige Hauptstadt Deutschlands, die von Spree, Havel und Panke durchflossen wird. 3 Millionen Einwohner.

Berlin ist einer der großen Industrie-Standorte Deutschlands und ein wichtiger Verkehrsknotenpunkt. Eine dominierende Stellung hat die Elektroindustrie. Die wichtigsten Industriebetriebe haben sich z.T. zu eigenen Stadtteilen entwickelt (z.B. Borsigwalde oder Siemensstadt). Große Teile des Güterfrachtverkehrs werden über Binnenwasserstraßen abgewickelt.

Neben einer Universität, Hochschulen, Instituten und der Akademie der bildenden Künste gibt es Bibliotheken, zahlreiche Museen und Galerien und mehrere Theater, u.a. die Deutsche Oper. Der Botanische und Zoologische Garten, die Berliner Festwochen, die Berliner Jazztage und die Internationalen Filmfestspiele runden das Angebot ab.

Es gibt viele Schlösser, z.B. Charlottenburg mit seinen außergewöhnlichen Museen und einem prachtvollen Schloßgarten, Sanssouci in Potsdam und das Jagdschloß Grunewald. Aus der Zeit des Klassizismus stammen u.a. das Brandenburger Tor, gekrönt durch die Quadriga der Friedensgöttin. Neubauten sind u.a. die Philharmonie (1960-63), die neue Nationalgalerie (1965-68) und das Internationale Congress-Zentrum (ICC, 1976-79).

Unzählige Geschäfte, Restaurants, Premiere-Kinos und Theater schmücken Berlins Flanierstraße, den Kudamm. Gedächtniskirche, Europa Center und zoologischer Garten sind sehenswert. Großartige Bauwerke liegen entlang der Prachtstraße Unter den Linden vom Marx-Engels-Platz bis zum Brandenburger Tor.

BERLIN
TEGEL
GERMANY

EDDT

ELEV 121 ft / 37 m

N52 33.7
E013 17.4   NW of City

(TWR)

TEGEL TOWER/TURM   124.52
                    118.70 (O/R)

GROUND 121.92 121.75 (O/R)

ATIS 123.77

RWY	ILS		RWY	ILS	
08L	109.10 ITLE	080°	26R	110.10 ITLW	260°
08R	108.50 ITGE	080°	26L	109.30 ITGW	260°

SCALE 1 : 200 000

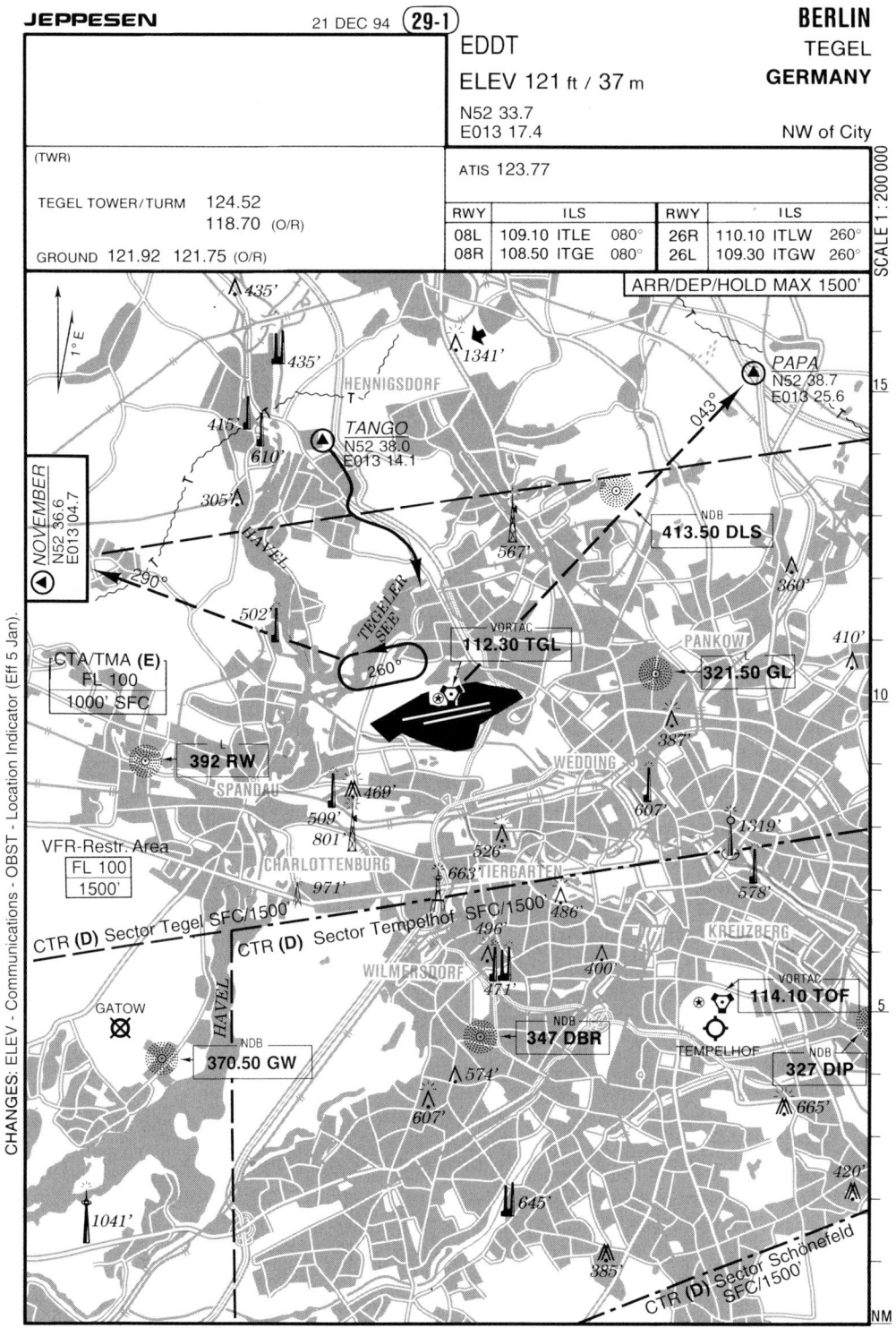

ARR/DEP/HOLD MAX 1500'

BOTTLANG AIRFIELD MANUAL ®

Luftaufnahme des Verkehrsflughafens Amsterdam Schiphol, dem Hauptkonkurrenten von Frankfurt beim Frachtaufkommen (Amsterdam Schiphol).

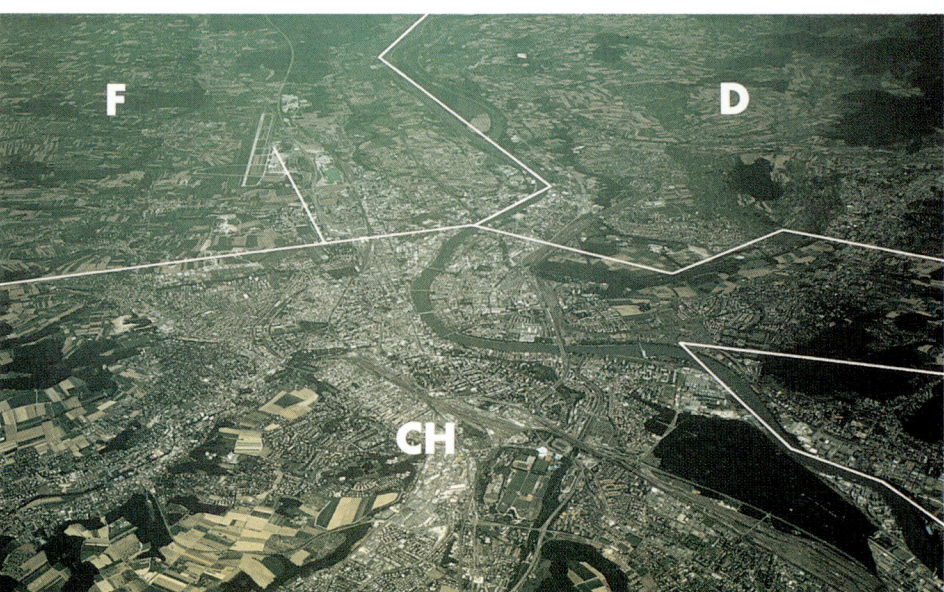

*Blick aus Süd-Westen auf den 1992 fertiggestellten neuen Flughafen Barcelona, der auf
10 Millionen Passagiere pro Jahr ausgelegt ist (Aena Barcelona, oben).
Auf dieser Luftaufnahme ist das tri-nationale Einzugsgebiet des Flughafens Basel-Mulhouse
zu Frankreich, der Schweiz und Deutschland erkennbar (Basel-Mulhouse S.A., unten).*

Vorfeld des Flughafens Berlin Schönefeld mit Blick auf die Besucherterrasse (Berlin Brandenburg Flughafen Holding GmbH, oben).
Das Terminal des Flughafens von Bordeaux ist für nationale und internationale Ab- und Anflüge in einer Einheit zusammengefaßt (Aeroport de Bordeaux, unten).

Der neue Kontrollturm des Flughafens Budapest Ferihegy 2 zur 2-Bahn-Kontrolle in unge-wöhnlicher Bauweise (Luftverkehr- und Flughafendirektion Budapest).

Luftaufnahme des Flughafens Dresden, dessen Ausbaupläne mittelfristig auch ein Airport Center vorsehen (Flughafen Dresden GmbH).

Rhein-Ruhr Flughafen Düsseldorf, Flugsteig B in der Morgendämmerung (Flughafen Düsseldorf GmbH, oben).
Flughafen Frankfurt/Main: Vorfeld mit Terminal 1 und Besucherterasse (Flughafen Frankfurt/Main AG, unten).

Flughafen Frankfurt/Main: Vorfeld mit Terminal 1 und Terminal 2 im Hintergrund (Flughafen Frankfurt/Main AG).

Flughafen „Christoforo Colombo" der norditalienischen Stadt Genua, dem Zentrum Liguriens (Aeroporto di Genova SpA).

BERLIN

TEMPELHOF

GERMANY

(39-2) 21 DEC 94

JEPPESEN

GROUND 121.95

(FIS)

BERLIN RADAR 121.05 (en, ge)

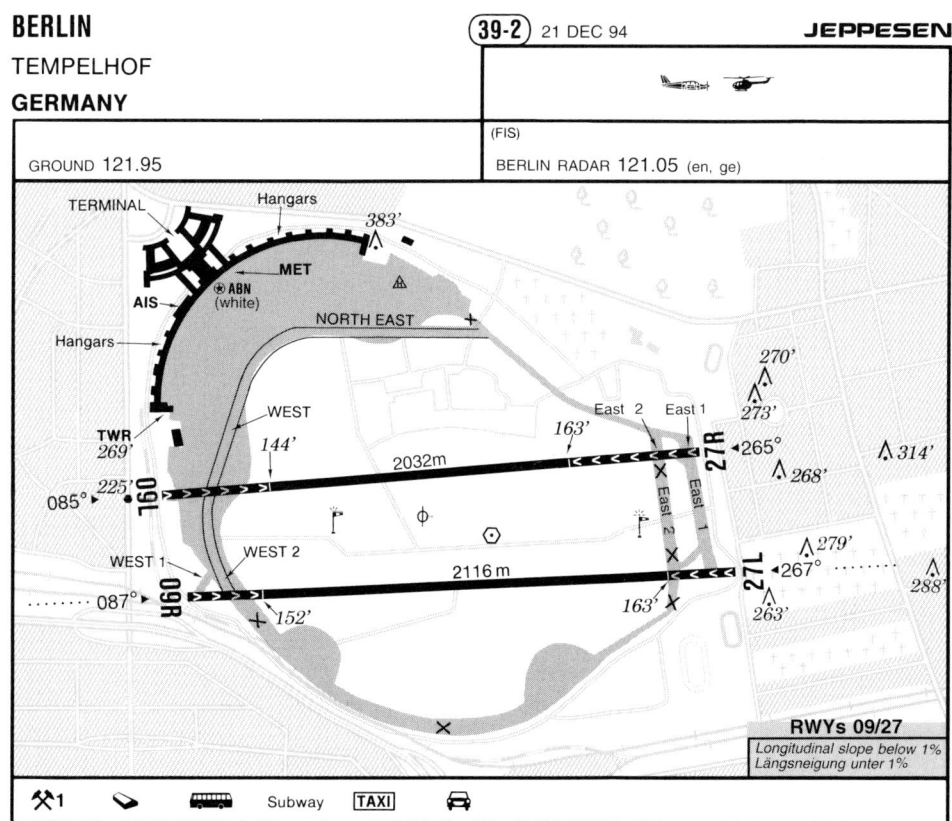

Copyright Jeppesen Sanderson, Inc., 1995. All rights reserved.

Daten

Flughafen	Berlin Tempelhof / Deutschland
ICAO-Code	EDDI
IATA-Code	THF
Nationale Airline	Deutsche Lufthansa
Code der nationalen Airline	DLH/LH
Lage	Zentrum
Koordinaten	N 52 28 30 / E 13 24 12
Flughafenhöhe	50 m
Start-/Landebahn 1	09R/27L > 2.116 m
Start-/Landebahn 2	09L/27R > 2.032 m

ATIS	114,10 MHz
FIS	Berlin Information 126,82 MHz
GND	Tempelhof Ground 121,90 MHz
TWR	Tempelhof Tower 118,10 MHz
Passagiere p.a.	1,1 Mio.
Fracht p.a. (Tonnen)	0,002 Mio.
Flugbewegungen p.a.	0,068 Mio.

81

1923: Eröffnung des Flughafens, Aufnahme des Luftverkehrs zwischen Berlin und München.

1924-1927: Ausbau mit 5 Flugzeughallen sowie einem Abfertigungs- und Verwaltungsgebäude.

1926: Gründung der „Deutschen Luft Hansa", erste Welt-Nachtflugstrecke Berlin-Moskau.

1931: Erste Luftschiff-Landung „Graf Zeppelin".

1937: Einweihung neuer Abfertigungsanlagen.

1939: Kriegsbedingte Einstellung des internationalen Luftverkehrs.

1945: Besetzung durch sowjetische Truppen, dann Übernahme durch US-Armee.

1948-1949: Luftbrücke mit Landungen im Abstand von zeitweise 90 Sekunden.

1950: Aufnahme des Berlin-Flugverkehrs durch Air France.

1954: 670.000 Passagiere (Platz 3 in Europa hinter London und Paris).

1962: Wiedereröffnung der umgebauten zentralen Passagier-Abfertigungshalle.

1970-1971: Um- und Erweiterungsbauten.

1975: Pan Am und British Airways ziehen nach Tegel um.

1977-1989: Vorwiegend Regionalflugverkehr.

1990: Übergabe der Lufthoheit an die deutschen Behörden (3.10.90). Die Bundesanstalt für Flugsicherung übernimmt den kontrollierten Luftraum von Berlin und der ehemaligen DDR. Engpässe in Tegel werden von Tempelhof aufgefangen. Weitere Regionalfluggesellschaften werden in Tempelhof seßhaft.

1993: Tempelhof feiert 70-jähriges Jubiläum und ist damit der älteste Flughafen der Welt.

Die künftigen Aktivitäten werden von der 1991 gegründeten Berlin Brandenburg Flughafen Holding GmbH, zu der die Flughäfen Berlin Schönefeld, Berlin Tegel und Berlin Tempelhof gehören, konsolidiert. Geplant ist ein Berliner Großflughafen unter der Bezeichnung „Flughafen Berlin Brandenburg International", dessen Standort allerdings noch nicht feststeht.

Ehemalige und zukünftige Hauptstadt Deutschlands, die von Spree, Havel und Panke durchflossen wird. 3 Millionen Einwohner.

Berlin ist einer der großen Industrie-Standorte Deutschlands und ein wichtiger Verkehrsknotenpunkt. Eine dominierende Stellung hat die Elektroindustrie. Die wichtigsten Industriebetriebe haben sich z.T. zu eigenen Stadtteilen entwickelt (z.B. Borsigwalde oder Siemensstadt). Große Teile des Güterfrachtverkehrs werden über Binnenwasserstraßen abgewickelt.

Neben einer Universität, Hochschulen, Instituten und der Akademie der bildenden Künste gibt es Bibliotheken, zahlreiche Museen und Galerien und mehrere Theater, u.a. die Deutsche Oper. Der Botanische und Zoologische Garten, die Berliner Festwochen, die Berliner Jazztage und die Internationalen Filmfestspiele runden das Angebot ab.

Es gibt viele Schlösser, z.B. Charlottenburg mit seinen außergewöhnlichen Museen und einem prachtvollen Schloßgarten, Sanssouci in Potsdam und das Jagdschloß Grunewald. Aus der Zeit des Klassizismus stammen u.a. das Brandenburger Tor, gekrönt durch die Quadriga der Friedensgöttin. Neubauten sind u.a. die Philharmonie (1960-63), die neue Nationalgalerie (1965-68) und das Internationale Congress-Zentrum (ICC, 1976-79).

Unzählige Geschäfte, Restaurants, Premiere-Kinos und Theater schmücken Berlins Flanierstraße, den Kudamm. Gedächtniskirche, Europa Center und zoologischer Garten sind sehenswert. Großartige Bauwerke liegen entlang der Prachtstraße Unter den Linden vom Marx-Engels-Platz bis zum Brandenburger Tor.

BERLIN
TEMPELHOF
GERMANY

EDDI

ELEV 163 ft / 50 m

N52 28.5
E013 24.2

Center of City

(TWR)

TEMPELHOF TOWER/TURM 119.57
                      118.10 (O/R)

GROUND 121.95

ATIS 126.02

*DME/ILS freq paired.

RWY	ILS			RWY	ILS		
09R*	109.70	IDBR	087°	27L*	109.50	IDLB	267°

SCALE 1 : 200 000

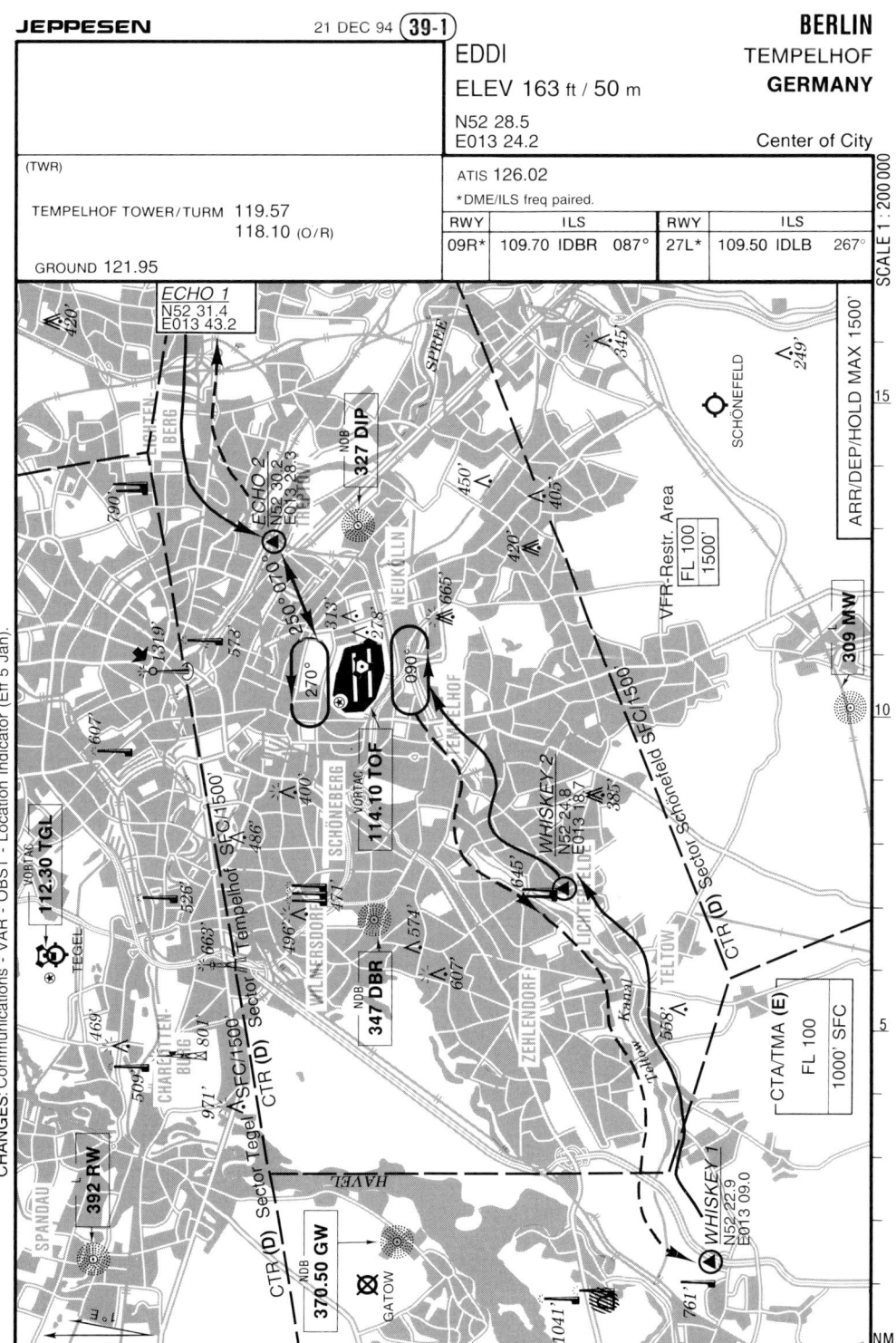

ARR/DEP/HOLD MAX 1500'

Große Abfertigungshalle des Flughafens Berlin Tempelhof (Berlin Brandenburg Flughafen Holding GmbH).

1990 wurde das neue Frachtterminal des Flughafens Bordeaux in Betrieb genommen. Pro Jahr werden ca. 25.000 Tonnen Fracht umgeschlagen (Aeroport de Bordeaux).

Bordeaux Merignac   LFBD / BOD

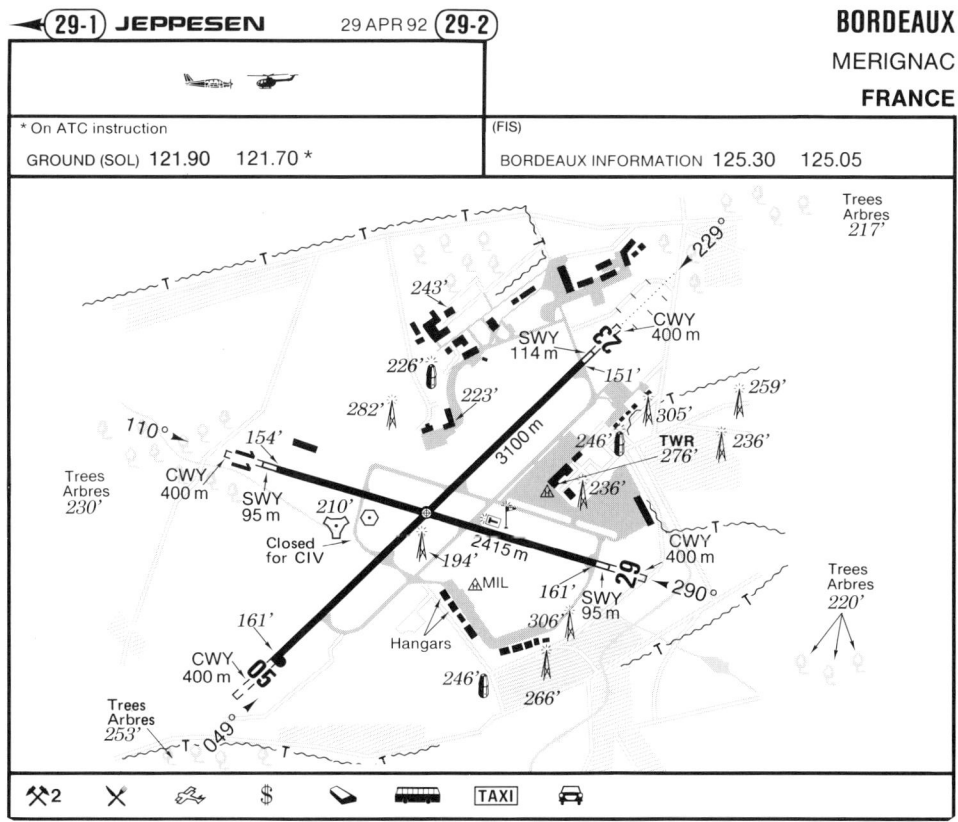

Daten

		ATIS	131,15 MHz
		FIS	Bordeaux Information 125,30 MHz
Flughafen	Bordeaux Merignac / Frankreich	**GND**	Merignac Ground 121,90 MHz
ICAO-Code	LFBD	**TWR**	Merignac Tower 118,30 MHz
IATA-Code	BOD	**APP/DIV**	Merignac Approach 118,60 MHz
Nationale Airline	Air France		
Code der nationalen Airline	AFR/AF	**Passagiere p.a.**	2,3 Mio.
Lage	10,0 km W Bordeaux	**Fracht p.a. (Tonnen)**	0,012 Mio.
Koordinaten	N 44 49 46 / E 00 42 50	**Flugbewegungen p.a.**	0,057 Mio.
Flughafenhöhe	49 m		
Start-/Landebahn 1	05/23 > 3.100 m		
Start-/Landebahn 2	11/29 > 2,415 m		

1931: Gründung des Flughafens. Flugbetrieb nur national und ins benachbarte Ausland (Toulouse, Biarritz, Paris, Genf).
1931-1939: Langsamer Ausbau und Erweiterung der nationalen und internationalen Flugverkehrsverbindungen.
1939-1945: Durch den Zweiten Weltkrieg kommt der zivile Luftverkehr zum Erliegen.
1980: 1,2 Millionen Passagiere.
1987: 2,0 Millionen Passagiere.
1990: Eröffnung eines neuen Cargo Terminals.
1991-1992: Ausbauten und Erweiterungen im Sicherheitsbereich und der Flugsicherung.
1992-1993: Bau neuer Zufahrtsstraßen und Erweiterung der Parkraum-Kapazitäten.
1993: 2,3 Millionen Passagiere, Baustart des Terminals B.

Die Eröffnung des Terminals B (hauptsächlich für die Flugverbindung nach Paris) ist für 1996 geplant. 1996 werden insgesamt 2,8 Millionen und im Jahr 2000 ca. 3,5 bis 4,0 Millionen Passagiere erwartet. Der Flughafen wird vom Chambre de Commerce et d´Industrie de Bordeaux (ähnlich Industrie- und Handelskammer in Deutschland) in Verbindung mit regionalen Behörden und Gesellschaften betrieben.

Größte Stadt und wichtigster Hafen im Südwesten Frankreichs, an der Garonne.
208.000 Einwohner.
Zum Hafenkomplex gehören mehrere an der Gironde gelegene Vorhäfen und der Erdölhafen Le Verdon-sur-Mer. Bedeutend sind mehrere Industriezweige, Schiffbau und -reparaturen, Erdölraffinerien und der Weinhandel.
Die Stadt hat eine Universität, die Akademie der Wissenschaft, Literatur und Künste, Museen (u.a. Kunstmuseum, Schiffahrtsmuseum) und Theater. Überreste eines Amphitheaters aus dem 3. Jahrhundert, die gotische Kathedrale Saint-André mit isoliert stehendem Glockenturm, die Basilika Saint-Michel sind ebenso interessante Bauten wie die Stadttore und die Repräsentativbauten des 18. Jahrhunderts (z.B. das Große Theater).

(Farbabbildung des Flughafens Seite 75)

Bratislava Ivanka

LZIB / BTS

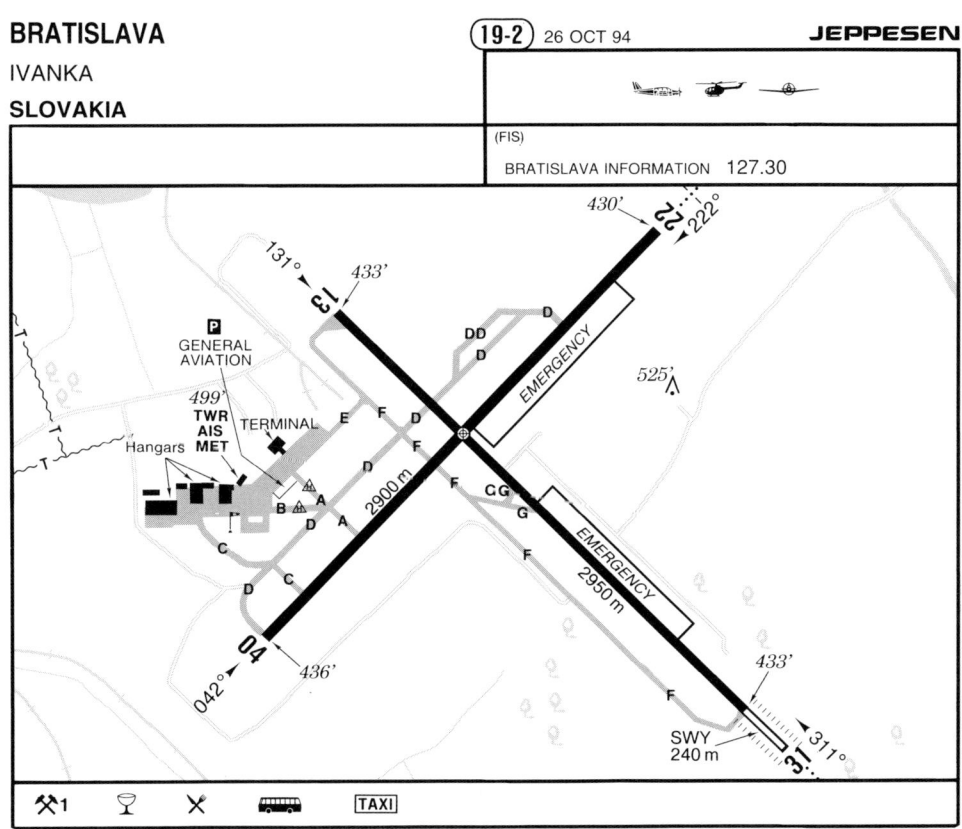

BRATISLAVA

IVANKA

SLOVAKIA

(19-2) 26 OCT 94

JEPPESEN

(FIS)

BRATISLAVA INFORMATION 127.30

430' 222°

131° 433'

P
GENERAL
AVIATION

DD
D

D

EMERGENCY

525'

499'
TWR
AIS
MET

Hangars

TERMINAL

E F

D
F

D

2900 m

F

F

CG

G

G

EMERGENCY
2950 m

B
D
A A
C

D C

04

042° 436'

433'

F

SWY
240 m

311°

Daten

Flughafen	Bratislava Ivanka / Slowakei
ICAO-Code	LZIB
IATA-Code	BTS
Nationale Airline	Tatra Air
Code der nationalen Airline	-/-
Lage	9,3 km E Bratislava
Koordinaten	N 48 10 14 / E 17 12 53
Flughafenhöhe	132 m
Start-/Landebahn 1	13/31 > 2.950 m
Start-/Landebahn 2	04/22 > 2.900 m

ATIS	128,65 MHz
FIS	Bratislava Information 127,30 MHz
TWR	Ivanka Tower 118,30 MHz
APP/DIV	Ivanka Approach 120,90 MHz
Passagiere p.a.	0,1 Mio.
Fracht p.a. (Tonnen)	0,003 Mio.
Flugbewegungen p.a.	0,016 Mio.

87

1950: Eröffnung des Flughafens unter dem Namen „Bratislava Airport".

1956: Ausbau mit Hallen, Abfertigungs- und Verwaltungsgebäuden sowie Installation von Funknavigationseinrichtungen.

1965: Verlängerung der Bahn 04/22 auf 2.900 m und der Bahn 13/31 auf 2.150 m.

1966-1970: Bau eines neuen Terminals.

1971-1980: Bau einer Wartungshalle.

1980-1990: Völlige Erneuerung des Rollbahn- und Start-/Landebahnsystems, Bau eines neuen Flugsicherungsgebäudes.

1993: Umbenennung in „Bratislava M.R. Stefanik Airport" (Stefanik = slowakischer Politiker).

Für die kommenden Jahre ist vorgesehen, den Flughafen an das Straßen- und Schienennetz sowie an Wasserstraßen anzubinden. Außerdem sollen das Terminal sowie sämtliche Einrichtungen dem technischen Standard der westlichen Verkehrsflughäfen angepaßt werden.

Stadt in der Slowakei (ehemals CSFR).

417.100 Einwohner.

Am Schnittpunkt wichtiger Nord-Süd- und Ost-West-Verbindungen hat Bratislava eine günstige Verkehrslage im östlichen Mitteleuropa und ist somit eines der Ballungszentren der Slowakei. Außer Maschinenbau gibt es petrochemische Industrie, Papier- und Baustoff- sowie Nahrungsmittelindustrie.

Bratislava ist Sitz der Slowakischen Akademie der Wissenschaften, des Nationalmuseums, der Nationalgalerie und des Nationaltheaters sowie weiterer Bühnen. Es gibt eine Universität, eine Hochschule für Wirtschaftswissenschaften und eine Kunstakademie.

Einige sehenswerte Bauten sind das mittelalterliche Burgschloß, der Sankt Martinsdom, zahlreiche Kirchen und Paläste aus dem Barock und Rokoko und das Alte Rathaus.

Das Terminal des Flughafens Bratislava wird für eine Kapazität von 2 Millionen Passagieren umgebaut (M.R.S. Airport Bratislava).

Brüssel National

EBBR / BRU

BRUSSELS

BRUSSELS-NATIONAL

BELGIUM

		(FIS)
* Start up for all ACFT.		BRUSSELS INFORMATION 126.90
DELIVERY 121.70 *	GROUND 121.87	

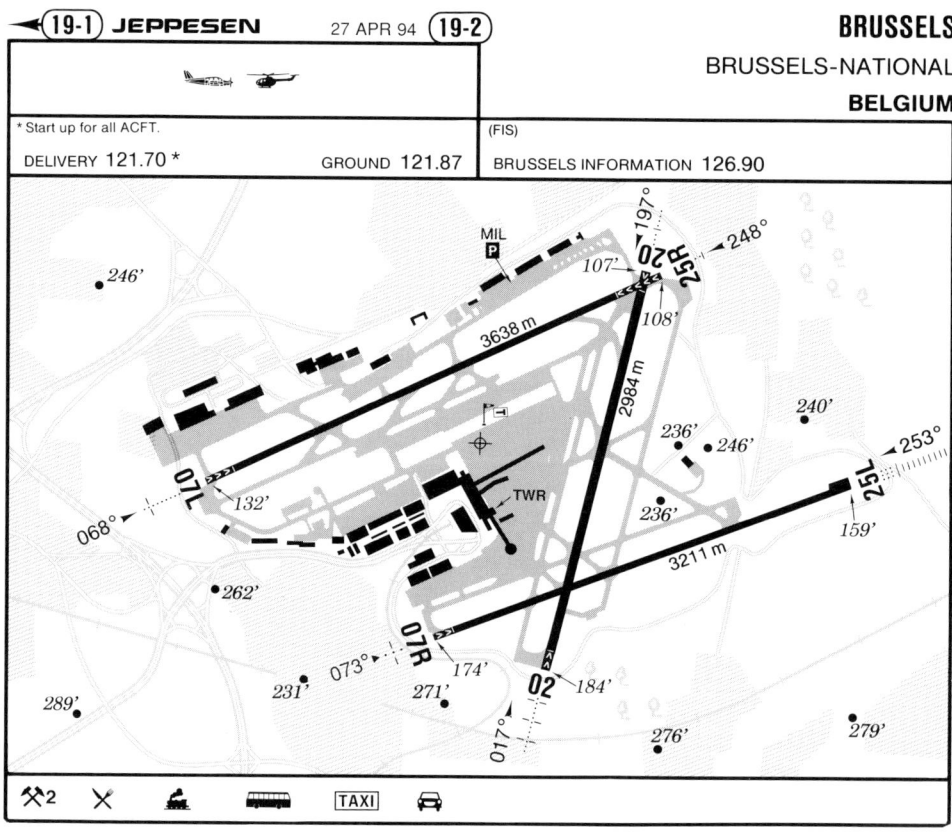

Daten

Flughafen	Brüssel National / Belgien	**Start-/Landebahn 2**	07R/25L > 3.211 m
ICAO-Code	EBBR	**Start-/Landebahn 3**	07L/25R > 3.638 m
IATA-Code	BRU	**ATIS**	110,60 MHz
Nationale Airline	Sabena	**FIS**	Brussels Information 126,90 MHz
	Belgian World Airlines	**GND**	Brussels Ground 121,87 MHz
Code der nationalen Airline	SAB/SN	**TWR**	Brussels Tower 118,60 MHz
Lage	12,0 km NE Brüssel	**APP/DIV**	Brussels Radar 120,10 MHz
Koordinaten	N 50 54 08 / E 04 29 09		Arrival 118,25 MHz + Departure 127,15 MHz
Flughafenhöhe	56 m		
Start-/Landebahn 1	02/20 > 2.984 m	**Passagiere p.a.**	10,2 Mio.
		Fracht p.a. (Tonnen)	0,306 Mio.
		Flugbewegungen p.a.	0,211 Mio.

90

Informationen

1923: Gründung des Flughafens unter dem Namen „Haren Airport".

1930-1939: Ausbau mit einer befestigten Bahn und einem Abfertigungsgebäude.

1940: Besetzung durch deutsche Truppen.

1945: Übernahme des völlig zerstörten Flughafens durch die belgische Zivilluftfahrtbehörde.

1948: Eröffnung eines neuen Terminals.

1958: Zur Weltausstellung sind die wichtigsten Ausbauarbeiten u.a. mit einem neuen Terminal vorerst abgeschlossen. 1 Million Passagiere.

1959: Eröffnung der neuen Start-/Landebahn.

1960-1974: Weitere Bauten (Frachthallen, Wartungshallen, Terminal-Erweiterung).

1974-1976: Erweiterung des Terminals und der Parkmöglichkeiten.

1980: Eröffnung des neuen Frachtzentrums „Brucargo".

1993: Umbau und Erweiterung des Terminals mit Trennung in EU- und Nicht-EU-Passagiere.

Brüssel, der Sitz des Europäischen Parlaments, versteht sich als die Haupstadt Europas und den Flughafen als Tor zu Europa. Die Planungen bis zum Jahr 2000 sehen den Bau eines neuen Piers als Ersatz des bisherigen Satelliten-Gebäudes vor. Die beiden bisherigen zentralen Piers werden in einem einzigen, neuen zusammengefaßt. Der Fracht-Pier wird durch einen Tunnel mit dem neuen Terminal, den Parkplätzen und der Bahnstation verbunden.

Touristische Tips

Belgiens Haupt- und Residenzstadt ist Sitz aller zentralen Verwaltungsstellen des Landes sowie Hauptsitz der EU-Institutionen und der Nato. 139.000 Einwohner.

Die Stadt ist auch Zentrum zahlreicher Handelsunternehmen und internationaler Messen.

Maschinen- und Apparatebau, Leder- und Tabakverarbeitung sowie Teppichherstellung haben sich angesiedelt. Der Brüssel-Rupel-Kanal ermöglicht das Anlaufen von Schiffen bis 3.000 t, der Charleroi-Brüssel-Kanal verbindet Brüssel mit dem Sambre-Industriegebiet.

Zwei Universitäten, die Staatliche Fakultät für Veterinärmedizin, die Theologische Fakultät, das Musikkonservatorium und das Meteorologische Institut gehören ebenso zur Stadt wie Museen, Archive, die Nationalbibliothek, die Nationaloper und das Nationaltheater.

Brüssels größte Sehenswürdigkeit ist das prunkvolle Rathaus, von dem die vergoldete Kupfergestalt des Erzengels Michael herabblickt. Aber auch eine stattliche Anzahl von Kirchen und die Zunfthäuser mit goldverzierten Fassaden am historischen Marktplatz sind einen Besuch wert.

Die Galerien Saint-Hubert ist die erste überdachten Ladengalerie Europas. Das 102 m hohe Atomium wurde 1958 anläßlich der Brüsseler Weltausstellung gebaut.

Der Satelliten-Bau des Flughafens Brüssel (1958). Mit dem neuen Terminal (ab 1995) können insgesamt 15 Mio. Passagiere abgefertigt werden (Brussels Airport International).

Neues Terminal auf dem Flughafen Budapest Ferihegy 2, das 1985 eröffnet wurde (Luftverkehrs- und Flughafendirektion Budapest).

Budapest Ferihegy

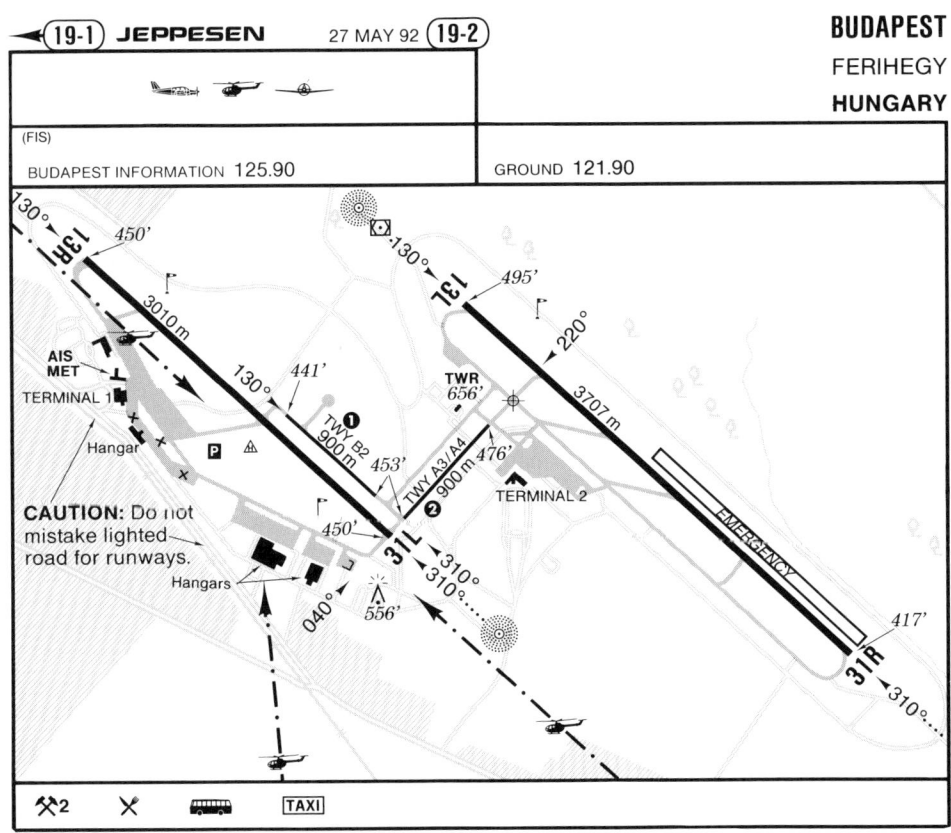

◄(19-1) JEPPESEN   27 MAY 92 (19-2)

BUDAPEST
FERIHEGY
HUNGARY

(FIS)
BUDAPEST INFORMATION 125.90   GROUND 121.90

CAUTION: Do not mistake lighted road for runways.

Daten

Flughafen	Budapest Ferihegy / Ungarn	**ATIS**	124,65 MHz
ICAO-Code	LHBP	**FIS** Budapest Information	125,90 MHz
IATA-Code	BUD	**GND** Ferihegy Ground	121,90 MHz
Nationale Airline	Malev Hungarian Airlines	**TWR** Ferihegy Tower	118,10 MHz
Code der nationalen Airline	MAH/MA	**APP/DIV** Budapest Approach	129,70 MHz
Lage	15,7 km ESE Budapest Stadtmitte	Ferihegy Director	119,50 MHz
Koordinaten	N 47 26 18 / E 19 15 48		
Flughafenhöhe	151 m	**Passagiere p.a.**	2,8 Mio.
Start-/Landebahn 1	13L/31R > 3.707 m	**Fracht p.a. (Tonnen)**	0,016 Mio.
Start-/Landebahn 2	13R/31L > 3.010 m	**Flugbewegungen p.a.**	0,045 Mio.

93

1950: Eröffnung des Flughafens mit einer Bahnlänge von 1.500 m.
1957-1960: Verlängerung der Bahn auf 3.010 m, Ausbau der Rollwege, Installation eines ILS.
1961: Ausbau und Ausrüstung des alten Kontrollturms.
1977-1983: Eröffnung der neuen Start-/Landebahn (3.700 m) und des neuen Kontrollturms.
1985: Eröffnung des neuen Flughafengebäudes Ferihegy 2.
1992: Eröffnung des 2. Frachtterminals.

Geplant sind die Erweiterung des alten Terminals für eine Kapazität von 2,2 Millionen Passagieren sowie umfassende neue technische Einrichtungen (Funknavigationsanlagen, Versorgungsnetze, Umweltschutzeinrichtungen). Der Flughafen verfügt über 2 Terminals, die 4 km voneinander entfernt liegen.

An beiden Seiten der Donau liegt Budapest, die Hauptstadt Ungarns. 2,1 Millionen Einwohner. Die wichtigste Industriestadt Ungarns ist gleichzeitig größter Verkehrsknotenpunkt. Die Donau, über die 6 große Straßenbrücken und 2 Eisenbahnbrücken führen, teilt die Stadt in Buda und Pest.
Zu den Attraktionen gehören die 47 Bäder, darunter 12 Thermal- und Heibäder, die von ca. 120 Quellen gespeist werden. Die U-Bahn, 1896 gebaut, ist die älteste auf dem europäischen Kontinent.
Außer sieben Universitäten besitzt Budapest die Ungarische Akademie der Wissenschaften, einige Hochschulen, eine Nationalbibliothek, Museen (u.a. das Nationalmuseum), zwei Opernhäuser, Theater und Freilichtbühnen sowie einen botanischen Garten und einen Zoo.
Buda bietet an schönen Bauwerken neben türkischen Bädern den Burgberg mit der Matthiaskirche, das Alte Rathaus, in dem sich jetzt das Burgmuseum befindet, und die Fischerbastei.
Das Parlament, das National- und Kunstgewerbemuseum sowie die Staatsoper sind in Pest.
Interessant ist ein Bummel durch die Elisabethenstraße, das Viertel der Kaufleute und Handwerker. Hier findet man auch kleine Gaststuben, Weinstuben und Krämerläden. Spaß macht das Einkaufen in der Zentralen Markthalle mit wuchtiger Glas- und Eisenkuppel: Hier wird gehandelt, getauscht und gekauft.

(Farbabbildung des Flughafens Seite 76)

DRESDEN

(19-2) 23 NOV 94　　　　　　**JEPPESEN**

DRESDEN

GERMANY

GROUND 121.90	(FIS)
APRON/VORFELD 121.75	BERLIN INFORMATION 125.80

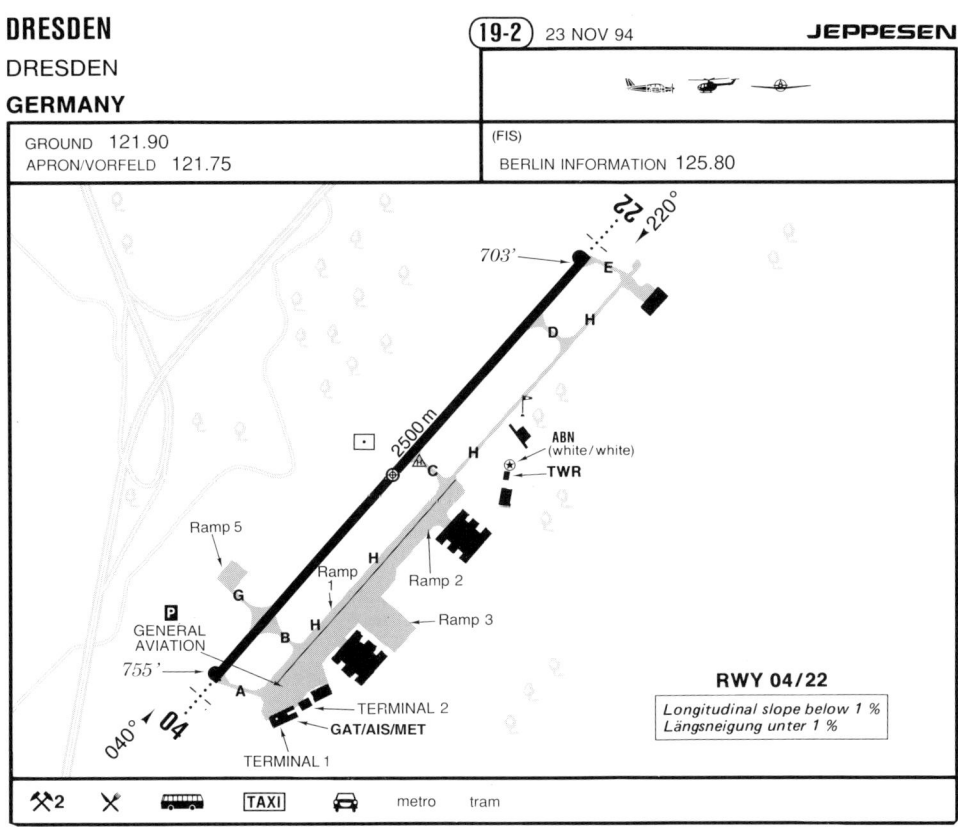

703'

ABN
(white/white)

TWR

Ramp 5

Ramp 1

Ramp 2

Ramp 3

P
GENERAL
AVIATION

755'

040° 04

TERMINAL 2

GAT/AIS/MET

TERMINAL 1

RWY 04/22

Longitudinal slope below 1 %
Längsneigung unter 1 %

metro　tram

Daten

Flughafen	Dresden / Deutschland
ICAO-Code	EDDC
IATA-Code	DRS
Nationale Airline	Deutsche Lufthansa
Code der nationalen Airline	DLH/LH
Lage	8,9 km N Stadtmitte
Koordinaten	N 51 08 02 / E 13 46 08
Flughafenhöhe	230 m
Start-/Landebahn	04/22 > 2.500 m

ATIS	121,90 MHz
FIS	Berlin Information 128,07 MHz
GND	Dresden Apron 121,75 MHz
TWR	Dresden Tower 118,00 MHz
APP/DIV	Dresden Radar 127,70 MHz

Passagiere p.a.	1,3 Mio.
Fracht p.a. (Tonnen)	0,001 Mio.
Flugbewegungen p.a.	0,045 Mio.

95

1935: Eröffnung des Flughafens nach einjähriger Bauzeit unter dem Namen „Dresden Klotzsche".

1936: Erste Ausbildungs- und Militärflüge.

1937-1939: Ziviler Luftverkehr bis zum Beginn des Zweiten Weltkrieges.

1945: Besetzung durch die Rote Armee.

1955: Beginn der Aufbau- und Umbauarbeiten. Bau einer 2.500 m langen Bahn.

1957: Landung der ersten Maschine seit dem Krieg, Beginn weltweiter Luftfracht-Transporte.

1961: Vergrößerung des Vorfelds um 7.000 qm.

1965: Bau einer neuen Radarstation.

1970: Landung der ersten Boeing 707.

1978: Installation einer neuen Radaranlage.

1980: Einstellung des Inlandverkehrs.

1988: Modernisierung der Start-/Landebahn, der Abfertigungsgebäude und der Vorfeldflächen.

1989: Beginn des „gesamtdeutschen" Linienverkehrs.

1990: Aufnahme des Flugverkehrs nach Westeuropa. Gründung der „Flughafen Dresden GmbH".

1991: Anschluß an das Luftpostnetz.

1992-1993: Inbetriebnahme des GAT-Bereichs. Eröffnung Terminal 2, Erweiterung Terminal 1, neue Parkflächen.

Kurzfristig sind Hallen-Ausbauten und -Umbauten (neue Abfertigungsanlagen, neues Frachtzentrum), die Autobahnanbindung und ein S-Bahn-Anschluß geplant. Mittelfristig soll das „Dresden Airport Center" mit kulturellen und kommerziellen Funktionen sowie ein optimiertes Passagierterminal entstehen.

Die sächsische Stadt liegt beiderseits der Elbe. 520.000 Einwohner.

Die Industrie umfaßt vor allem optische Werke sowie Textil- und Nahrungsmittelindustrie. Die Stadt hat bedeutende Ackerbaugebiete, ausgedehnte Gemüse- und Obstbaukulturen und reiche Bodenschätze.

Dresden hat eine Universität, Hochschulen, die Dresdner Gemäldegalerien, Museen (u.a. das Hygiene-Museum), mehrere Theater, einen botanischen Garten und einen Zoo. Seit 1978 gibt es die internationalen Musikfestspiele.

Nicht nur wegen seiner schönen Lage, sondern auch wegen seines unermeßlichen Reichtums an Kunstschätzen hat man Dresden schon immer das Florenz an der Elbe genannt. Im 2. Weltkrieg zerstörte Bauwerke wurden z.T. originalgetreu wiederhergestellt, u.a. die Hofkirche, die Kreuzkirche und der barocke Zwinger mit seinen Pavillons, der als Renn- und Festspielplatz diente. Schloß und Semperoper sind sehenswert, der Theaterplatz ist einer der schönsten Plätze Deutschlands.

(Farbabbildung des Flughafens Seite 77)

DRESDEN
DRESDEN
GERMANY

ETDN
ELEV 755 ft / 230 m

51 08 00 N
13 46 08 E

4.8 NM N City

SCALE 1 : 250 000

(APP)

DRESDEN APPROACH 119.70

DRESDEN RADAR 125.62

(TWR) 25 NM/4000' AAL

DRESDEN TOWER/TURM 122.92

GROUND 121.90

APRON/VORFELD 121.75

ATIS 118.87

RWY	ILS		RWY	ILS	
04	110.50 IKW	040°	22	109.70 IFS	220°

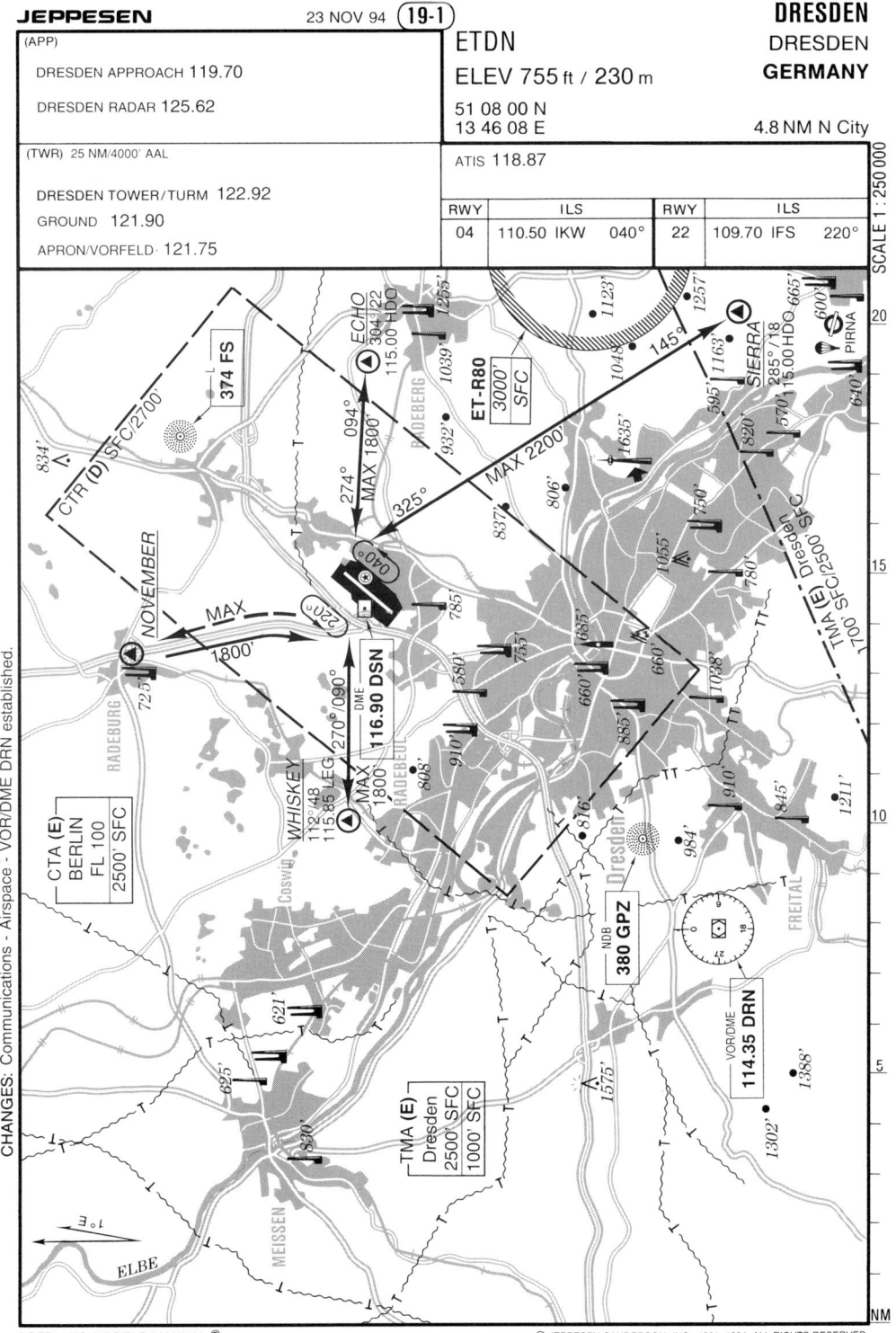

CHANGES: Communications - Airspace - VOR/DME DRN established.

Park- und Zugangsbereich zum Flughafen Dresden (Flughafen Dresden GmbH).

Start-/Landebahn des irischen Flughafens Dublin (AerRianta Dublin).

Dublin   EIDW / DUB

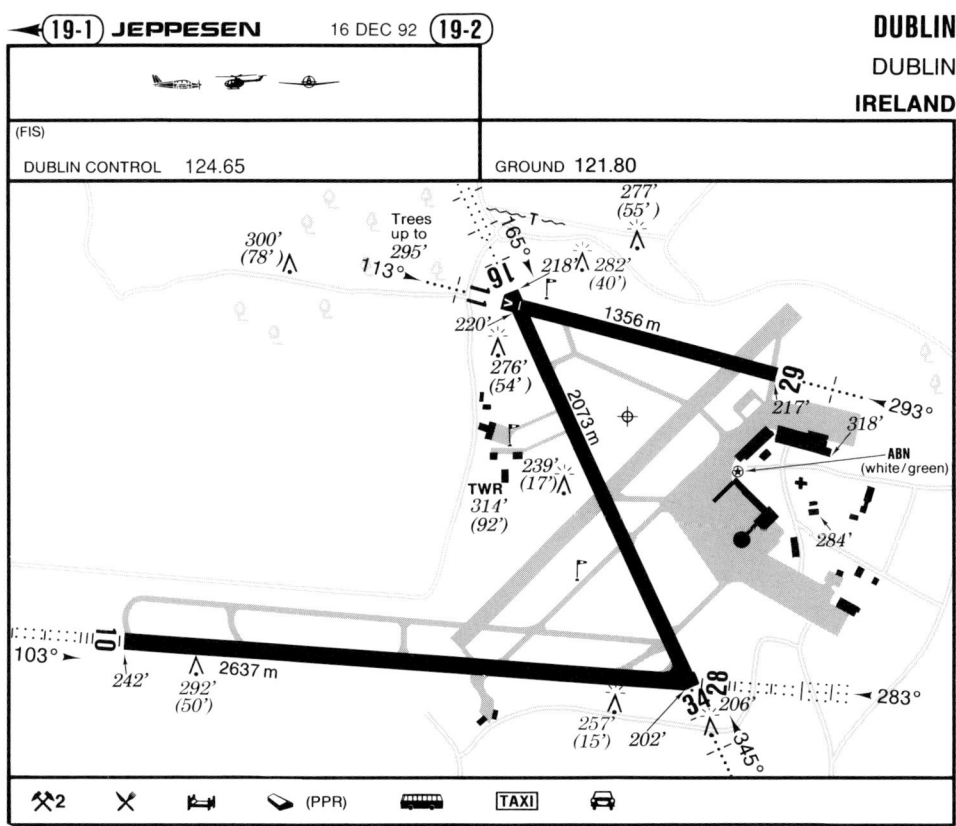

◀(19-1) **JEPPESEN**   16 DEC 92 (19-2)

(FIS)	
DUBLIN CONTROL 124.65	GROUND 121.80

DUBLIN
DUBLIN
IRELAND

⚒2   ✕   ⊨⊣   ➤ (PPR)   🚌   TAXI   🚗

Daten

Flughafen	Dublin / Irland
ICAO-Code	EIDW
IATA-Code	DUB
Nationale Airline	Aer Lingus
Code der nationalen Airline	EIN/EI
Lage	9,8 km N Dublin
Koordinaten	N 53 25 52 / W 06 15 12
Flughafenhöhe	74 m
Start-/Landebahn 1	10/28 > 2.637 m
Start-/Landebahn 2	11/29 > 1.356 m

Start-/Landebahn 3	16/34 > 2.073 m
ATIS	118,27 MHz
FIS	Dublin Control 124,65 MHz
GND	Dublin Ground 121,80 MHz
TWR	Dublin Tower 118,60 MHz
APP/DIV	Dublin Approach 121,10 MHz
	Radar 124,65 MHz
	Director 119,55 MHz
Passagiere p.a.	5,9 Mio.
Fracht p.a. (Tonnen)	0,056 Mio.
Flugbewegungen p.a.	0,118 Mio.

1937-1940: Beginn der Bauarbeiten und Fertigstellung der Grasbahn 1937, Abschluß der Bauarbeiten 1939/1940.

1940: Eröffnungsflug Dublin-Liverpool. Aer Rianta (Aer Lingus Holding) übernimmt das Flughafenmanagement.

1941: Einweihung eines neuen Hauptgebäudes.

1941-1945: Einschränkung des Luftverkehrs durch den Zweiten Weltkrieg.

1947: Fertigstellung von drei neuen Start-/Landebahnen.

1950-1959: Zunahme des Luftverkehrs, Eröffnung des Nord-Terminals.

1960: Weitere Flughafenbauten (Hangars, Wartungszentren, Cargo-Lagerhallen).

1961-1970: Der Flughafen entwickelt sich als Basis für verschiedene Airlines.

1971: Beginn weiterer Ausbauarbeiten (neues Cargo Terminal, neue Radarsysteme), Eröffnung des Cargo Terminals.

1972: Eröffnung des neuen Passagier-Terminals.

1979: 2,7 Millionen Passagiere.

1986: Intensivierung des Inlandverkehrs und europäischer Flugverbindungen durch die Fluggesellschaft Ryanair.

1989: 5 Millionen Passagiere.

1990: Start eines Ausbauplanes.

1994: Fertigstellung der Vorfeld-Erweiterungen.

Bis 1999 ist vor allem eine Erweiterung der Anlegestellen (Piers A und C) , der Hauptbahn, der Rollwege sowie des Vorfelds und des Terminals geplant.

Hauptstadt der Republik Irland an der Ost-Küste. 529.000 Einwohner.

Die Stadt ist kulturelles und wirtschaftliches Zentrum des Landes mit Großhandel, Banken und Versicherungen sowie verschiedenen Industriezweigen. Sie ist der Hauptmarkt und das Verteilerzentrum Irlands. Ein Großteil der Im- und Exporte läuft über den Hafen. Nach Liverpool und Rotterdam gibt es eine Fährverbindung.

Dublin ist Sitz der Royal Irish Academy und hat zwei Universitäten, eine Kunst- und Musikakademie, die Veterinärmedizinische Hochschule, Museen, u.a. das Nationalmuseum, drei Theater, die Nationalbibliothek und die Nationalgalerie sowie einen Zoo und Pferderennbahnen.

Über der Stadt liegt Dublin Castle. Das Stadtbild wird geprägt von vielen Repräsentativbauten im klassizistischem Stil, u a. dem Rathaus, der Bank von Irland, dem Gerichtspalast und dem Zollamt. Sehenswert sind auch die alten Kirchen.

DÜSSELDORF

DÜSSELDORF

GERMANY

(19-2) 27 APR 94 **JEPPESEN**

GROUND/ROLLKONTROLLE 121.90

(FIS)

DÜSSELDORF RADAR 118.65 (VFR-C & FIS)

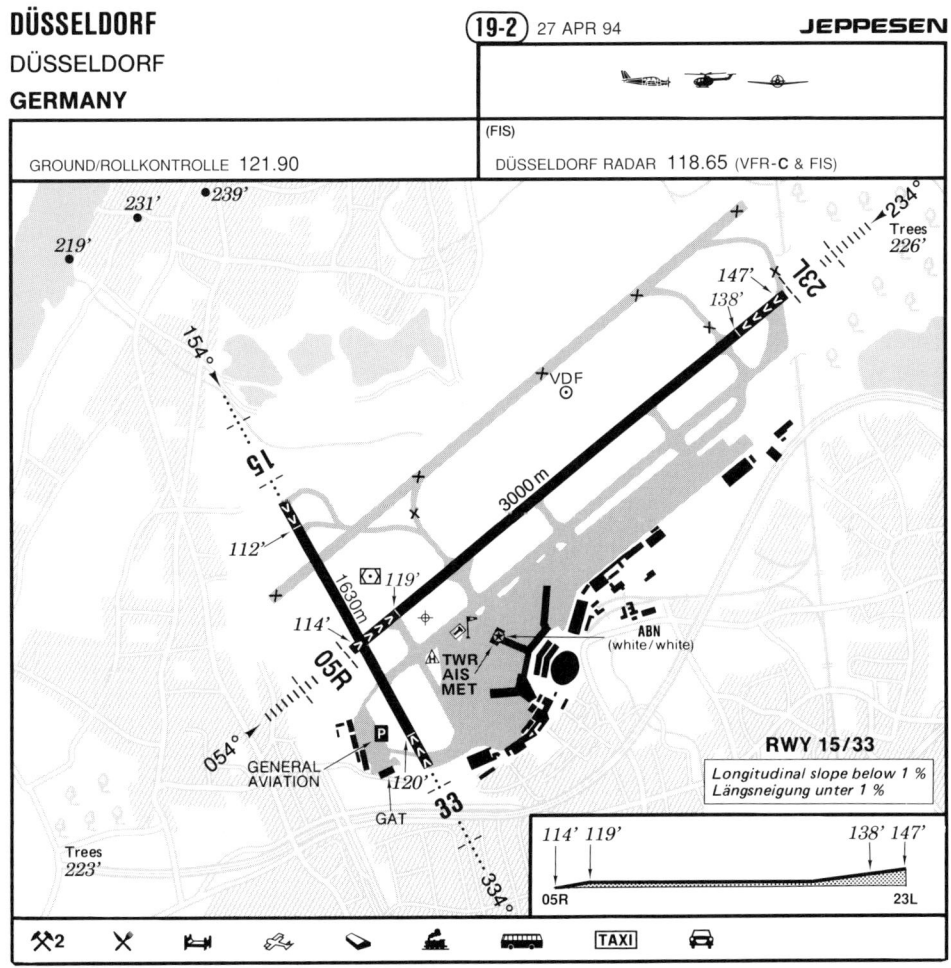

RWY 15/33

Longitudinal slope below 1 %
Längsneigung unter 1 %

Daten		Lage	7,4 km N Stadtmitte
		Koordinaten	N 51 16 56 / E 06 45 29
Flughafen	Düsseldorf / Deutschland	**Flughafenhöhe**	45 m
ICAO-Code	EDDL	**Start-/Landebahn 1**	05R/23L > 3.000 m
IATA-Code	DUS	**Start-/Landebahn 2**	15/33 > 1.630 m
Nationale Airline	Deutsche Lufthansa	**ATIS**	113,60 MHz
Code der nationalen Airline	DLH/LH	**FIS**	Düsseldorf Radar 118,65 MHz

GND	Düsseldorf Ground 121,90 MHz
TWR	Düsseldorf Tower 118,30 MHz
APP/DIV	Düsseldorf Radar 118,65 MHz

Passagiere p.a.	13,1 Mio.
Fracht p.a. (Tonnen)	0,046 Mio.
Flugbewegungen p.a.	0,167 Mio.

Informationen

1927: Eröffnung des „Düsseldorfer Verkehrs-flughafens". Die Deutsche Lufthansa nimmt Düsseldorf auf 3 Strecken in ihr Liniennetz auf.
1939: Einstellung des zivilen Luftverkehrs.
1944: Völlige Zerstörung durch Bombenangriffe.
1948: Wiederaufbau des Abfertigungsgebäudes, Bau einer provisorischen 1.200-m-Bahn.
1949: Aufnahme des planmäßigen Luftverkehrs, Bau der Haupt-Start-/Landebahn mit 1.128 m Länge.
1950: Neugründung der „Düsseldorfer Flughafenbetriebsgesellschaft", die den Flughafen aus alliierter Verwaltung übernimmt.
1951: Bau Querwindbahn 16/34 (1.450 m).
1952: Verlängerung der Hauptbahn auf 2.475 m, Ausbau der Rollwege und Vorfeldflächen.
1965: Einigung mit den Umland-Gemeinden über einen Generalausbauplan.
1969: Verlängerung der Haupt-Start-/Landebahn auf 3.000 m.
1970: Inbetriebnahme des neuen Kontrollturms.
1972: Eröffnung des Parkhauses 1.
1973: Fertigstellung 1. Bauabschnitt Terminal 2.
1974: Verlängerung der Querwindbahn auf 1.630 m.
1977: Fertigstellung 2. Bauabschnitt Terminal 2.
1981: Eröffnung des Parkhauses 2.
1986: Fertigstellung 3. Bauabschnitt Terminal 2.
1988: Inbetriebnahme des Parkhauses 3.
1992: Fertigstellung der Parallelbahn 05L/23R.
1993: Baubeginn erweitertes Zentralgebäude, Parkhaus 4 und Air Cargo Center.
1994: Eröffnung des neuen Cargo Centers.

Die Planungen bis zum Jahr 2000: Verlängerung der Start-/Landebahn 05R/23L sowie nachfrageorientierte Anpassungen der Flughafenanlage und der Flughafen-Infrastruktur.

Touristische Tips

Hauptstadt des Bundeslandes Nord-Rhein-Westfalen. 561.000 Einwohner.
In verkehrsgünstiger Lage hat sich die „Stadt der Mode" zum bedeutenden Industriestandort und Sitz nationaler und internationaler Firmen, zahlreicher Wirtschaftsverbände und -organisationen sowie des Deutschen Gewerkschaftsbundes entwickelt. In der Handels- und Kongreßstadt finden viele Fachmessen statt.
Eine Universität, verschiedene Akademien, Institute, Schulen und Bibliotheken sind ebenso vorhanden wie eine Oper, ein Schauspielhaus und eine Anzahl von Museen, u.a. das Goethe-Museum und das Naturkundliche Museum.
Düsseldorf wuchs erst im 19. Jahrhundert über die mittelalterliche Stadtmauer mit großzügigen Park- und Stadtanlagen hinaus. Die Altstadt, im 2. Weltkrieg stark zerstört, wurde z.T. wieder aufgebaut, so die Stiftskirche Sankt Lambertus, die Sankt-Andreas-Pfarrkirche und das Alte Rathaus. Im Hofgarten steht Schloß Jägerhof. Großzügige Parkanlagen bilden eine „grüne Achse" quer durch die Landeshauptstadt.
Auf engstem Raum gibt es in der Düsseldorfer Altstadt viele originale Lokale, Bars, Künstlerkneipen und traditionelle Altstadtgaststätten.
Nicht nur Düsseldorfer nennen die Altstadt „Die längste Theke Europas".

(Farbabbildung des Flughafens Seite 78)

DÜSSELDORF
DÜSSELDORF
GERMANY

(APP)	VDF
DÜSSELDORF RADAR 118.65 (VFR C)	

EDDL
ELEV 147 ft / 45 m

51 16 56 N
06 45 29 E

4 NM N of City

(TWR)	VDF
DÜSSELDORF TOWER/TURM 118.30	
GROUND/ROLLKONTROLLE 121.90	

ATIS 113.60   115.15

RWY	ILS		RWY	ILS	
05R	111.50 IDSE	055°	23L	109.90 IDSW	235°

SCALE 1 : 200 000

ARR/DEP/HOLD MAX 1500'

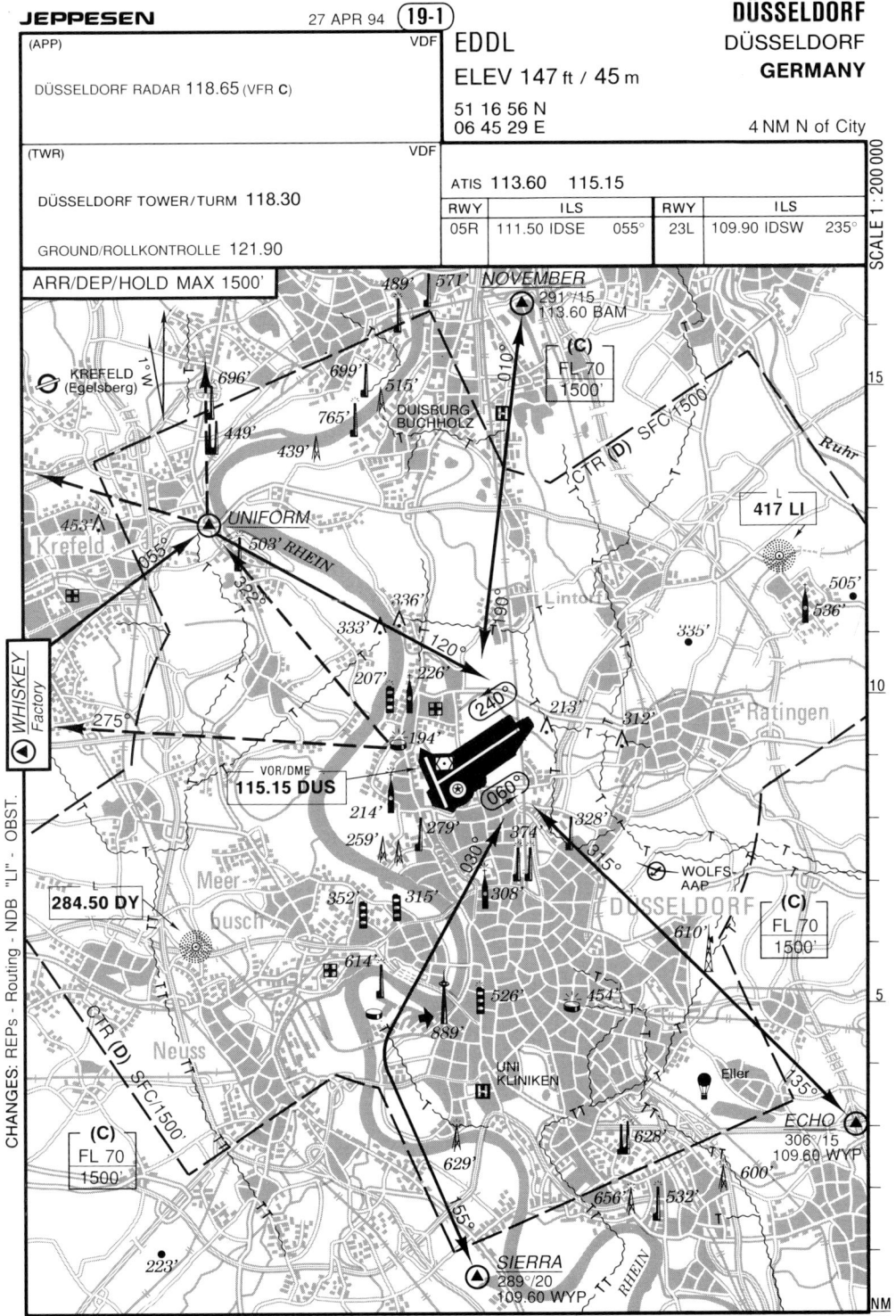

BOTTLANG AIRFIELD MANUAL ®

Luftaufnahme des Rhein-Ruhr Flughafens Düsseldorf (Flughafen Düsseldorf GmbH).

FRANKFURT/MAIN

FRANKFURT/MAIN

GERMANY

(19-2) 25 JAN 95

JEPPESEN

*initial call and start-up				(FIS)
GROUND	121.90*	121.80		FRANKFURT RADAR 119.15
APRON	121.70	122.05	121.95	

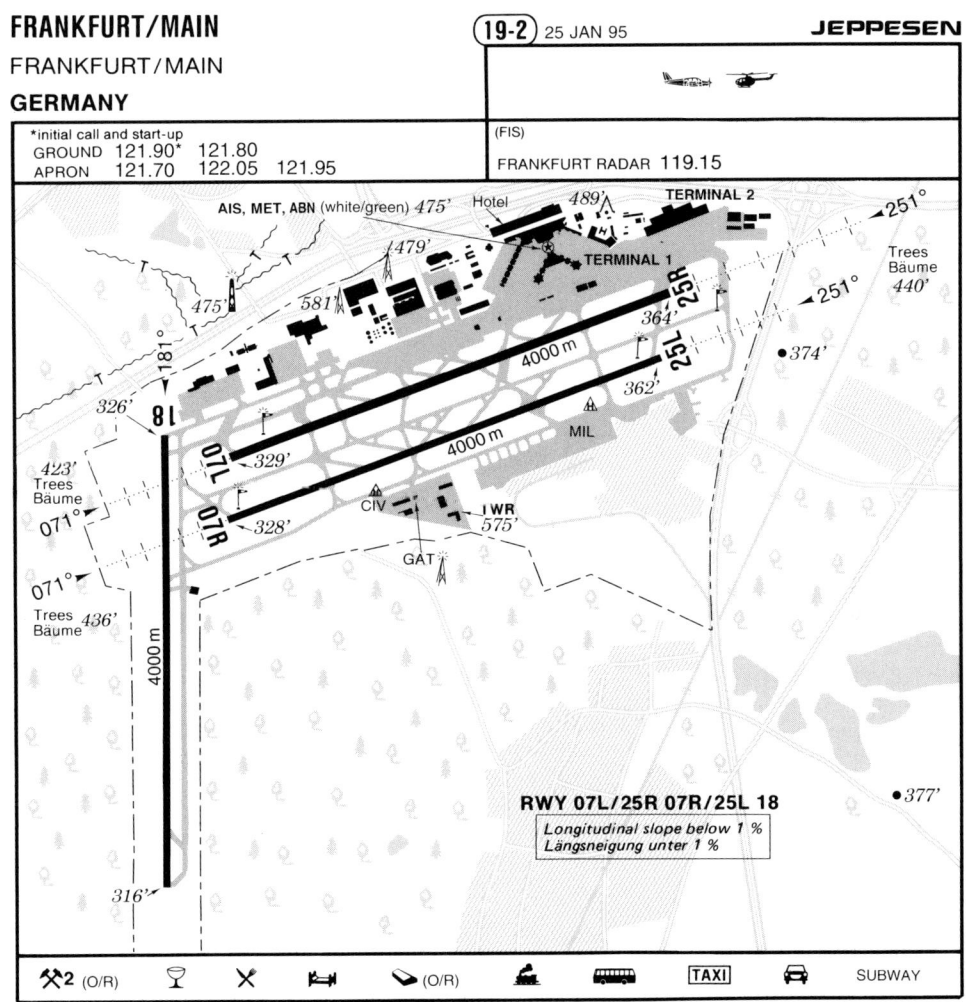

AIS, MET, ABN (white/green) *475'* — Hotel *489'* — TERMINAL 2

479' — TERMINAL 1

475' *581'* — 4000 m — 25R 251°

Trees Bäume *440'*

181° *326'* 8L

364' 362' *374'*

4000 m MIL

423' Trees Bäume 071°

07L *329'*

07R *328'* CIV I WR *575'*

071° GAT

071° Trees Bäume *436'*

4000 m

316'

RWY 07L/25R 07R/25L 18

Longitudinal slope below 1 %
Längsneigung unter 1 %

377'

✕✕2 (O/R)　🍷　✕　🛏　🛬(O/R)　🚂　🚌　[TAXI]　🚗　SUBWAY

Daten

Flughafen	Frankfurt/Main / Deutschland	**Code der nationalen Airline**	DLH/LH
ICAO-Code	EDDF	**Lage**	12,0 km SW Frankfurt
IATA-Code	FRA	**Koordinaten**	N 50 02 04 / E 08 34 17
Nationale Airline	Deutsche Lufthansa	**Flughafenhöhe**	111 m
		Start-/Landebahn 1	07L/25R > 4.000 m
		Start-/Landebahn 2	07R/25L > 4.000 m

Start-/Landebahn 3	Nur 18 > 4.000 m
ATIS	118,02 MHz
FIS	Frankfurt Radar 119,15 MHz
GND	Frankfurt Apron 121,70 MHz
	Ground 121,80 MHz
TWR	Frankfurt Tower 119,90 MHz
APP/DIV	Frankfurt Radar 119,15 MHz

Passagiere p.a.	32,5 Mio.
Fracht p.a. (Tonnen)	1,143 Mio.
Flugbewegungen p.a.	0,352 Mio.

Informationen

1936: Eröffnung des „Flug- und Luftschiffhafens Rhein-Main".

1937: Das Streckennetz umfaßt 22 Linien.

1939-1945: Übernahme durch die Luftwaffe.

1947: Gründung der „Verkehrsaktiengesellschaft Rhein-Main".

1949: Fertigstellung des Parallelbahnsystems.

1954: Umbenennung der Flughafengesellschaft in „Flughafen Frankfurt/Main AG".

1957: Verlängerung der Nord-Bahn auf 3.000 m.

1959: Verlängerung der Nord-Bahn auf 3.600 m.

1961: Eröffnung des Nachtluftpostnetzes.

1972: Eröffnung eines neuen Terminals und des Flughafen-Bahnhofs.

1992: Richtfest Terminal 2.

1993: Inbetriebnahme erweiterte Halle A.

1994: Einweihung Terminal 2.

Planungen bis zum Jahr 2000: Optimierung der landseitigen Verkehrsanbindung (Straße, Schiene), zusätzliche Inland-Gates für EU-Passagierabfertigung, Anpassung Terminal 1 an EU-Anforderungen, ICE-Bahnhof nördlich beider Terminals, neuer Frachtbereich „Cargo City Süd".

Touristische Tips

Die größte hessische Stadt liegt beiderseits des Untermains. 610.000 Einwohner.

Die zentrale Lage hat Frankfurt zu einer wichtigen Schaltstation für Industrie und Handel gemacht. Die Stadt hat eine große Bedeutung als Banken- und Messestadt für Fachausstellungen (Buchmesse, Internationale Pelzmesse, Internationale Automobilausstellung usw.) und ist Sitz einiger Bundesbehörden (z.B. Bundesrechnungshof).

Neben der Universität gibt es mehrere Institute (z.B. das Max-Planck-Institut für europäische Rechtsgeschichte, für Biophysik und für Hirnforschung), Hochschulen, Fachschulen, die Deutsche Buchhändlerschule, die Deutsche Bibliothek, Museen (z.B. Goethe-Haus, Goethe-Museum, das Naturmuseum und das Forschungsinstitut Senckenberg) sowie Theater.

Ein Besuch im Palmengarten, eine grüne Oase mitten in der Stadt, oder im Zoo mit modernsten Tier- und Freizeitanlagen, in dem rund 600 Arten mit etwa 5.000 Tieren leben, lohnt sich.

Das Herz der City ist der Platz um die Hauptwache (Fußgängerbereich). In fünf unterirdischen Ebenen verläuft hier das S- und U-Bahn-Kreuz. In der 15.000 qm großen unterirdischen Fußgängerzone befinden sich zahlreiche Ladengeschäfte und Restaurants. Der Römer, der als Rathaus aus verschiedenen Patrizierhäusern entstand, ist Wahrzeichen der Stadt.

Weitere Sehenswürdigkeiten sind der Saalhof, der Dom und viele Kirchen. Reste der Stadtbefestigung sind u.a. der Eschenheimer Turm.

Auch mit Superlativen kann Frankfurt herhalten: Der 331 m hohe Fernsehturm ist das höchste Bauwerk in Deutschland und der Messeturm mit 256 m das höchste Bürohaus Europas.

Auf der Pferderennbahn Niederrad findet jedes Jahr der Große Preis von Hessen statt. Zu den besonders reizvollen Abwechslungen gehört eine Dampferfahrt auf dem Main.

(Farbabbildungen des Flughafens Seiten 33-40, 78, 79)

FRANKFURT/MAIN

GERMANY

(APP)		VDF
FRANKFURT RADAR	119.15 Airspace **(C)**	

(TWR)		VDF
FRANKFURT TOWER	119.90	
TOWER/TURM	124.85 (en, ge)	
FRANKFURT GROUND/ ROLLKONTROLLE	121.80	
	121.90 (initial call & start-up/Erst- anruf & Anlaßanweisung)	
FRANKFURT APRON/ VORFELD	121.70 122.05 121.95	

EDDF

ELEV 364 ft / **111** m

N50 02.1
E008 34.3

6.5 NM SW Frankfurt

ATIS 118.02 114.20

SCALE 1 : 200 000

RWY	ILS		RWY	ILS	
07R	111.10 IRF	071°	25L	110.70 IFM	251°
07L	110.10 RHM	071°	25R	109.50 DLF	251°

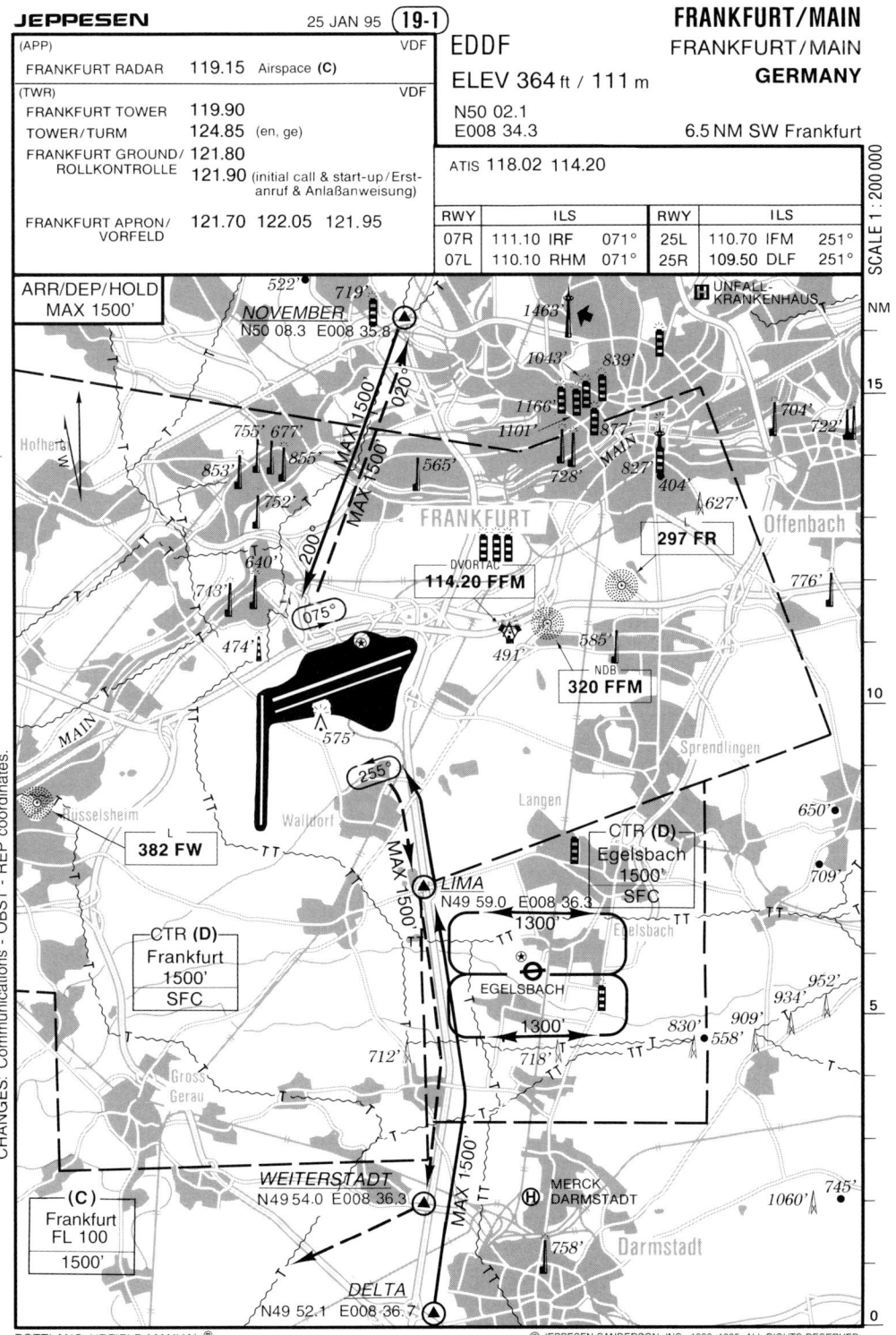

ARR/DEP/HOLD
MAX 1500'

CHANGES: Communications - OBST - REP coordinates.

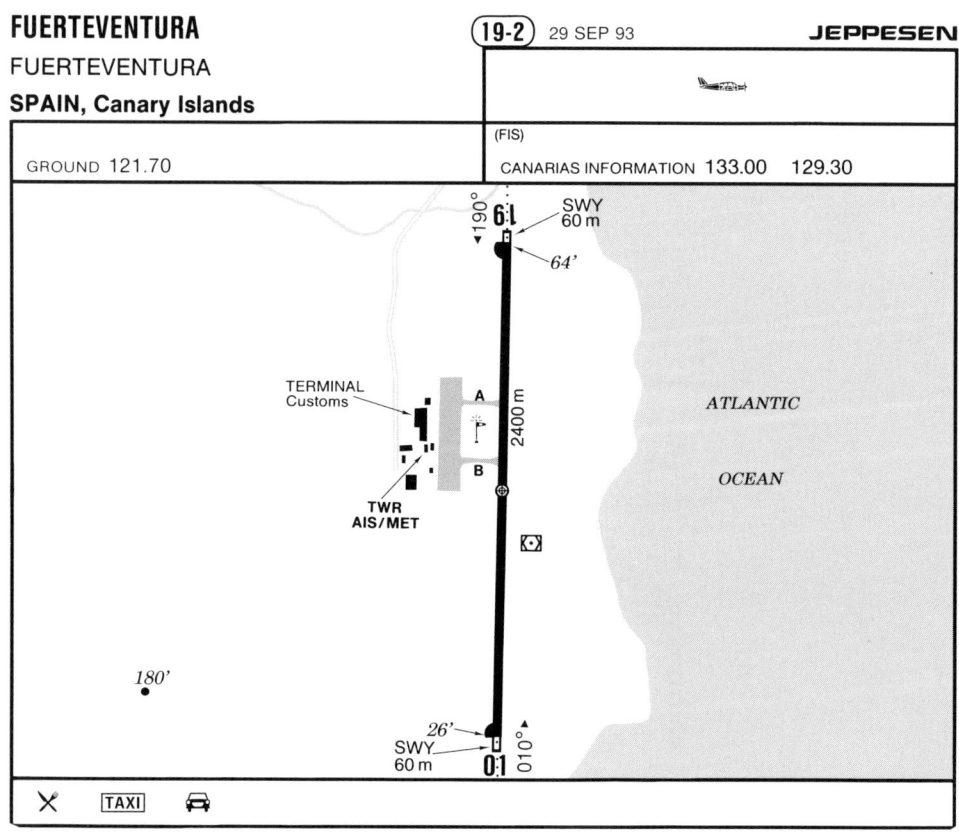

FUERTEVENTURA
FUERTEVENTURA
SPAIN, Canary Islands

(19-2) 29 SEP 93   **JEPPESEN**

GROUND 121.70

(FIS)
CANARIAS INFORMATION 133.00   129.30

SWY 60 m
64'
190°
6:1
TERMINAL
Customs
A
2400 m
B
ATLANTIC
OCEAN
TWR
AIS/MET
180'
26'
SWY
60 m
0:1
010°

Daten

Flughafen	Fuerteventura / Spanien/Kanaren
ICAO-Code	GCFV
IATA-Code	FUE
Nationale Airline	Iberia
Code der nationalen Airline	IBE/IB
Lage	5,0 km S Puerto del Rosario
Koordinaten	N 28 27 03 / W 13 51 43
Flughafenhöhe	22 m
Start-/Landebahn	01/19 > 2.400 m

FIS	Canarias Information 133,00 MHz
GND	Fuerteventura Ground 121,70 MHz
TWR	Fuerteventura Tower 118,50 MHz
APP/DIV	Fuerteventura Approach 129,10 MHz

Passagiere p.a.	1,7 Mio.
Fracht p.a. (Tonnen)	0,003 Mio.
Flugbewegungen p.a.	0,017 Mio.

108

Informationen

Der spanische Flughafen Fuerteventura hat fast ausschließlich touristischen Flugbetrieb. Es liegen keine geschichtlichen Daten vor. Die Betreibergesellschaft Aena (Aeropuertos Espanoles y Navigacion Aerea) hat für Fuerteventura im Rahmen der allgemeinen Ausbaupläne für die spanischen Flughäfen eine Erweiterung des Terminals (auf die dreifache Kapazität) und des Vorfeldes (zur Abfertigung größerer Flugzeuge) angekündigt .

Touristische Tips

Fuerteventura ist die zweitgrößte der zu Spanien gehörenden Kanarischen Inseln im Atlantik. 30.200 Einwohner.
Die Hauptstadt der Insel vulkanischen Ursprungs (höchste Erhebung 800 m) ist Puerto del Rosario (13.800 Einwohner), zu deren Bezirk ein Handels- und Fischereihafen sowie der Flughafen gehören. Der Tourismus spielt die wichtigste wirtschaftliche Rolle.
Kilometerlange Strände mit feinstem Sand, die über 50% der Küstenlinie ausmachen, sind der Reiz dieser Insel. Die nahe Felseninsel Lobos kann man in wenigen Minuten per Schiff erreichen. Das Klima ist ausgesprochen günstig: Die Lufttemperatur beträgt im Jahresdurchschnitt 19,1°, die Wassertemperatur 19,7° Celsius.
Architektonisch bemerkenswert ist die Kirche in La Oliva, mit einer reich geschmückten Fassade ist die Kirche in Pajára ein optischer Anziehungspunkt. Das Städtchen Betancuria ist kunsthistorisch von Bedeutung.

FUNCHAL

FUNCHAL

PORTUGAL, Madeira Islands

(19-2) 23 SEP 92

JEPPESEN

(FIS)
LISBOA INFORMATION 132.25

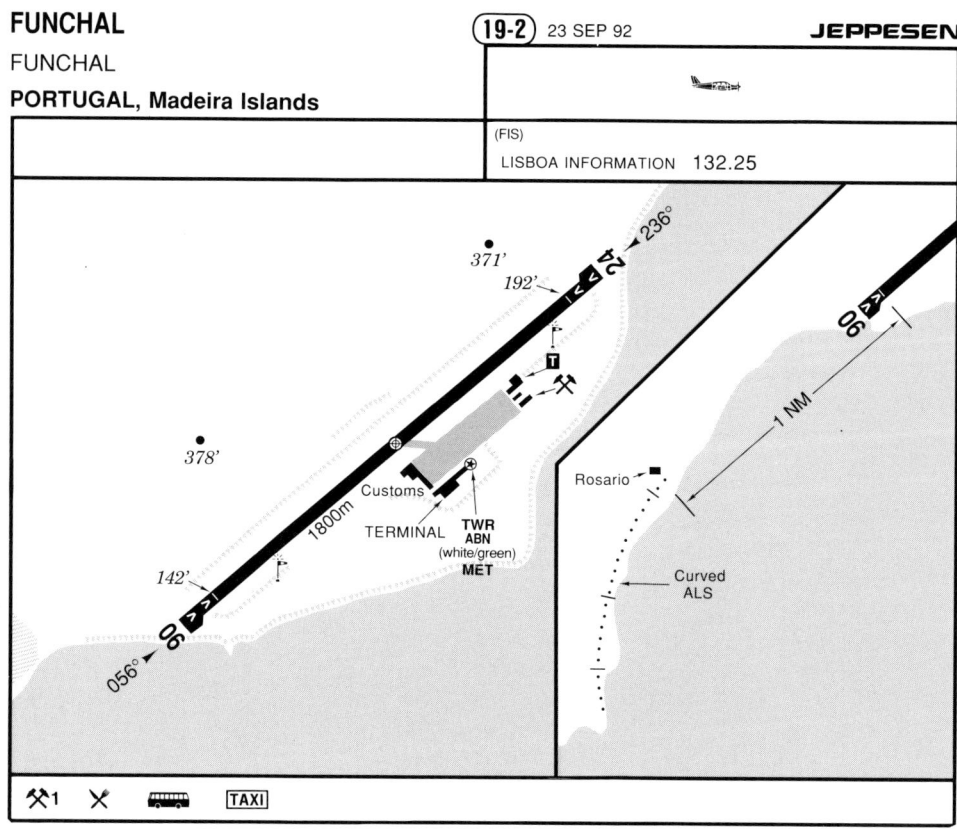

Daten

Flughafen	Funchal / Portugal
ICAO-Code	LPFU
IATA-Code	FNC
Nationale Airline	TAP Air Portugal
Code der nationalen Airline	TAP/TP
Lage	13,0 km ENE Funchal
Koordinaten	N 32 41 26 / W 16 46 27
Flughafenhöhe	58 m
Start-/Landebahn	06/24 > 1.800 m

FIS	Lisboa Information 132,25 MHz
TWR	Funchal Tower 118,10 MHz
APP/DIV	Madeira Approach 119,20 MHz
Passagiere p.a.	5,6 Mio.
Fracht p.a. (Tonnen)	0,084 Mio.
Flugbewegungen p.a.	0,073 Mio.

LPFU

ELEV 190 ft / 58 m

32 41 26 N
16 46 27 W

FUNCHAL
FUNCHAL
Madeira Islands
PORTUGAL
7 NM ENE Funchal

(APP) Also Madeira TMA clearance.

MADEIRA APPROACH   119.20   118.10 (S)

(TWR)

FUNCHAL TOWER   118.10

SCALE 1 : 200 000

RWY	ILS	RWY	ILS

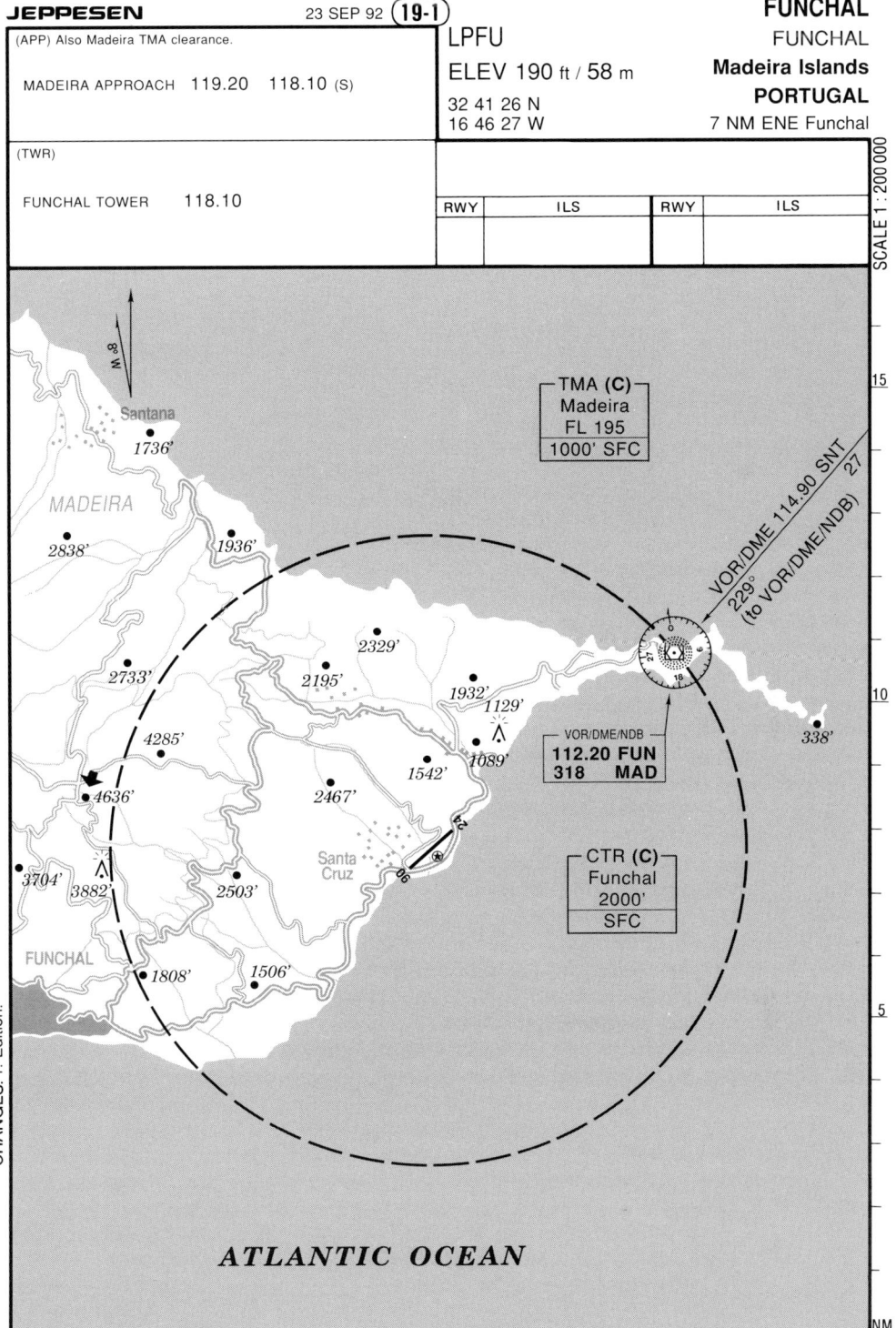

TMA **(C)**
Madeira
FL 195
1000' SFC

VOR/DME 114.90 SNT
229° (to VOR/DME/NDB)
27

VOR/DME/NDB
112.20 FUN
318   MAD

CTR **(C)**
Funchal
2000'
SFC

Santana
1736'

MADEIRA

2838'   *1936'*

2329'

2733'   *2195'*   *1932'*
1129'

4285'

1542'   *1089'*

4636'   *2467'*

Santa
Cruz

338'

3704'   *3882'*   *2503'*

FUNCHAL

1808'   *1506'*

ATLANTIC OCEAN

8.8 W

15

10

5

NM

CHANGES: 1. Edition.

Informationen

Der portugiesische Flughafen Funchal hat fast ausschließlich touristischen Flugbetrieb. Es liegen keine geschichtlichen Daten vor. Ausbaupläne sind ebenfalls nicht veröffentlicht. Die Start-/Landebahn (Länge 1.800 m) kann nur von kleineren Jets und Turbo-Prop-Flugzeugen angeflogen werden.

Durch die exponierte Lage auf einem Plateau und rasch ansteigendem Gelände im Nord-Osten sind Anflüge nicht einfach. Eine Erweiterung der Bahn wäre wegen der topografischen Gegebenheiten nur mit größtem Aufwand möglich. Allenfalls der Abfertigungsbereich ließe bei zunehmender Anflug-Frequenz bauliche Erweiterungen zu.

Touristische Tips

Hauptstadt der portugiesischen Insel Madeira im Atlantik. 49.000 Einwohner.
Funchal ist Verwaltungs- und Handelszentrum der Insel mit bedeutendem Hafen und hat viele Weinkellereien, die Wein und Branntwein herstellen.
Die Insel hat vulkanischen Ursprung. Ihre Berge sind bis zu 1.862 m hoch. Wichtige Wirtschaftszweige sind die Fischerei, die Landwirtschaft, die Herstellung von Flechtwaren und Stickereien sowie der Tourismus.
Der Wechsel von schroffen Felsen zu fruchtbaren Tälern mit Obstplantagen und Weinbergen ist beeindruckend. Das Klima mit geringen täglichen und jährlichen Temperaturschwankungen und hoher Luftfeuchtigkeit ist maritim.

Stimmungsvolle Aufnahme der Andockstationen des Hamburger Flughafens in der Dämmerung (Flughafen Hamburg GmbH).

Der Flughafen Köln/Bonn mit rund 3,8 Millionen Fluggästen (1993) plant seine Erweiterung bis zum Jahr 1999: Baubeginn 1996 (Flughafen Köln/Bonn GmbH).

Flughafen Köln/Bonn mit Tower im Vordergrund und Straßenführung unter dem Flughafen (Flughafen Köln/Bonn GmbH).

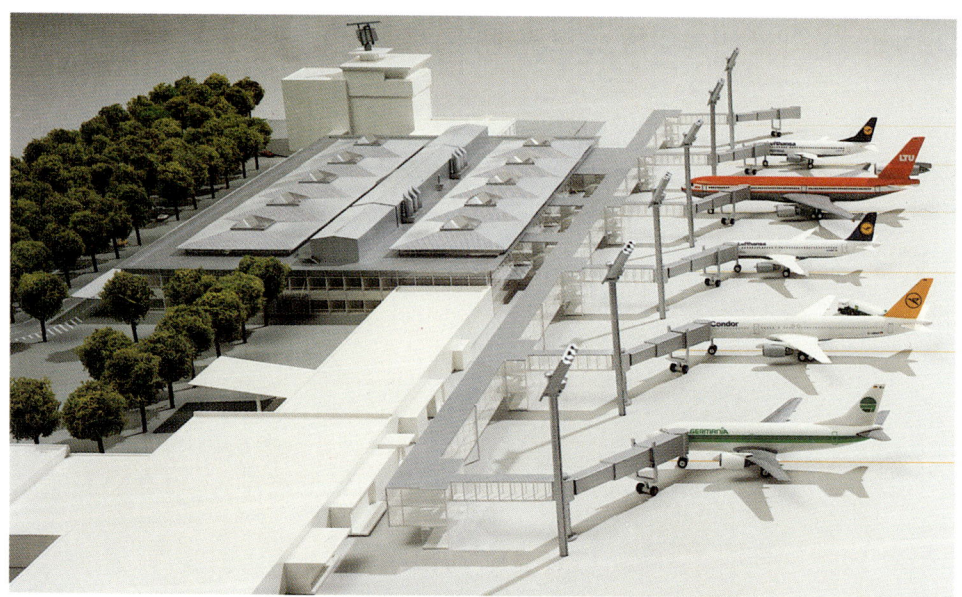

Erweiterungspläne in Sachsen: Modell des Terminals B des Flughafens Leipzig-Halle (Flughafen Leipzig-Halle GmbH, oben).
Europas größter internationaler und interkontinentaler Flughafen ist London Heathrow (Heathrow Airport Ltd., unten).

Flughafen Lissabon mit Vorfeld und Terminals (links oben) und Zubringer-Straßensystem (Lisboa International Airport).

Mailand-Linate liegt bei Passagieren und Fracht vor dem interkontinentalen Flughafen Mailand-Malpensa (Aeroporti di Milano, oben).
Gesamtanlage des 1992 eröffneten Flughafens München in einer umfassenden Luftaufnahme (Flughafen München GmbH, unten).

Passagierabfertigungsbereich des Flughafens München mit Vorfeld und Start-/Lande-
bahnsystem (Flughafen München GmbH, oben).
Diese Aufnahme aus Nord-Westen gibt einen Überblick über die Vorfeldseite des Terminal-
gebäudes (Flughafen München GmbH, unten).

Erstflugvorbereitung einer JAL-747 vor dem abendlichen Terminal 1 (Flughafen München GmbH, oben).
Zentralbereich des Flughafens München, in dem sich oberhalb des S-Bahn-Tunnelbahnhofs viele Serviceeinrichtungen befinden (Flughafen München GmbH, unten).

Genf Cointrin   LSGG / GVA

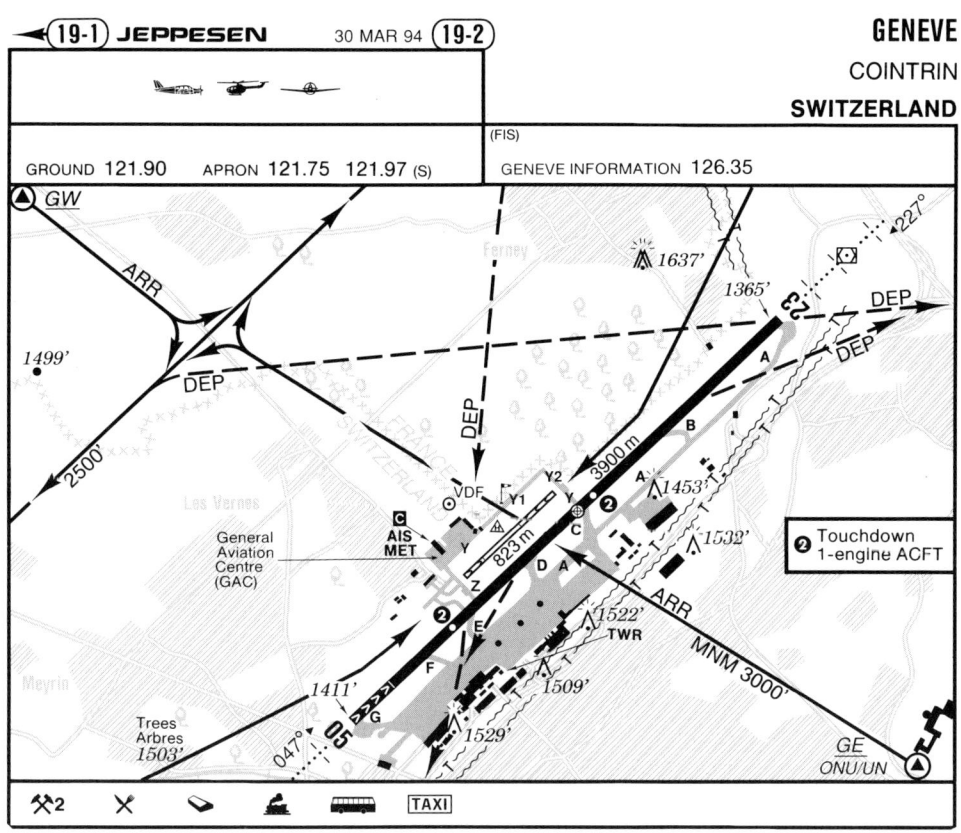

Daten

Flughafen	Genf Cointrin / Schweiz
ICAO-Code	LSGG
IATA-Code	GVA
Nationale Airline	Swissair
Code der nationalen Airline	SWR/SR
Lage	4,1 km NW Genf
Koordinaten	N 46 14 23 / E 06 06 37
Flughafenhöhe	430 m
Start-/Landebahn 1	05/23 > 3.900 m
Start-/Landebahn 2	05/23 > 823 m

ATIS	125,72 MHz
FIS	Geneve Information 126,35 MHz
GND	Geneve Apron 121,75 Mhz
	Ground 121,90 MHz
TWR	Geneve Tower 118,70 MHz
APP/DIV	Geneve Terminal 119,52 MHz
Passagiere p.a.	5,8 Mio.
Fracht p.a. (Tonnen)	0,057 Mio.
Flugbewegungen p.a.	0,145 Mio.

1922: Eröffnung der ersten Flugverbindung, u.a. auch Genf-Zürich-München.

1926-1931: Bau verschiedener Hallen.

1928: 6 Fluglinien fliegen Genf an.

1937: Bau der ersten Betonbahn (405 m Länge).

1946: Bau einer Betonbahn (2.000 m Länge).

1947: Erste Flugverbindung Genf-New York.

1949: Inbetriebnahme des neuen Terminals für eine Jahreskapazität von 300.000 Passagieren.

1956-1958: Planung einer Bahnverlängerung (3.900 m) durch Geländetausch mit Frankreich.

1959: Erste Landung einer Caravelle.

1960: Inbetriebnahme der 3.900-m-Bahn.

1968: Eröffnung des neuen Terminals, ausgelegt für 5 Millionen Passagiere.

1987: Inbetriebnahme des Flughafen-Bahnhofs mit Anschluß an den Genfer Hauptbahnhof.

In den Planungen wird ein Anstieg der Passagiere auf 7 Millionen pro Jahr bis zum Jahr 2000 erwartet. Dies erfordert die Erweiterung des Terminals und der Parkpositionen für Flugzeuge (60% Großraumflugzeuge) sowie den Bau eines Satellitengebäudes, das mit dem Haupt-Terminal durch ein automatisches Passagier-Transportsystem (Fahrzeit: 45 Sek.) verbunden ist.

Touristische Tips

Genf ist Hauptstadt des schweizerischen Kantons Genf am Genfer See. 159.500 Einwohner. Das Bank-, Handels- und Verkehrszentrum ist Sitz mehrerer internationaler Organisationen (Weltgesundheitsorganistion, Internationales Rotes Kreuz, GATT usw.).

Verschiedene Industriebereiche (Turbinen, Lokomotiven, Uhren, Präzisionsgeräte usw.) und Verlage sind in Genf angesiedelt.

Die Stadt hat eine Universität, Fachhochschulen, Bibliotheken, Museen, Theater und einen botanischen Garten.

Sehenswerte Bauten sind u.a. die Kathedrale Saint-Pierre, Saint Gervais mit Wandmalereien, der Temple de la Fusterie, die Moschee, die Akademie und das Reformationsdenkmal.

Der Flughafen internationaler Organisationen: Genf Cointrin (Aeroport de Geneve).

Genua Sestri　　　　　　　　LIMJ / GOA

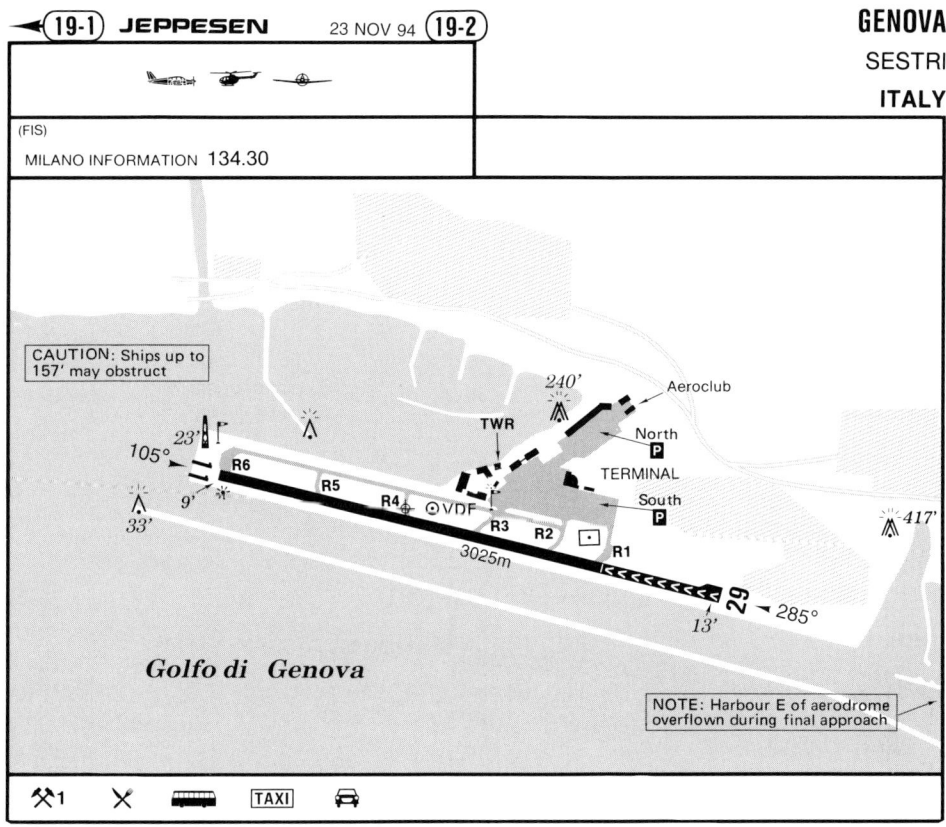

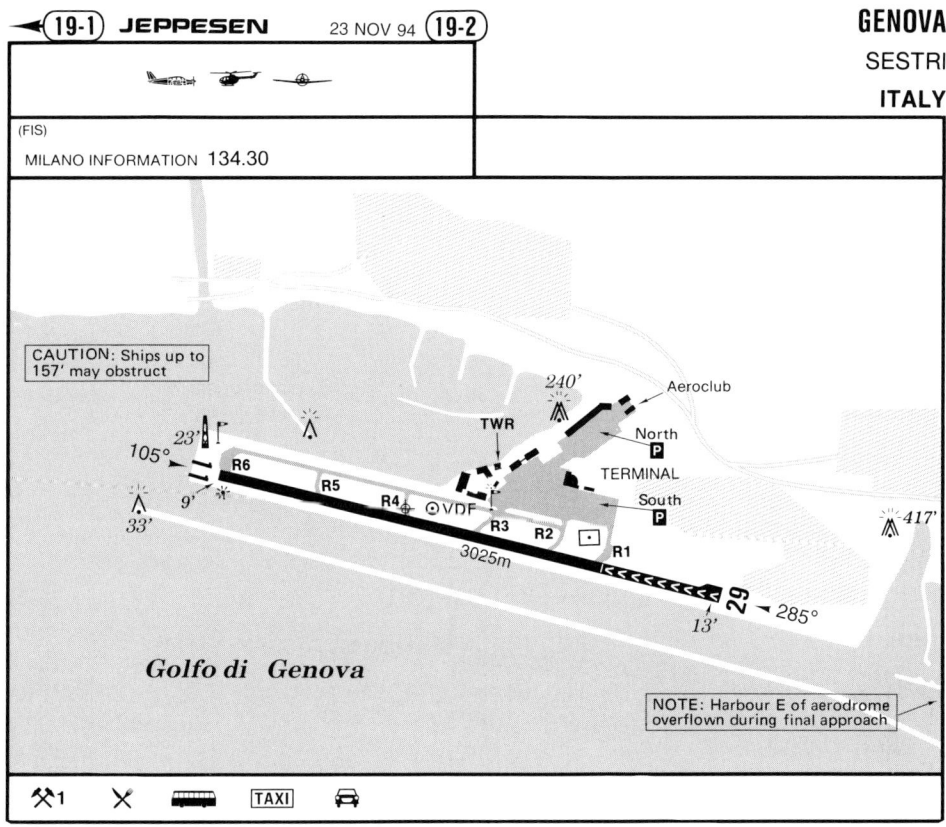 19-1 JEPPESEN 23 NOV 94 19-2

GENOVA
SESTRI
ITALY

(FIS)
MILANO INFORMATION 134.30

CAUTION: Ships up to 157' may obstruct

240'
Aeroclub
TWR
North P
105° 23'
R6
R5
9'
33'
R4 VDF
R3 R2
R1
3025m
29
13' 285'
TERMINAL
South P
417'

Golfo di Genova

NOTE: Harbour E of aerodrome overflown during final approach

1 TAXI

Daten

Flughafen	Genua Sestri / Italien
ICAO-Code	LIMJ
IATA-Code	GOA
Nationale Airline	Alitalia
Code der nationalen Airline	AZA/AZ
Lage	7,4 km W Genua
Koordinaten	N 44 24 47 / E 08 50 16
Flughafenhöhe	4 m
Start-/Landebahn	11/29 > 3.025 m

FIS	Milano Information 134,30 MHz
TWR	Genova Tower 118,60 MHz
APP/DIV	Genova Radar 119,60 MHz

Passagiere p.a.	0,8 Mio.
Fracht p.a. (Tonnen)	0,007 Mio.
Flugbewegungen p.a.	0,027 Mio.

Informationen

1986: Eröffnung unter dem offiziellen Namen „Aeroporto Internazionale Christoforo Colombo" durch die Aeroporto di Genova S.p.A.
1986: Einweihung des neuen Passagier-Terminals im Mai.

Der Flughafen ist im Rahmen infrastruktureller Maßnahmen ausgebaut worden. Traditionell war der Flughafen mit dem Mittelmeer-Hafen Genuas eng verbunden. Die neue Konzeption sieht eine eigenständigere Entwicklung vor. Künftige Projekte werden auf dem Genueser Airport weitgehend in Abhängigkeit von der wirtschaftlichen Entwicklung Liguriens gesehen. Eng damit steht auch die Entwicklung der Europäischen Union in Verbindung, auf die man in Genua sehnlichst gewartet hat, um „Italiens Tor zum Süden", wie der Genueser Flughafen genannt wird, zu einem bedeutenden Wirtschaftsfaktor in Ligurien zu entwickeln.

Touristische Tips

Genua ist die Hauptstadt der norditalienischen Region Ligurien am Golf von Genua.
738.000 Einwohner.
Die Stadt ist mit ihren Nachbargemeinden ein wichtiger Wirtschaftsraum in Italien mit Schwer- und Autoindustrie, Schiff- und Maschinenbau sowie Raffinerien. Das Einzugsgebiet des Handelshafens reicht über die norditalienischen Industriezentren Mailand und Turin bis in die Schweiz und nach Süddeutschland. Einer der wichtigsten Verkehrsknotenpunkte Italiens ist der Genueser Passagierhafen.
Die Stadt besitzt eine Universität, eine Kunstakademie, Fachschulen, das ozeanographische und meteorologische Institut, mehrere Bibliotheken, Museen, Galerien und eine Oper. Wahrzeichen ist der 75 m hohe Turm am Hafen. Der Dom (mit bedeutendem Dom-Schatz) wurde im 16. Jahrhundert mit einer Renaissancekuppel ausgebaut. Adelspaläste, u.a. der Palazzo del Principe, und die Paläste der Doria umgeben die Piazza San Matteo.

(Farbabbildung des Flughafens Seite 80)

GLASGOW

GLASGOW

UNITED KINGDOM

	(FIS)
GROUND 121.70	SCOTTISH INFORMATION 119.87

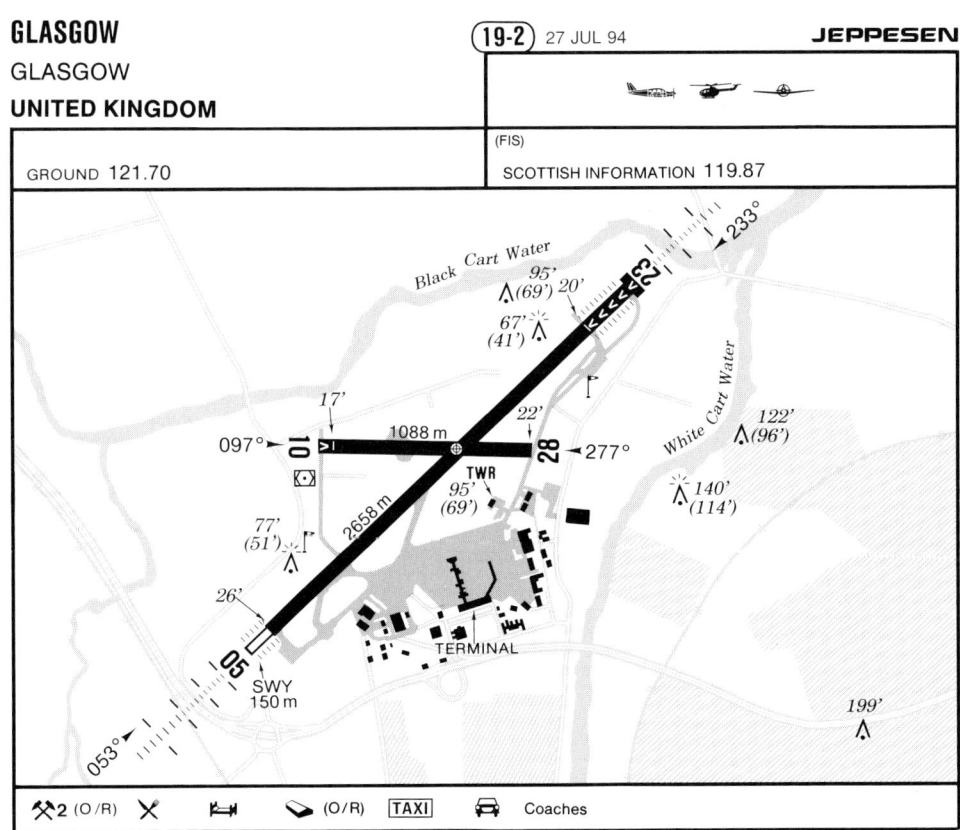

⚔2 (O/R)   ✕   ⊨⊣   ◇ (O/R)   [TAXI]   🚗 Coaches

Daten

Flughafen	Glasgow / Großbritannien	**ATIS**	115,40 MHz
ICAO-Code	EGPF	**FIS**	Scottish Information 119,87 MHz
IATA-Code	GLA	**GND**	Glasgow Ground 121,70 MHz
Nationale Airline	British Airways	**TWR**	Glasgow Tower 118,80 MHz
Code der nationalen Airline	BAW/BA	**APP/DIV**	Glasgow Approach 119,10 MHz
Lage	11,1 km W Glasgow		
Koordinaten	N 55 52 20 / W 04 25 55	**Passagiere p.a.**	5,2 Mio.
Flughafenhöhe	8 m	**Fracht p.a. (Tonnen)**	0,018 Mio.
Start-/Landebahn 1	05/23 > 2.658 m	**Flugbewegungen p.a.**	0,131 Mio.
Start-/Landebahn 2	10/28 > 1.088 m		

Informationen

Der Flughafen Glasgow ist einer von sieben englischen Flughäfen, die von der BAA (British Airports Authority, seit 1987 privatisiert) geführt werden. Eine Historie von Glasgow gibt es bei der BAA nicht. Auch die Zukunftspläne dieses Flughafens werden weitgehend unter Verschluß gehalten. Einziger Hinweis auf Glasgow (BAA-Geschäftsbericht 1994 unter „Major Projects"): „Die Entwicklungen auf dem Flughafen Glasgow gehen voran". Der Flughafen Glasgow erscheint trotz dieser Zurückhaltung in diesem Handbuch, weil er als größter schottischer Flughafen mit nicht weniger als 5,2 Millionen Passagieren (1993) zu den internationalen europäischen Flughäfen gehört.

Touristische Tips

Glasgow liegt in den schottischen Lowlands. 762.300 Einwohner.

Schottlands größte Stadt ist auch Industrie- und Handelsmetropole. Sie hat nicht nur den größten Hafen Schottlands, sondern ist auch Schiffbau- und Schiffsmaschinenbauzentrum. Viele Maschinenbau-Unternehmen sowie verschiedene Industriezweige konzentrieren sich hier.

Glasgow hat zwei Universitäten, die Königliche Schottische Akademie für Musik und Drama, Hochschulen, Bibliotheken, Gemäldegalerien, Museen, sechs Theater sowie einen botanischen und zoologischen Garten.

Die Kathedrale stammt aus dem 12. Jahrhundert. Das Stadtbild wird von Bauten des 19. und 20. Jahrhunderts geprägt.

Im Stadtgebiet wird der Fluß Clyde von 11 Brücken überspannt und von einem Straßentunnel unterfahren. Eines der größten Fußballstadien der Welt ist Hampden Park.

GLASGOW
GLASGOW
UNITED KINGDOM

(APP) *As directed by ATC.			

GLASGOW APPROACH (R) 119.10 119.30* 121.30*

EGPF
ELEV 26 ft / 8 m

55 52 20 N
04 25 55 W

6 NM W Glasgow

SCALE 1 : 250 000

(TWR)	

GLASGOW TOWER 118.80

GROUND 121.70

ATIS 115.40
*DME/ILS freq paired.

RWY	ILS		RWY	ILS	
05*	110.10 IUU	053°	23*	110.10 IOO	233°

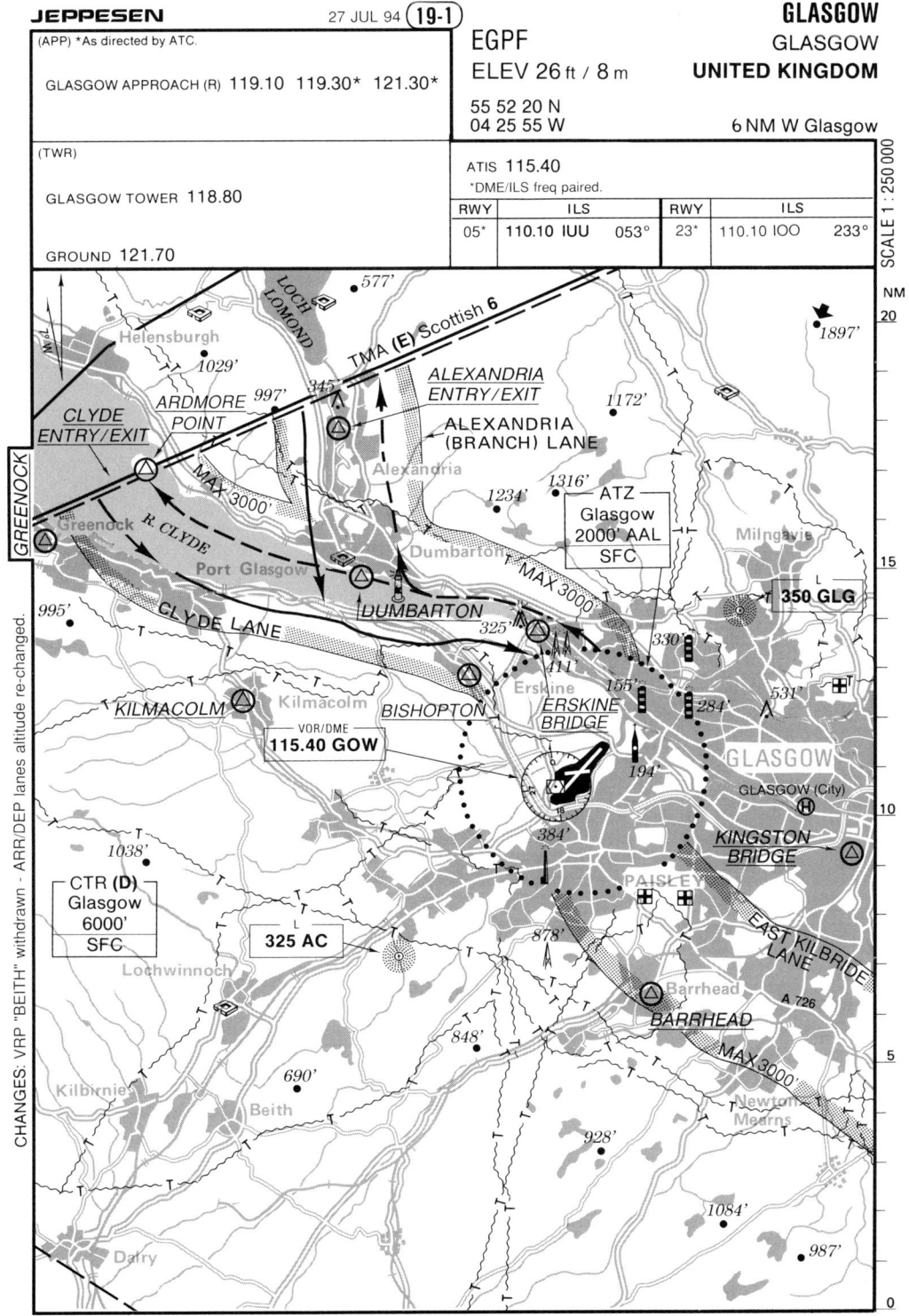

NM
20

15

10

5

0

CHANGES: VRP "BEITH" withdrawn - ARR/DEP lanes altitude re-changed.

BOTTLANG AIRFIELD MANUAL ®

© JEPPESEN SANDERSON, INC., 1986, 1994. ALL RIGHTS RESERVED

GÖTEBORG

LANDVETTER

SWEDEN

(19-2) 21 DEC 94　　　　　**JEPPESEN**

GROUND **121.90**　**121.60** (start-up)

(FIS)
GÖTEBORG CONTROL **124.67**

RWY	TWY	TORA (m)
03	B	3000
	C	2000
21	F	3000
	E	2000

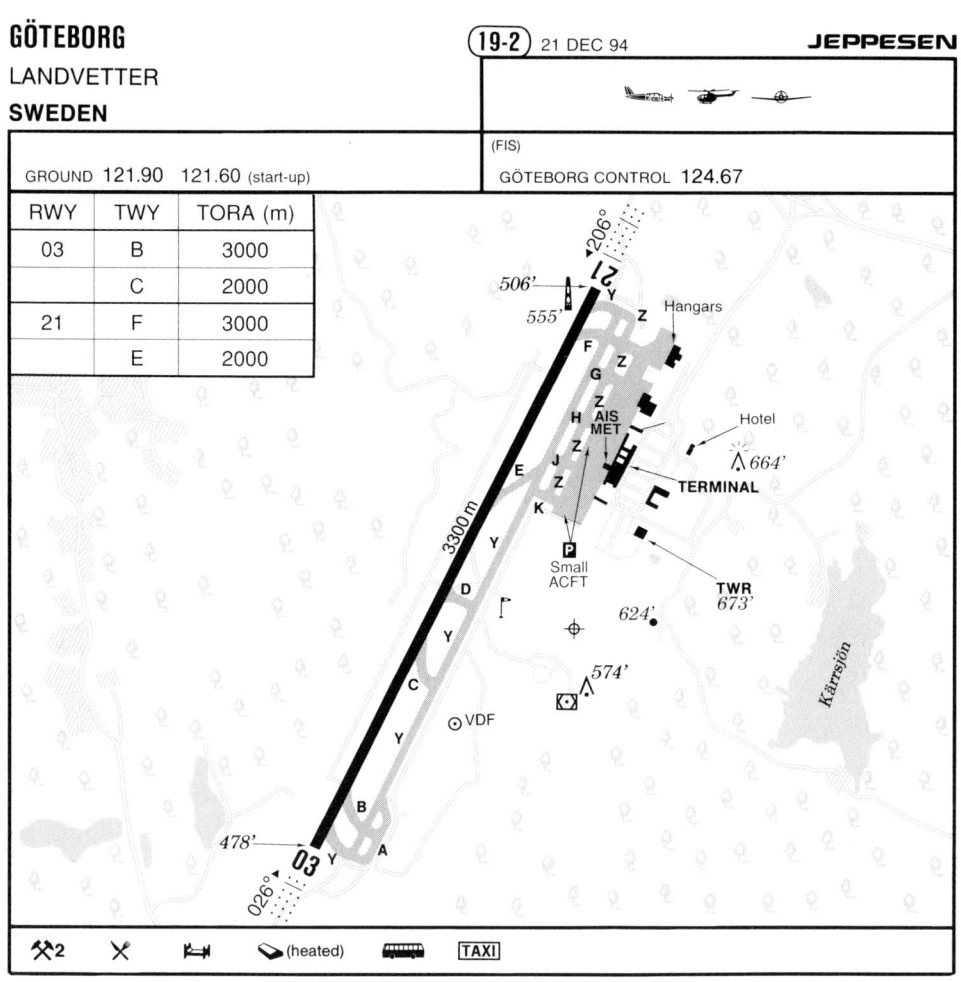

206°

506'
555'

Hangars

F
Z
G
Z
H AIS
MET

Hotel

⅄ 664'

E J Z
K Z
Y

TERMINAL

P
Small
ACFT

624'

TWR
673'

574'
⅄

D

Y

C

Y

⊙ VDF

B

A

478'
03 Y

026°

3300 m

Kärrsjön

⚒2　✕　⮀　⬲(heated)　🚌　TAXI

Daten

Flughafen	Göteborg Landvetter / Schweden
ICAO-Code	ESGG
IATA-Code	GOT
Nationale Airline	Scandinavian Airlines System
Code der nationalen Airline	SAS/SK

Lage	20,4 km ESE Göteborg
Koordinaten	N 57 39 37 / E 12 17 37
Flughafenhöhe	154 m
Start-/Landebahn	03/21 > 3.300 m
ATIS	118,37 MHz
FIS	Göteborg Control 124,67 MHz
GND	Landvetter Ground 121,90 MHz

TWR	Landvetter Tower 118,60 MHz
APP/DIV	Göteborg Control 124,67 MHz

Passagiere p.a.	2,5 Mio.
Fracht p.a. (Tonnen)	0,015 Mio.
Flugbewegungen p.a.	0,053 Mio.

Informationen

1975: Errichtung der Flughafen-Gebäude.
1977: Eröffnung des Flughafens.

Der Flughafen Landvetter konnte mit der neuesten Flughafentechnologie gebaut werden. Dadurch kann mit geringem Aufwand eine Jahreskapazität von 7 Millionen Passagieren erreicht werden. Das dazu erforderliche Konzept ist in einem 4-Phasen-Plan festgeschrieben, den der Flughafen in Abstimmung mit den Städten Göteborg und Boras bereits verabschiedet hat.

Touristische Tips

Schwedische Stadt am Kattegat.
424.200 Einwohner.
Die Hafen- und Industriestadt mit großen Werften ist Sitz vieler Banken, Versicherungen, Reedereien und Im- und Exportgesellschaften. Sie ist Zentrum der schwedischen Automobilindustrie (Volvo) und hat Kugellagerfabriken und Raffinerien (Erdöl, Bitumen). Die Häfen haben eine Gesamtkailänge von 17 km. Nach Frederikshavn (Dänemark) gibt es eine Fährverbindung.
Die Stadt hat eine Universität mit ozeanographischem Institut, eine Technische Hochschule, Forschungsinstitute, eine Kunstakademie, Bibliotheken, Museen (z.B. ein Seefahrtsmuseum), Theater und einen botanischen Garten.
Sehenswerte Bauwerke sind die Domkirche sowie das Alte und Neue Rathaus. Viele große Bauten sind im Tudorstil erbaut.
Göteborg ist Schwedens „grüne Stadt", umgeben von zwei der größten Parks des Landes.

Schwedens südlichster Flughafen Göteborg Landvetter (EuroFlight Sweden AB).

ESGG
ELEV 506 ft / 154 m

N57 39.6
E012 17.6

GÖTEBORG
LANDVETTER
SWEDEN

11 NM ESE Göteborg

SCALE 1 : 250 000

ATIS 118.37

RWY	ILS		RWY	ILS	
03	110.30 SGG	026°	21	108.50 NGG	206°

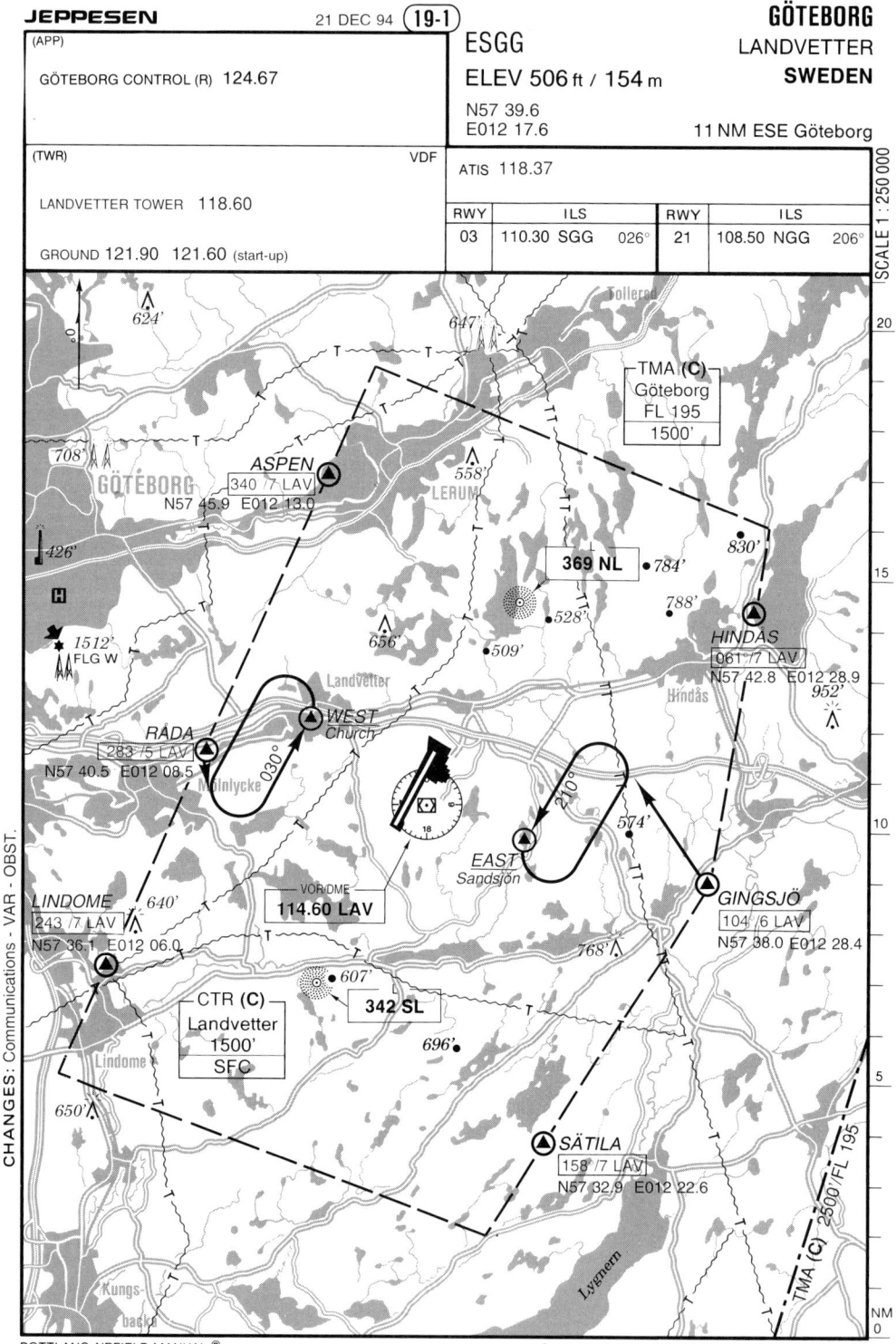

CHANGES: Communications - VAR - OBST.

BOTTLANG AIRFIELD MANUAL ®

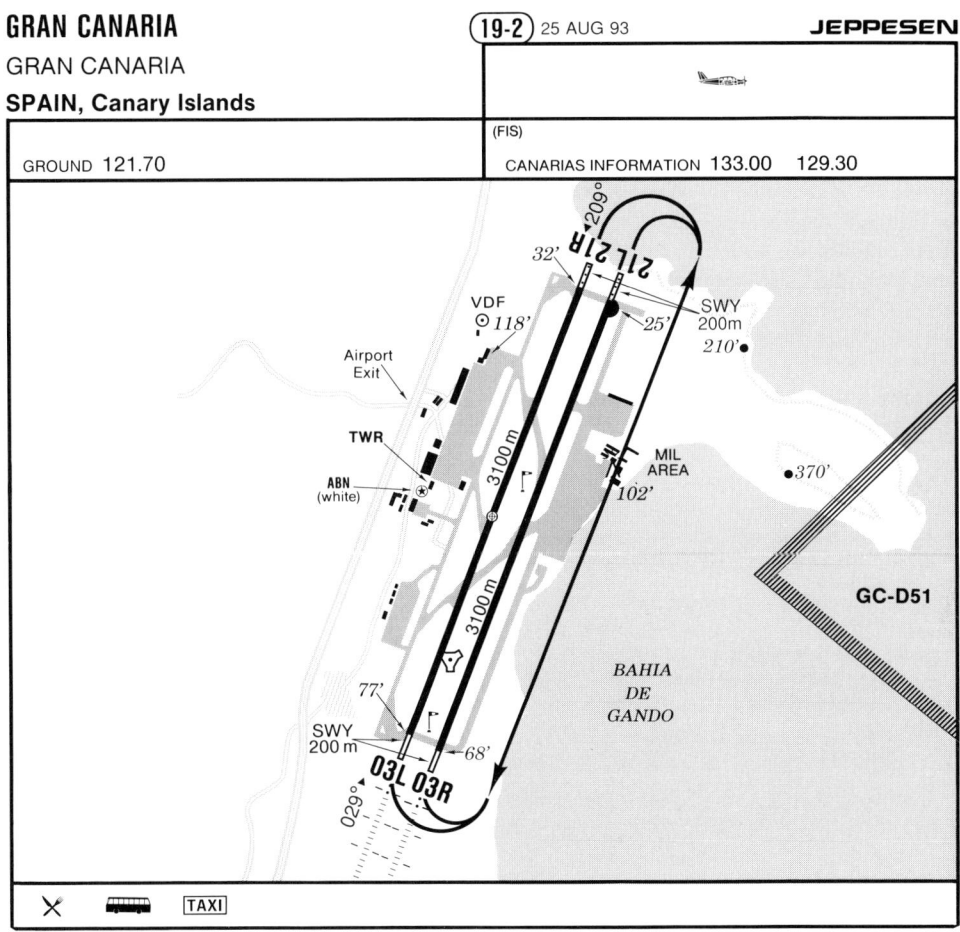

GRAN CANARIA

GRAN CANARIA

SPAIN, Canary Islands

(19-2) 25 AUG 93   **JEPPESEN**

GROUND 121.70

(FIS)
CANARIAS INFORMATION 133.00   129.30

Airport Exit

VDF ⊙ 118'

32'   25'   SWY 200m

210'

TWR

3100 m

ABN (white)

MIL AREA
102'

•370'

3100 m

GC-D51

BAHIA DE GANDO

77'

SWY 200 m   68'

03L 03R

029°

209°

21L 21R

✕   🚌   TAXI

Daten

Flughafen	Gran Canaria / Spanien/Kanaren
ICAO-Code	GCLP
IATA-Code	LPA
Nationale Airline	Iberia
Code der nationalen Airline	IBE/IB
Lage	18,5 km S Las Palmas
Koordinaten	N 27 55 50 / W 15 23 05

Flughafenhöhe	23 m
Start-/Landebahn 1	03L/21R > 3.100 m
Start-/Landebahn 2	03R/21L > 3.100 m
ATIS	118,60 MHz
FIS	Canarias Information 133,00 MHz
GND	Gran Canaria Ground 121,70 MHz
TWR	Gran Canaria Tower 118,30 MHz
APP/DIV	Gran Canaria Approach 124,30 MHz

Passagiere p.a.	7 Mio.
Fracht p.a. (Tonnen)	0,034 Mio.
Flugbewegungen p.a.	0,721 Mio.

Informationen

Der spanische Flughafen Gran Canaria hat fast ausschließlich touristischen Flugbetrieb. Es liegen keine geschichtlichen Daten vor. Die Betreibergesellschaft Aena (Aeropuertos Espanoles y Navigacion Aerea) hat für Gran Canaria im Rahmen der allgemeinen Ausbaupläne für die spanischen Flughäfen allgemeine Bauarbeiten, eine Vergrößerung des Terminals und den Kauf von Land zur Erweiterung der Abstellflächen vorgesehen.

Touristische Tips

Gran Canaria ist die drittgrößte der Kanarischen Inseln, der zu Spanien gehörenden Inselgruppe im Atlantik. 400.000 Einwohner in der Hauptstadt Las Palmas.

Gran Canaria ist eine der reizvollsten Inseln der Kanaren (vulkanischer Ursprung) mit fruchtbaren Obst- und Gemüseplantagen. Der wichtigste Hafen der Insel ist Puerto de La Luz, Ziel vieler Kreuzschiffe und Handelsschiffe verschiedenster Nationalitäten. Las Palmas de Gran Canaria hat alles, was eine auf Tourismus ausgerichtete Großstadt braucht: Sandstrände, eine kilometerlange Uferallee, den Park Santa Catalina und viele Geschäfte. In den Freihäfen der Insel kann man viele Waren billiger als in anderen Ländern einkaufen. Telde, die zweitwichtigste Stadt nach Las Palmas, ist Sitz mehrerer Industriebetriebe.

Das Klima der Insel wird durch die Passatwinde bestimmt. Die Durchschnittstemperatur beträgt im Sommer 23°, im Winter 18° Celsius. Dichte Wälder und zerklüftete Felsen im Norden und Sandstrände im Süden sind ein reizvoller landschaftlicher Kontrast. Die Insel hat den ältesten Golfclub Spaniens und bietet auch Wassersport-Anhängern viele Freizeitattraktionen. Verschiedene Museen (in der Hauptstadt und z.B. in Santa Lucia de Tirajana, Ingenio) und Kirchen (z.B. in Telde, Arucas, Teror) sind sehenswerte kulturelle Einrichtungen. In Las Palmas steht das im Kolonialstil errichtete Kolumbushaus, die Burg Castillo de la Luz, das Theater Pérez Galdós und das gleichnamige Museum.

GRAN CANARIA
GRAN CANARIA
Canary Islands
SPAIN
10 NM S Las Palmas

GCLP
ELEV 77 ft / 23 m
27 55 50 N
15 23 05 W

SCALE 1 : 500 000

(APP)		VDF
GRAN CANARIA APPROACH 124.30	121.30 (O/R)	

(TWR)	VDF
GRAN CANARIA TOWER 118.30	

GROUND 121.70

ATIS 118.60

RWY	ILS		RWY	ILS
03L	109.90 ILP	029°		

CHANGES: Coordinates - L/DME "VR" - Spot ELEV - OBST - VAR.

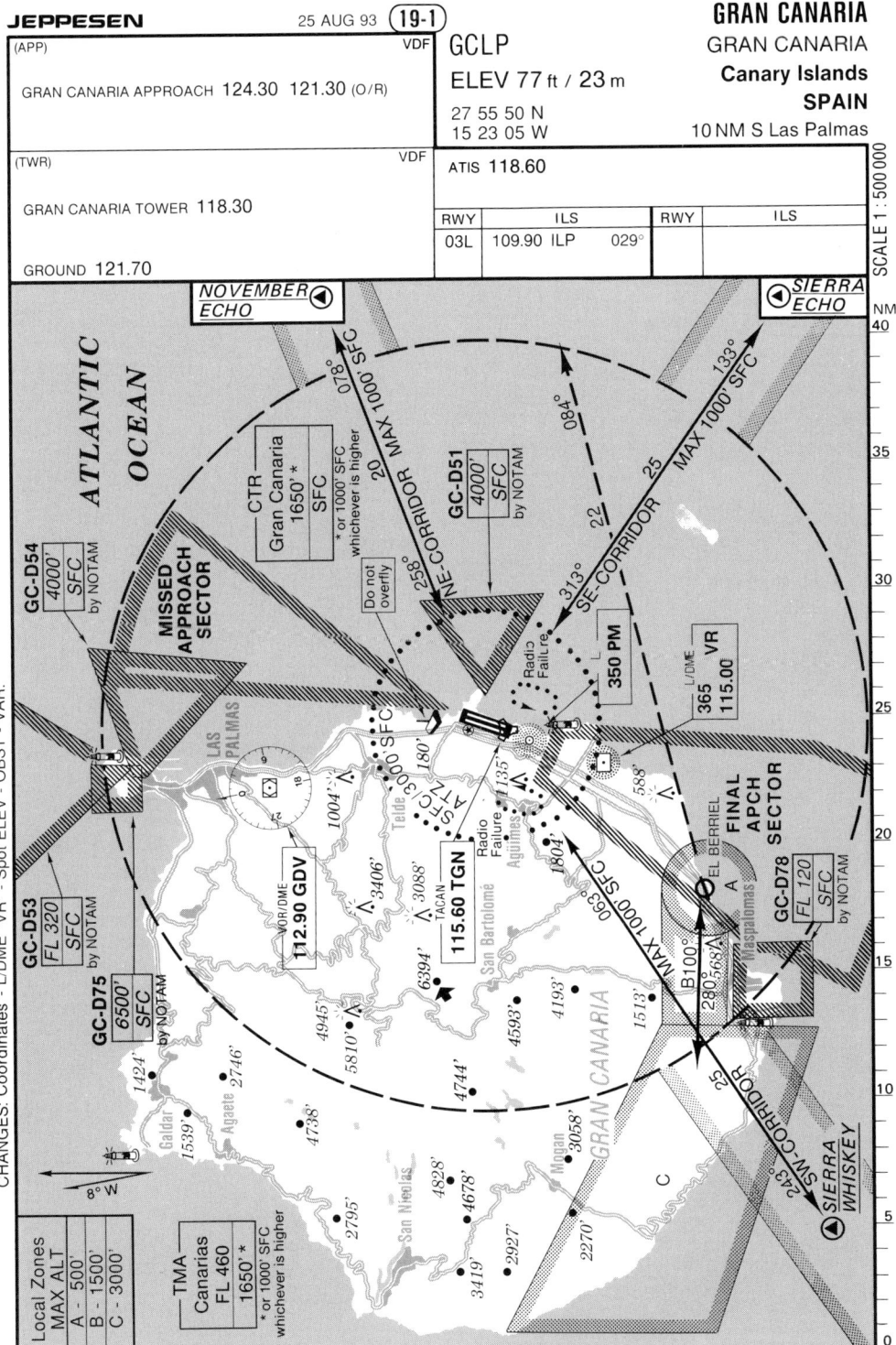

© JEPPESEN SANDERSON, INC., 1986, 1993. ALL RIGHTS RESERVED

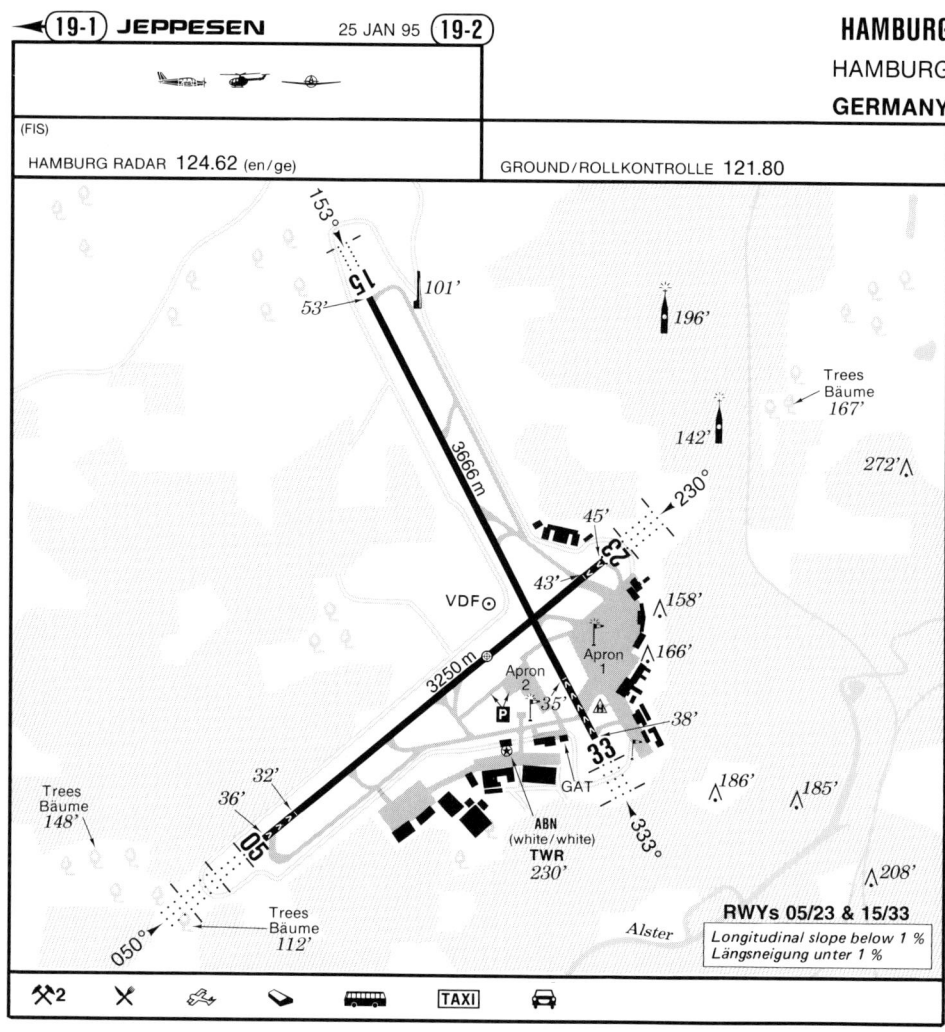

◄(19-1) **JEPPESEN**   25 JAN 95 **(19-2)**

HAMBURG
HAMBURG
GERMANY

(FIS)

HAMBURG RADAR **124.62** (en/ge)

GROUND/ROLLKONTROLLE **121.80**

153°
15
53'
101'
196'
Trees
Bäume
167'
142'
272'△
3666 m
45'
230°
23
43'
△158'
VDF⊙
△166'
Apron 1
3250 m⊙
Apron 2
P
35'
△
38'
33
32'
36'
GAT
△186'
△185'
Trees
Bäume
148'
05
ABN
(white/white)
TWR
230'
333°
△208'
Trees
Bäume
112'
Alster
050°

RWYs 05/23 & 15/33
Longitudinal slope below 1 %
Längsneigung unter 1 %

⚒2   ✕   ✈   ◗   🚌   TAXI   🚗

Daten

Flughafen	Hamburg / Deutschland
ICAO-Code	EDDH
IATA-Code	HAM

Nationale Airline	Deutsche Lufthansa
Code der nationalen Airline	DLH/LH
Lage	8,5 km N Stadtmitte
Koordinaten	N 53 37 55 / E 09 59 22
Flughafenhöhe	16 m

Start-/Landebahn 1	05/23 > 3.250 m
Start-/Landebahn 2	15/33 > 3.666 m
ATIS	GND 108,00 + AIR 124,27 MHz
FIS	Hamburg Radar 124,62 MHz
GND	Hamburg Ground 121,80 MHz
TWR	Hamburg Tower 121,27 MHz
APP/DIV	Hamburg Radar 124,62 MHz

Passagiere p.a.	7,3 Mio.
Fracht p.a. (Tonnen)	0,036 Mio.
Flugbewegungen p.a.	0,142 Mio.

Informationen

1919: Erste Linienflüge nach Berlin.
1920: Seebad-Luftverkehr mit Westerland/Sylt, Flugverbindungen nach Bremen, Kopenhagen, Rotterdam und Amsterdam.
1923: Als erster deutscher Flughafen erhält Hamburg eine Funkstation.
1934: Einrichtung des „Blitzverkehrs" zwischen Berlin, Hamburg und Köln.
1939-1945: Einstellung des zivilen Flugbetriebs.
1945: Kriegsende mit unzerstörtem Flughafen.
1946-1949: BEA, SAS, KLM und Sabena eröffnen den Linienflugverkehr.
1949: Luftbrücke nach West-Berlin.
1954: Hamburg wird Lufthansa-Heimathafen.
1959: Landung der ersten Boeing 707.
1961: Verlängerung der Start-/Landebahn 1, Inbetriebnahme neuer Abfertigungsanlagen.
1964: Verlängerung der Start-/Landebahn 2.
1967: Bau einer neuen Luftfrachtanlage.
1969: Einweihung der „Deutschlandhalle" für den innerdeutschen Luftverkehr.
1970: Landung der ersten Boeing 747.
1976: Landung des ersten Airbus.
1984: Start eines umfangreichen Modernisierungs- und Zukunftssicherungsprogramms, Renovierung der Start-/Landebahn 2.
1986: Erneuerung der Start-/Landebahn 1.
1993: Bau von PKW-Anfahrten, eines Parkhauses, eines neues Terminals und von 11 Piers.

In der Planung steht die Modernisierung an erster Stelle. Alte Touristikverkehrs-Anlagen werden erneuert, die Zufahrtswege werden optimiert, das Parkplatzangebot wird im Hinblick auf den wachsenden Touristikverkehr erweitert.

Touristische Tips

Die Stadt beiderseits der Elbe ist zugleich Bundesland. 1,5 Millionen Einwohner.
Hamburg ist ein Welthandelszentrum mit knapp 2.000 Im- und Exportunternehmen (Deutschlands größter Außenhandelsplatz). Die Häfen haben eine weltweite Bedeutung. Die Stadt ist ein bedeutender Pressestandort mit mehreren Nachrichtenagenturen, Verlagen sowie Film- und Fernsehstudios. Das Congress Zentrum Hamburg ist internationaler Tagungs-Treffpunkt. Neben der Universität (in Eppendorf) gibt es Hochschulen, wissenschaftliche Gesellschaften und Forschungseinrichtungen, zahlreiche Bibliotheken, Museen und Theater, z.B. die Staatsoper und das Thalia-Theater. Interessante Ziele sind auch der botanische Garten und der Zoo (Hagenbecks Tierpark), der einzige große Privatzoo in Deutschland.
Auf den 132 m hohen Turm der Kirche Sankt Michael, dem Wahrzeichen Hamburgs, kann man mit dem Fahrstuhl fahren. Sankt Petri, die älteste Kirche Hamburgs, liegt in der Altstadt. Dort befindet sich auch das Rathaus mit dem neugestalteten Rathausmarkt. Die 448 m langen Tunnelröhren des Elbtunnels (1907-1911 gebaut) verbinden das nördliche Elbufer mit der Werftinsel Steinwerder im Freihafengelände.
Durch den neuen Elbtunnel (1975 gebaut) in Hamburg-Othmarschen führt die Autobahn nach Kiel und Flensburg.
Im Bereich um die Binnenalster liegen exklusive Einkaufsstraßen, u.a. der Jungfernstieg. Von den zahlreichen Grünanlagen sind vor allem die Ufer der Außenalster sowie der Volkspark Planten und Blomen zu nennen.

(Farbabbildung des Flughafens Seite 113)

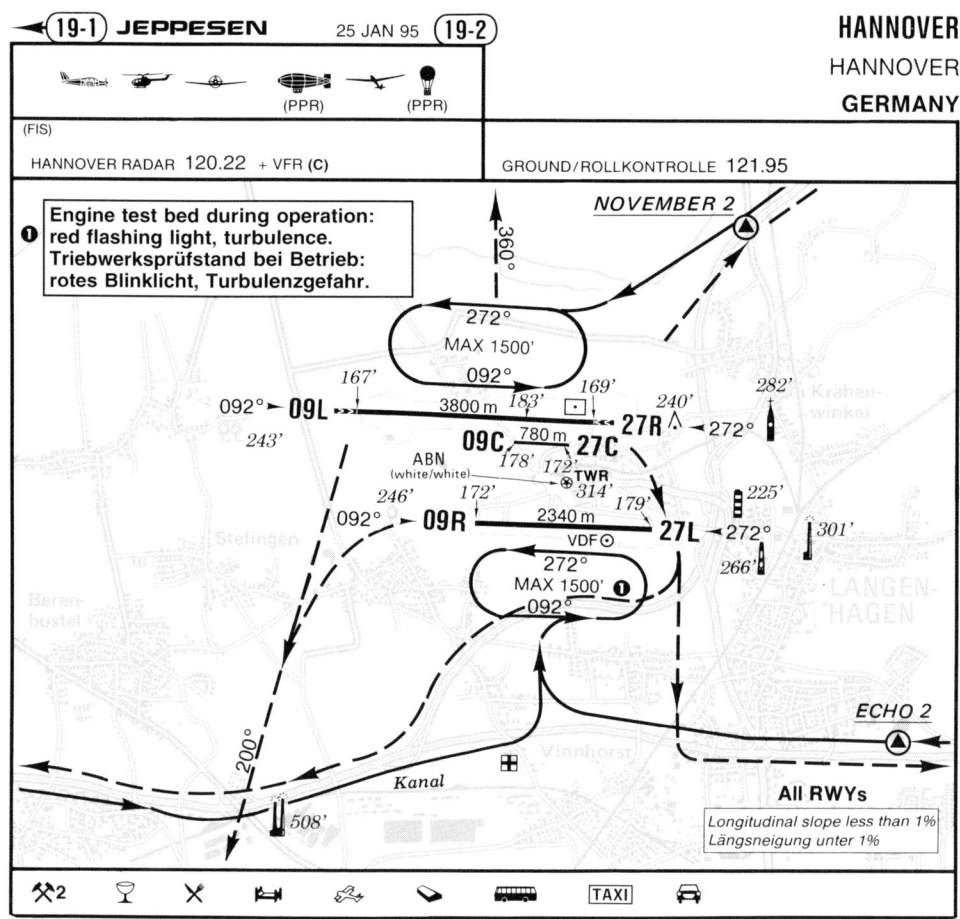

◄(19-1) JEPPESEN   25 JAN 95 (19-2)

(PPR)   (PPR)

(FIS)

HANNOVER RADAR 120.22 + VFR **(C)**

GROUND / ROLLKONTROLLE 121.95

HANNOVER
HANNOVER
GERMANY

❶ Engine test bed during operation: red flashing light, turbulence. Triebwerksprüfstand bei Betrieb: rotes Blinklicht, Turbulenzgefahr.

NOVEMBER 2

360°

272°
MAX 1500'
092°

092° ► **09L** ►►
3800 m   183'   167'   169'   240'   282'   Krähenwinkel
243'
27R ∧ ◄ 272°

09C 780 m **27C**
ABN (white/white)   178'   172' **TWR**
246'   172'   ⊗ 314'   179'
225'
092° ► **09R**
2340 m
VDF⊙
27L ◄ 272°
301'
266'

272°
MAX 1500' ❶
092°

ECHO 2

200°
Kanal
508'

All RWYs
Longitudinal slope less than 1%
Längsneigung unter 1%

Daten

Flughafen	Hannover / Deutschland	**Koordinaten**	N 52 27 42 / E 09 41 05
ICAO-Code	EDDV	**Flughafenhöhe**	56 m
IATA-Code	HAJ	**Start-/Landebahn 1**	09L/27R > 3.800 m
Nationale Airline	Deutsche Lufthansa	**Start-/Landebahn 2**	09R/27L > 2.340 m
Code der nationalen Airline	DLH/LH	**Start-/Landebahn 3**	09C/27C > 780 m
Lage	11,1 km N Hannover	**ATIS**	115,20 MHz
		FIS	Hannover Radar 124,35 MHz
		GND	Hannover Ground 121,95 MHz
		TWR	Hannover Tower 120,17 MHz

136

APP/DIV Hannover Radar 124,35 MHz

Passagiere p.a.	3,4 Mio.
Fracht p.a. (Tonnen)	0,009 Mio.
Flugbewegungen p.a.	0,097 Mio.

Informationen

1952: Eröffnung des Flughafens.
1955: Landung der ersten Lufthansa-Maschine.
1956: Erste Touristikflüge nach Mallorca.
1958: Erste „Luftfahrt-Sonderschau".
1959: 2. Deutsche Luftfahrtschau, Bahnverlängerung auf 2.340 m.
1963: Eröffnung der Kurzstartbahn (780 m).
1966: Inbetriebnahme des neuen Kontrollturms und der Nord-Parallelbahn.
1969: Ausbau der Nord-Parallelbahn (2.700 m).
1971: Eröffnung des neuen Parkhauses.
1973: Eröffnung des neuen Terminals.
1975: Inbetriebnahme der Zufahrtsstraße mit Autobahn-Zubringer.
1977: Inbetriebnahme des neuen Radarturms.
1978: Eröffnung des City-Air-Terminals.
1988: Eröffnung des neuen Luftfrachtzentrums.
1990: Inbetriebnahme des Parkhauses 2 und der auf 3.800 m verlängerten Nordbahn.
1993: Fertigstellung des Parkhauses Ost und der Lärmschutzhalle.

Die Ausbaupläne beinhalten eine Erweiterung der Fluggastanlagen um ein drittes Terminal mit Integration eines S-Bahnhofes (Fertigstellung 1998), den Bau eines weiteren Parkhauses und den Bau eines Airport Business Center (Fertigstellung 1998).

Touristische Tips

Hauptstadt von Niedersachsen und Sitz der Landesregierung. 510.800 Einwohner.
Die vielseitige Industrie- und Handelsstadt mit Schwerpunkt Fahrzeugbau und dessen Zulieferindustrie, Büro- und Zeichenbedarf sowie Nahrungs- und Genußmittel ist auch Verkehrsschnittpunkt der Straßen- und Schienenverbindungen Ruhrgebiet-Berlin und Norddeutschland-Süddeutschland. Nicht zuletzt dieser verkehrsgünstigen Lage verdankt die Messestadt Hannover ihren Aufstieg zu einem Zentrum bedeutender Weltmessen.
Neben der Universität, die sich im Schloß befindet, gibt es die Bundesanstalt für Geowissenschaft und Rohstoffe, die Akademie für Raumforschung und Landesplanung, mehrere Hoch- und Fachhochschulen, bedeutende Museen, Kunstgalerien, viele Theater und einen zoologischen Garten mit neuem Urwaldhaus.
Der gotische Backsteinhallenbau der Marktkirche gilt als Wahrzeichen der Stadt. Das Neue Rathaus wurde 1901-1913 auf 6.000 Buchenpfählen erbaut. Besonders reizvoll ist auch die Altstadt mit malerischen Fachwerkhäusern.
Der Große Garten Herrenhausen im gleichnamigen Stadtteil ist ein Spiegelbild aus drei Jahrhunderten. Ein besonderer Anziehungspunkt ist der künstlich angelegte Maschsee.

Parkbereich, Terminals, Tower und Vorfeld des Flughafens Hannover (Flughafen Hannover-Langenhagen GmbH).

Luftaufnahme des Flughafens Hannover (Flughafen Hannover-Langenhagen GmbH).

Modell des Flughafens Hannover im Jahr 2000 (Flughafen Hannover-Langenhagen GmbH).

Helsinki Vantaa

EFHK / HEL

HELSINKI

VANTAA

FINLAND

(29-2) 18 DEC 91

JEPPESEN

	(FIS)
GROUND **121.80**	TAMPERE CONTROL **121.30**

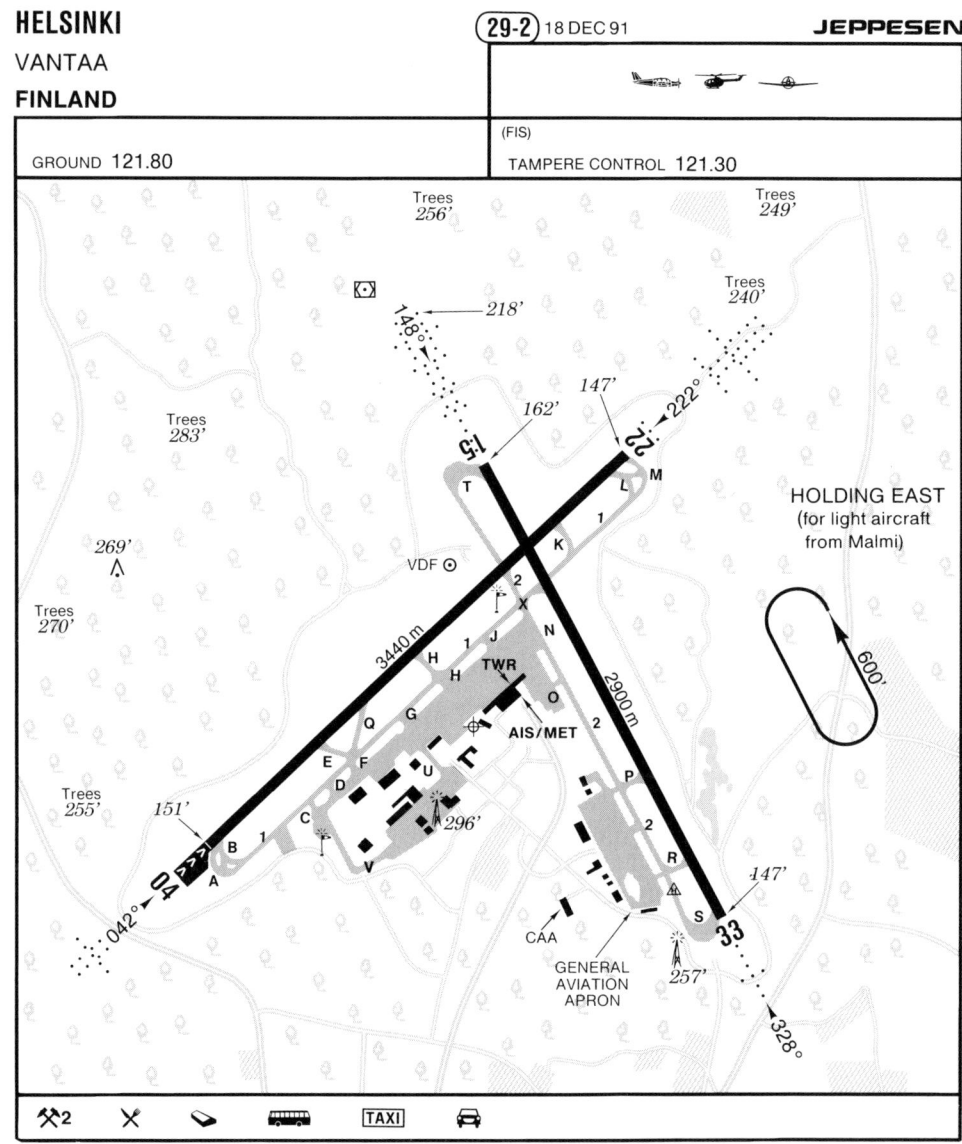

HOLDING EAST
(for light aircraft
from Malmi)

Flughafen	Helsinki Vantaa / Finnland
ICAO-Code	EFHK
IATA-Code	HEL
Nationale Airline	Finnair
Code der nationalen Airline	FIN/AY
Lage	16,7 km N Stadtmitte
Koordinaten	N 60 19 01 / E 24 57 59
Flughafenhöhe	51 m
Start-/Landebahn 1	04/22 > 3.440 m
Start-/Landebahn 2	15/33 > 2.900 m
ATIS	135,07 MHz
FIS	Tampere Control 121,30 MHz
GND	Helsinki Ground 121,80 MHz
TWR	Helsinki Tower 118,60 MHz
APP/DIV	Helsinki Arrival 119,90 MHz

Passagiere p.a.	6,1 Mio.
Fracht p.a. (Tonnen)	0,06 Mio.
Flugbewegungen p.a.	0,122 Mio.

Informationen

1952: Geplante Eröffnung zu den Olympischen Sommerspielen in Helsinki, tatsächliche Eröffnung im Oktober mit einer Landebahn von 2.000 m Länge.
1953-1969: Fluggastabfertigung in einer provisorischen Holz-Baracke.
1956: Bau einer zweiten Start-/Landebahn.
1969: Fertigstellung des neuen Terminals.
1980-1983: Erweiterungen des Terminals.
1990: Fertigstellung des Parkhauses.
1991: Start umfangreicher Neu- und Umbauprogramme.
1993: Eröffnung des neuen Inlandflüge-Terminals, Umbau des alten Terminals mit ausschließlicher Nutzung für internationale Flüge.
1994: Baubeginn eines Mittel-Terminals zur Verbindung der beiden vorhandenen Terminals. Erweiterung des internationalen Terminals mit einem Duty Free Shop. Inbetriebnahme eines weiteren Parkhauses und eines neuen Büro-Gebäudes.

In der Planung nehmen die bereits begonnenen Ausbauarbeiten den größten Raum ein. Vor allem das Mittel-Terminal soll mit einer Reihe von Fachgeschäften und Konferenzräumen den Flughafen attraktiver machen (Eröffnung 1996). Eine dritte Start-/Landebahn ist bis zum Jahr 2010 geplant.

Touristische Tips

Hauptstadt Finnlands. 485.000 Einwohner. Helsinki ist das industrielle Zentrum Finnlands (Elektro- und Nahrungsmittelfabriken, Porzelanmanufakturen, Werften usw.) und Sitz zahlreicher Verwaltungs- und Kulturinstitutionen. Helsinki besitzt zwei Universitäten, Hochschulen, eine Militärakademie, die Nationalbibliothek, das Nationalarchiv, das Nationalmuseum, ein Freilichtmuseum mit rund 100 alten Bauten sowie ein schwedisches und finnisches Theater, die Oper und ein Konzerthaus.
Am Senatsplatz liegen die Domkirche, das alte Senatsgebäude (jetzt Regierungsgebäude) und ein Universitätsgebäude. Moderne Bauten sind z.B. der Hauptbahnhof, das Auditorium Maximum der Technischen Universität und das Konzert- und Kongreßhaus Finlandia.

Flughafen Helsinki Vantaa während der Ausbauphase (Ende 1992) für ein neues Terminal und Parkgebäude, die 1994 eröffnet wurden (Ilmailulaitos Helsinki).

IBIZA

IBIZA

SPAIN, Balearic Islands

(**19-2**) 27 MAY 92　　　　　　**JEPPESEN**

GROUND 121.80

(FIS)
BARCELONA INFORMATION 133.65　132.57

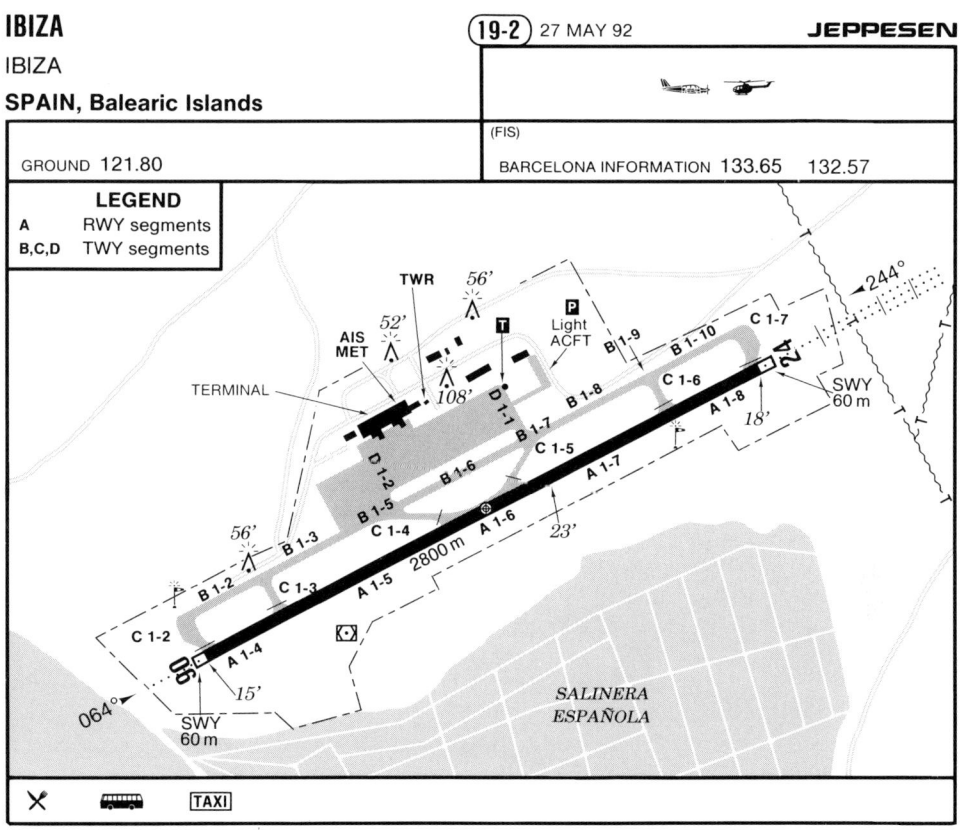

LEGEND
A　RWY segments
B,C,D　TWY segments

SALINERA
ESPAÑOLA

Daten

Flughafen	Ibiza / Spanien/Balearen
ICAO-Code	LEIB
IATA-Code	IBZ
Nationale Airline	Iberia
Code der nationalen Airline	IBE/IB
Lage	7,0 km SW Ibiza
Koordinaten	N 38 52 27 / E 01 22 27
Flughafenhöhe	7 m
Start-/Landebahn	06/24 > 2.800 m

FIS	Barcelona Information 133,65 MHz
GND	Ibiza Ground 121,80 MHz
TWR	Ibiza Tower 118,50 MHz
APP/DIV	Ibiza Approach 119,80 MHz

Passagiere p.a.	2,8 Mio.
Fracht p.a. (Tonnen)	0,004 Mio.
Flugbewegungen p.a.	0,026 Mio.

143

Informationen

Der spanische Flughafen Ibiza hat fast ausschließlich touristischen Flugbetrieb. Es liegen keine geschichtlichen Daten vor. Die Betreibergesellschaft Aena (Aeropuertos Espanoles y Navigacion Aerea) hat Ibiza im Rahmen der allgemeinen Ausbaupläne für die spanischen Flughäfen in den kommenden Jahre nicht vorgesehen

Touristische Tips

Insel der spanischen Balearen im Mittelmeer. 20.000 Einwohner in der Hauptstadt Ibiza. Das Landesinnere ist bergig mit bis zu 475 m (Monte Atalaya) hohen Erhebungen. Ausgedehnte Bewässerungskulturen, Fruchthaine und Trockenfeldbau gehören zu den landwirtschaftlichen Erwerbsquellen. An den Küsten gibt es Fischereibetriebe und Seesalzgewinnungsanlagen. Der Tourismus beherrscht nicht nur die Hafenstadt Ibiza, das Handels- und Fischereizentrum der Insel, sondern hat sich inzwischen über die gesamte Insel ausgedehnt.
Lichte Wälder aus Aleppokiefern und Zypressenwacholder sowie kleine Buchten und lange feinsandige Strände zeichnen die Insel aus. Die höchsten Durchschnittstemperaturen liegen bei 25° bis 29° Celsius im Juni, Juli und August.
Ein archäologisches Museum, die Kathedrale und mächtige Befestigungsmauern sind in Ibiza-Stadt sehenswert. San José und San Miguel sind typische Festival-Orte. Früher als „Hippie-Zentrum des Mittelmeeres" bekannt, wird Ibiza heute weitgehend von „normalen" Touristen besucht.
Vom Tauchen bis zum Segeln, Surfen und Golfen gibt es reichhaltige Sportangebote.

144

IBIZA
IBIZA
Balearic Islands
SPAIN

LEIB
ELEV 23 ft / 7 m
38 52 27 N
01 22 27 E

3.8 NM SW Ibiza

(APP)

IBIZA APPROACH 119.80

(TWR)   VDF

IBIZA TOWER 118.50

GROUND 121.80

SCALE 1 : 200 000

RWY	ILS	RWY	ILS	
		24	109.50 IBZ	244°

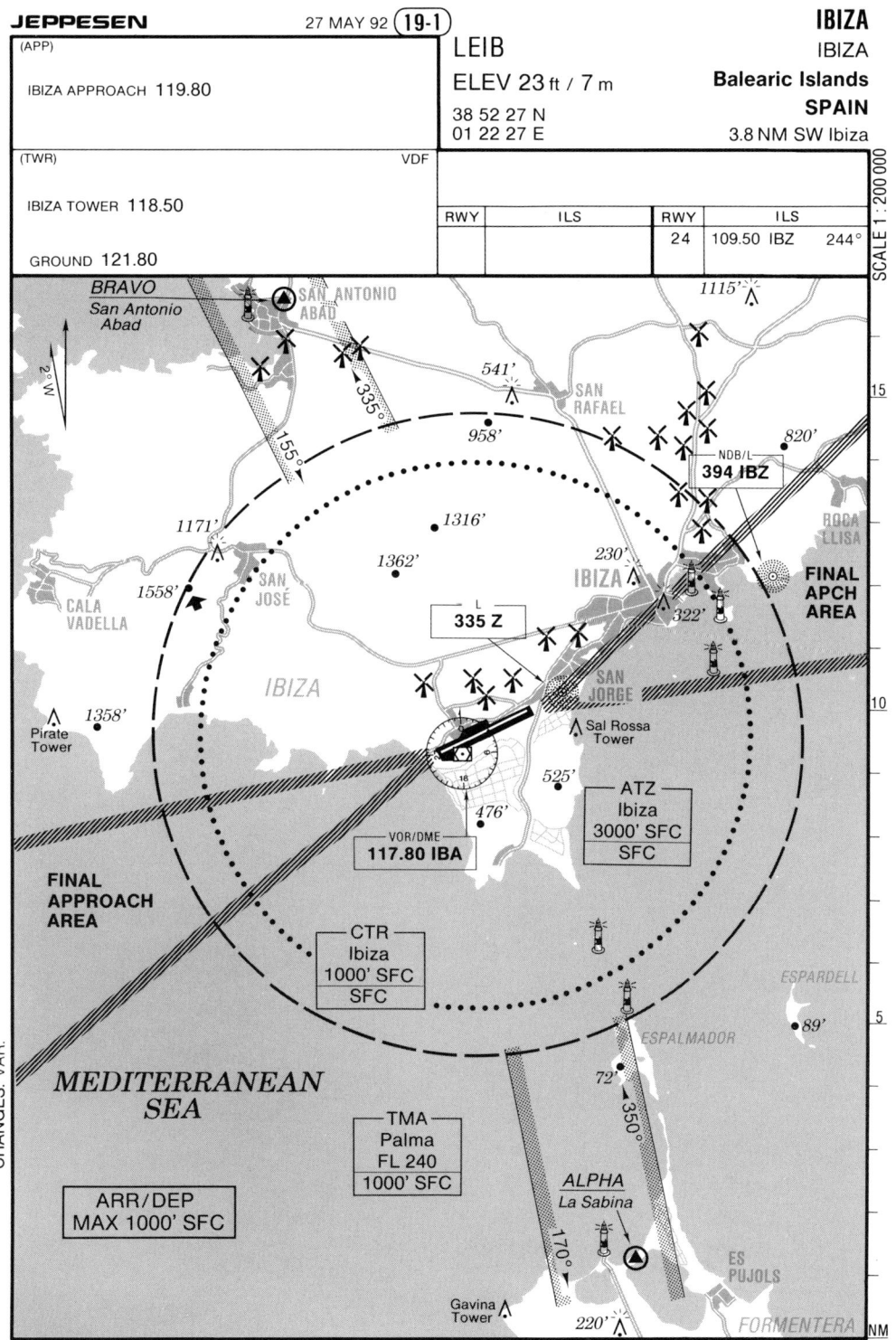

BRAVO
San Antonio Abad

SAN ANTONIO ABAD

1115'

2° W

541'

SAN RAFAEL

335°

155°

958'

820'

NDB/L
394 IBZ

1171'

1316'

ROCA LLISA

1362'

230'

FINAL APCH AREA

1558'

SAN JOSÉ

IBIZA

322'

CALA VADELLA

L
335 Z

1358'
Pirate Tower

IBIZA

SAN JORGE

Sal Rossa Tower

525'

476'

VOR/DME
117.80 IBA

ATZ
Ibiza
3000' SFC
SFC

FINAL APPROACH AREA

ESPARDELL

CTR
Ibiza
1000' SFC
SFC

89'

5

ESPALMADOR

72'

350°

MEDITERRANEAN SEA

TMA
Palma
FL 240
1000' SFC

ALPHA
La Sabina

170°

ES PUJOLS

ARR/DEP
MAX 1000' SFC

Gavina Tower

220'

FORMENTERA

NM

CHANGES: VAR.

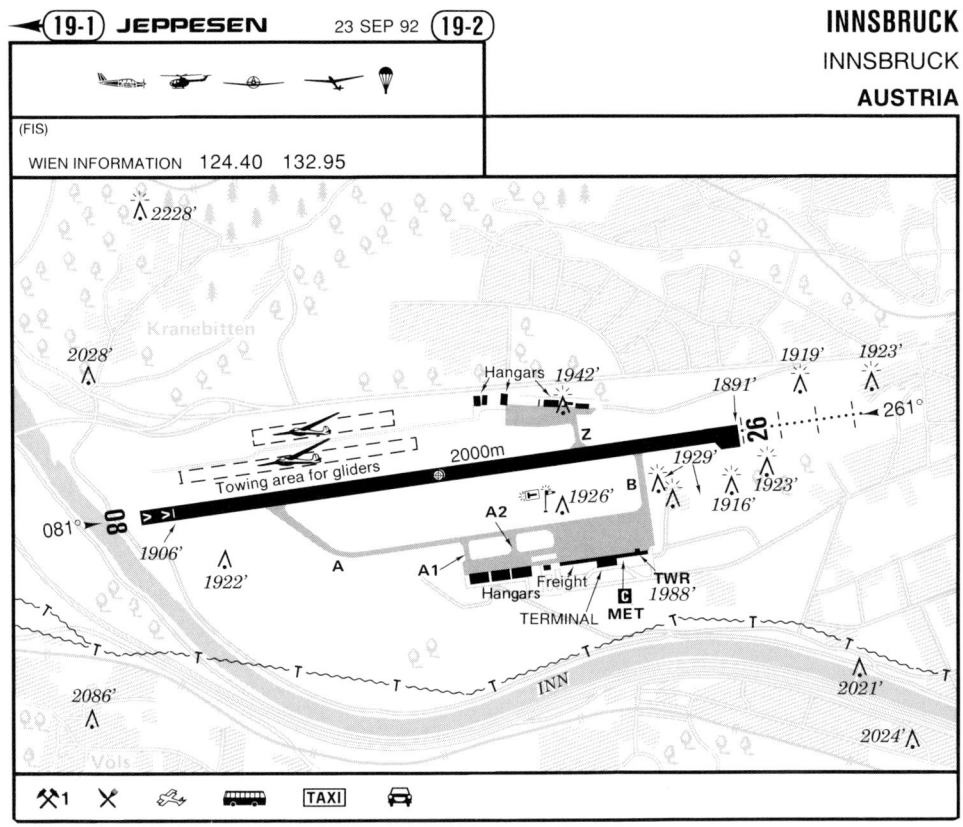

◀ (19-1) JEPPESEN   23 SEP 92 (19-2)

INNSBRUCK
INNSBRUCK
AUSTRIA

(FIS)
WIEN INFORMATION 124.40 132.95

Daten

Flughafen	Innsbruck / Österreich
ICAO-Code	LOWI
IATA-Code	INN
Nationale Airline	Austrian Airlines
Code der nationalen Airline	AUA/OS
Lage	4,3 km W Innsbruck
Koordinaten	N 47 15 39 / E 11 20 40
Flughafenhöhe	581 m
Start-/Landebahn	08/26 > 2.000 m

ATIS	126,02 MHz
FIS	Wien Information 124,40 MHz
TWR	Innsbruck Tower 120,10 MHz
Passagiere p.a.	0,486 Mio.
Fracht p.a. (Tonnen)	0,002 Mio.
Flugbewegungen p.a.	0,037 Mio.

146

1979: Innsbruck wird durch tägliche Flüge nach Zürich ins Liniennetz eingebunden.

1980: Inbetriebnahme des neuen Instrumentenanflugverfahrens.

1981: Condor fliegt erstmalig mit einer Boeing 707 Innsbruck an.

1982: Erste Landung einer Boeing 727 der isländischen Icelandair.

1983: Verschiedene Charterfluggesellschaften fliegen Innsbruck u.a. mit Boeing 737 an.

1984: Eröffnung der Flugverbindung Innsbruck-London. Weiterer Ausbau der Flugverbindungen im „Winter-Ski-Charterverkehr".

1985: Tyrolean Airways (heimische Airline) eröffnet im Charterverkehr verschiedene Routen zu Ferienzielen am Mittelmeer. Erste Landung eines Airbus A 310 der Lufthansa. Offizielle Freigabe eines Instrumentenlandesystems.

1986: Erneuerung des Bahnbelages.

1987: Erste Landung der Lauda-Air mit einer Boeing 737.

1989: Landung einer Tupolew Tu-154 der Aeroflot und einer Boeing 757 der Holland Air.

1990: Inbetriebnahme des neuen Kontrollturms. Wiederaufnahme des Linienflugverkehrs durch die Austrian Airlines.

1993-1994: Intensivierung des Charterverkehrs. Eröffnung eines neuen Cargo Terminals.

Für die Zukunft hat der Betreiber des Flughafens Innsbruck (Tiroler Flughafen-Betriebsgesellschaft m.b.H), offensichtlich wegen der auf den allgemeinen Charterverkehr begrenzten Nutzung, noch keine Projekte in Angriff genommen oder geplant.

Innsbruck ist Hauptstadt des österreichischen Bundeslandes Tirol. 117.000 Einwohner.

Als Verwaltungs-, Kultur- und Wirtschaftszentrum Nordtirols sowie Kongreß- und Messestadt hat Innsbruck u.a. Textil-, Nahrungsmittel- und Metallverarbeitungsindustrie.

Die Stadt hat eine Universität, die Bundesanstalt für Leibeserziehung, eine Hotelfachschule, zahlreiche Museen (z.B. Tiroler Landesmuseum Ferdinandeum, Tiroler Volkskunstmuseum), ein Landestheater, den Alpenzoo und einen botanischen Garten.

Mehrere Sakralbauten, u.a. die Hofkirche und die Stadtpfarrkirche St. Jakob, und die Hofburg mit Riesensaal (Deckenfresken) sind bedeutende Bauwerke. Das Goldene Dachl ist ein Erker, der als Zuschauerloge des Hofes bei öffentlichen Veranstaltungen auf dem Stadtplatz diente. In der Altstadt findet man viele Häuser mit Laubengängen.

Umrahmt von einer großartigen Bergwelt ist Innsbruck, Austragungsort der Olympischen Winterspiele 1964 und 1976, für den Touristen zuerst einmal eine Skimetropole mit fünf Skigebieten und dem Stubaier Gletscher. Doch auch im Sommer kommen Freizeitsportler und Erholungssuchende auf ihre Kosten, z.B. im gemütlichen Feriendorf Igls, das 4 km von Innsbruck entfernt auf der Sonnenterrasse liegt.

Flughafen Innsbruck Tourismus-Ziel in Tirol (Tiroler Flughafenbetriebsges. m.b.H.).

Luftaufnahme des Flughafenkomplexes Köln/Bonn (Flughafen Köln/Bonn GmbH).

148

Köln/Bonn

EDDK / CGN

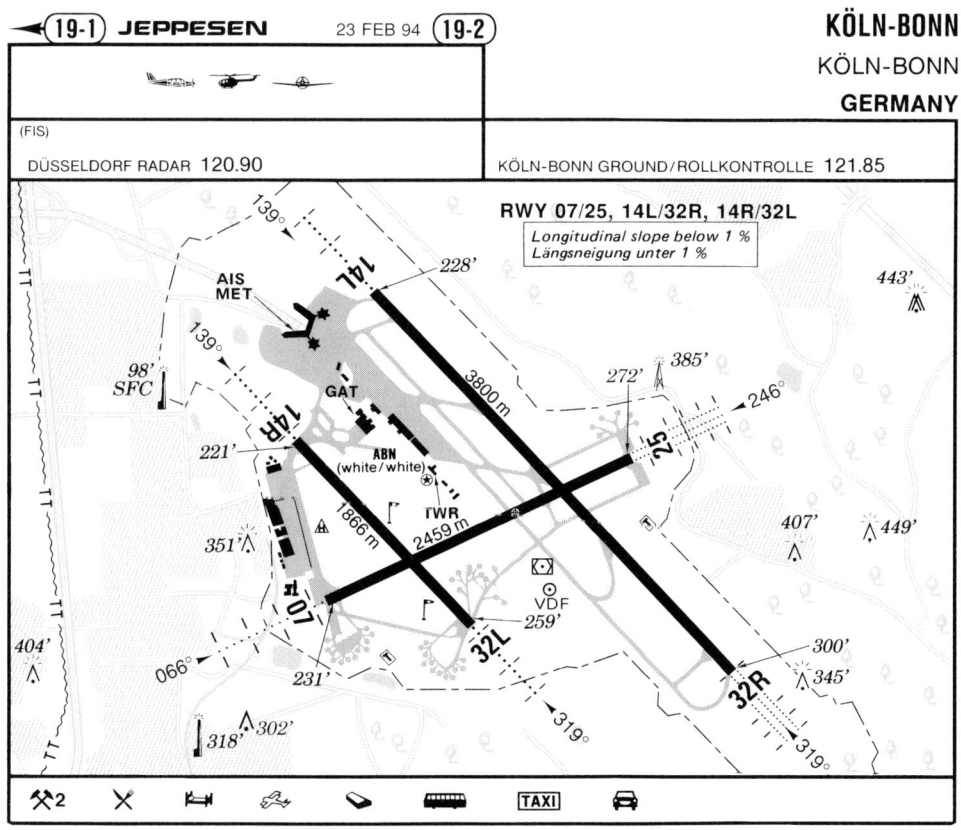

◀(19-1) JEPPESEN   23 FEB 94 **(19-2)**

KÖLN-BONN

KÖLN-BONN

GERMANY

(FIS)

DÜSSELDORF RADAR 120.90

KÖLN-BONN GROUND/ROLLKONTROLLE 121.85

RWY 07/25, 14L/32R, 14R/32L

Longitudinal slope below 1 %
Längsneigung unter 1 %

AIS MET
GAT
ABN (white/white)
TWR
VDF 259'

228'
443'
385'
272'
246°
407'
449'
300'
345'
98' SFC
139°
221'
351'
404'
066°
231'
318' 302'
319°
319°
3800 m
1866 m
2459 m

※2   ✕   ⊢⊣   ⤸   ◆   🚌   TAXI   🚗

Daten

Flughafen	Köln/Bonn / Deutschland
ICAO-Code	EDDK
IATA-Code	CGN
Nationale Airline	Deutsche Lufthansa
Code der nationalen Airline	DLH/LH
Lage	14,8 km SE Stadtmitte
Koordinaten	N 50 52 02 / E 07 08 37
Flughafenhöhe	91 m
Start-/Landebahn 1	14L/32R > 3.800 m
Start-/Landebahn 2	14R/32L > 1.866 m
Start-/Landebahn 3	07/25 > 2.459 m
ATIS	112,15 MHz
FIS	Düsseldorf Radar 120,90 MHz
GND	Köln/Bonn Ground 121,85 MHz
TWR	Köln/Bonn Tower 124,97 MHz
APP/DIV	Düsseldorf Radar 120,90 MHz
Passagiere p.a.	3,8 Mio.
Fracht p.a. (Tonnen)	0,189 Mio.
Flugbewegungen p.a.	0,118 Mio.

149

Informationen

1945: Ausbau des ehemaligen Fliegerhorstes der deutschen Luftwaffe durch die Royal Air Force.

1950: Gründung der „Köln-Bonner Wahn GmbH zu Porz".

1950-1957: Einschränkung des zivilen Flugverkehrs: Erneute Übernahme durch die britische Luftwaffe.

1961: Inbetriebnahme der 3.800-m-Bahn.

1970: Eröffnung des neuen Terminals.

1979-1985: Stagnation und Rückgang des Luftverkehrs.

1989-1993: Beginn des Aufschwungs mit erheblichen Investitionen zur Optimierung des Serivceangebots.

1994: Inbetriebnahme des neuen Kontrollturms und der Frachthalle 7.

Geplant ist eine Erweiterung des Terminals (Bauentscheidung 1995, Eröffnung 1999), die verbesserte Zufahrten sowie zusätzlichen Parkraum (Parkhaus- und Parkplatzbau 1995) erforderlich macht. Teil D des bestehenden Terminals soll ab 1995 ausgebaut werden. Zu den Projekten gehören auch der Bau eines neuen Vorfeldkontroll-Gebäudes und die zweite Stufe des Schallschutzprogramms. Nach mehr als 30 Betriebsjahren muß außerdem die 3.800 m lange Start-/Landebahn saniert werden.

Touristische Tips

Kreisfreie Stadt beiderseits des Rheins in der Kölner Bucht gelegen. 915.000 Einwohner.

Köln entwickelte sich durch seine günstige Verkehrslage zu einem Industrie- und Handelszentrum und bedeutendem Banken- und Versicherungsplatz. Ein wesentliches Merkmal der Kölner Wirtschaft ist die Branchenvielfalt von Handel, Handwerk und Industrie, an deren Spitze der Fahrzeugbau steht. Die Lufthansa-Hauptverwaltung hat ihren Sitz in Köln. Mehrere Fachmessen ziehen jährlich viele Besucher aus dem In- und Ausland an.

Außer zahlreichen Instituten, Akademien und Hochschulen besitzt die Stadt eine Universität, ein Konservatorium, mehrere Museen (u.a. das Wallraf-Richartz-Museum, das Römisch-Germanische Museum, das Museum für ostasiatische Kunst mit Europas bedeutendster Sammlung), ein Schauspielhaus, eine Oper, Kammerspiele, Volks- und Boulevardtheater und ein Kabarett.

Vom römischen Köln blieben Denkmäler vor dem Dom, besonders das Dionysosmosaik und Teile der römischen Mauer (z.B. Römerturm, Reste der Wasserleitung und das Praetorium), erhalten. Der Dom, die größte gotische Kathedrale in Deutschland, und viele Kirchen gehören ebenso zu den Sehenswürdigkeiten wie das nach alten Plänen wieder aufgebaute Rathaus und das Overstolzenhaus, das einzige erhaltene Patrizierhaus.

Der Rheinpark (mit 85 m hohem Turm) wird mit dem Zoo durch die Rheinseilbahn verbunden. Das höchstdotierte deutsche Pferderennen (Preis von Europa) findet jährlich auf der Galopprennbahn in Köln-Weidenpesch statt. Nicht zu vergessen ist der Karneval, der das Leben in der Stadt von Silvester bis Aschermittwoch prägt.

(Farbabbildungen des Flughafens Seiten 114, 115)

Kopenhagen Kastrup   EKCH / CPH

KØBENHAVN
KASTRUP
DENMARK

(19-2) 29 APR 92   **JEPPESEN**

(FIS)

For APRON frequencies see KØBENHAVN 10-9V

COPENHAGEN INFORMATION 127.07

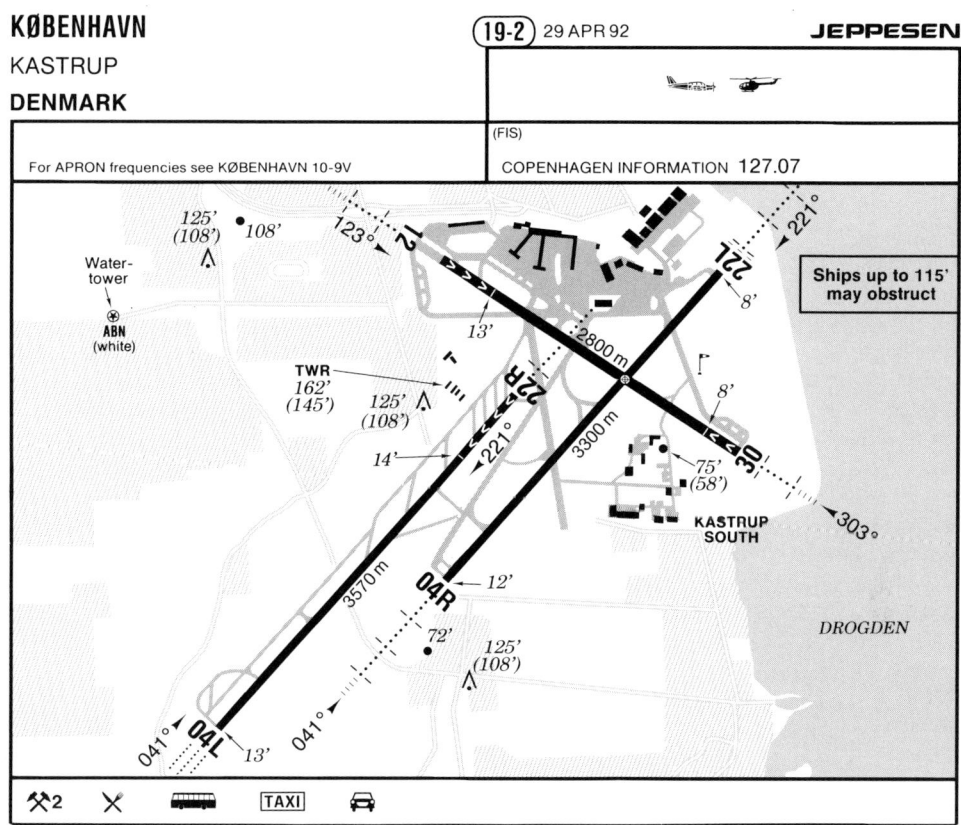

Daten

Flughafen	Kopenhagen Kastrup / Dänemark
ICAO-Code	EKCH
IATA-Code	CPH
Nationale Airline	Scandinavian Airlines System
Code der nationalen Airline	SAS/SK
Lage	7,4 km SE Kopenhagen
Koordinaten	N 55 37 07 / E 12 39 26
Flughafenhöhe	5 m
Start-/Landebahn 1	04L/22R > 3.570 m
Start-/Landebahn 2	04R/22L > 3.300 m
Start-/Landebahn 3	12/30 > 2.800 m
ATIS	ARR 122,75 + DEP 122,85 MHz
FIS	Copenhagen Information 127,07 MHz
TWR	Kastrup Tower 118,10 MHz
APP/DIV	Copenhagen Approach 119,80 MHz
Kastrup Arrival 120,20 + Departure 120,25 MHz	
Passagiere p.a.	12,9 Mio.
Fracht p.a. (Tonnen)	0,244 Mio.
Flugbewegungen p.a.	0,222 Mio.

151

1925: Eröffnung des Flughafens „Copenhagen Airport" zur ausschließlich zivilen Nutzung.
1939: Bau eines neuen Terminals.
1940-1945: Besetzung durch die deutsche Luftwaffe. Bau einer Betonbahn.
1946-1959: Der durch den Krieg verschonte Flughafen steigert sein Verkehrsaufkommen.
1960: Neubau eines Terminals mit zwei Piers.
1961-1969: Neubau eines weiteren Terminals für Inlandflüge.
1971: Erweiterung des internationalen Terminals (neuen Ankunftshalle, neuer Pier).
1971-1980: Investitions-Stop: Ein neuer Super-Flughafen soll auf der Insel Saltholm entstehen.
1980: Einstellung des Saltholm-Plans: Es entsteht ein Erweiterungsprogramm für Kastrup.
1981-1994: Bau eines neuen Piers, einer neuen Transit-Halle und eines neuen Inland-Terminals.

Geplant sind der Bau des neuen Piers A, einer Bahnstation, eines vierten Piers (D), einer zweiten internationalen Abflughalle und die Erweiterung der internationalen Ankunftshalle.

Hauptstadt Dänemarks. 478.600 Einwohner. Die Stadt ist Residenz der dänischen Königin, Sitz des Parlamentes, der Regierung des Landes und der Verwaltung der Amtskommune Kopenhagen. In der größten Handels- und Industriestadt Dänemarks sind u.a. Werften, Motorenfabriken, Textil- und Bekleidungswerke, Chemie- und Nahrungsmittelindustrie ansässig. Die Häfen haben eine Kailänge von 42 km.
Kopenhagen hat eine Universität, eine Technische Hochschule, Bibliotheken (z.B. die Königliche Bibliothek, die größte Skandinaviens) sowie mehrere Theater und Museen.
Viele Schlösser (z.B. Rosenborg, Christiansborg und Amalienborg) sowie zahlreiche Kirchen sind bedeutende Baudenkmäler. Wahrzeichen der Stadt ist die Bronzefigur der Kleinen Meerjungfrau am Hafen. Der Tivoli ist der größte Vergnügungspark Nord-Europas, die Stroget die längste Fußgängerzone der Welt.

Südlichstes Tor zu Skandinavien ist Kopenhagen-Kastrup (Kobenhavns Lufthavne A/S).

Flugzeugabfertigung an den gebäudenahen Abstellpositionen des Flughafens München (Flughafen München GmbH, oben).
Flugzeugabfertigung am Terminal des Flughafens München in der Dämmerung (Flughafen München GmbH, unten).

Der Flughafen Nice Cote d´Azur des renommierten und mondänen französischen Mittelmeer-Ferienortes Nizza (Aeroport Nice, Action Communication).

Der am Meer gelegene Flughafen Nice Cote d´Azur mit den Seealpen im Hintergrund (Aero-
port Nice, Malaval, oben).
Der Flughafen Rom Leonardo da Vinci (Fiumicino) liegt unmittelbar am Mittelmeer (Aeroporti
di Roma, Gruppo Alitalia, unten).

Flugzeuge der Airlines „Monarch" und „Britannia" auf dem Flughafen Salzburg (Salzburger Flughafen BetriebsGes.m.b.H., oben).
Stockholm Arlanda ist Schwedens Tor zur Welt. 4 Terminals hat der Flughafen (Swedish Civil Aviation Organization, Lars Malm, unten).

Shannon ist der westlichste Flughafen Europas und „Sprungbrett" für viele Transatlantik-flüge (Aer Rianta, Shannon).

Baden-Württembergs Landesflughafen Stuttgart. 1996 soll die Erweiterung des Start-/Lande-bahnsystems abgeschlossen sein (Flughafen Stuttgart GmbH).

Neues Passagier-Terminal des Flughafens Warschau Okecie: Mit 34.000 Flugbewegungen in 1993 Transfer für rund 2 Millionen Passagiere (Polish Airport State Enterprises, oben). Flughafen Wien Schwechat: Terminal und Vorfeld mit Fluggastbrücke und Tower im Hintergrund (Flughafen Wien AG, unten).

Flughafen Wien Schwechat: Die vorhandenen 8 Fluggastbrücken werden durch die Erweiterung „Pier West" auf insgesamt 20 erhöht (Luftreportagen Hausmann/Wien).

LANZAROTE

LANZAROTE

SPAIN, Canary Islands

(19-2)   26 AUG 92   **JEPPESEN**

GROUND 121.80

(FIS)

CANARIAS INFORMATION 129.10   130.90

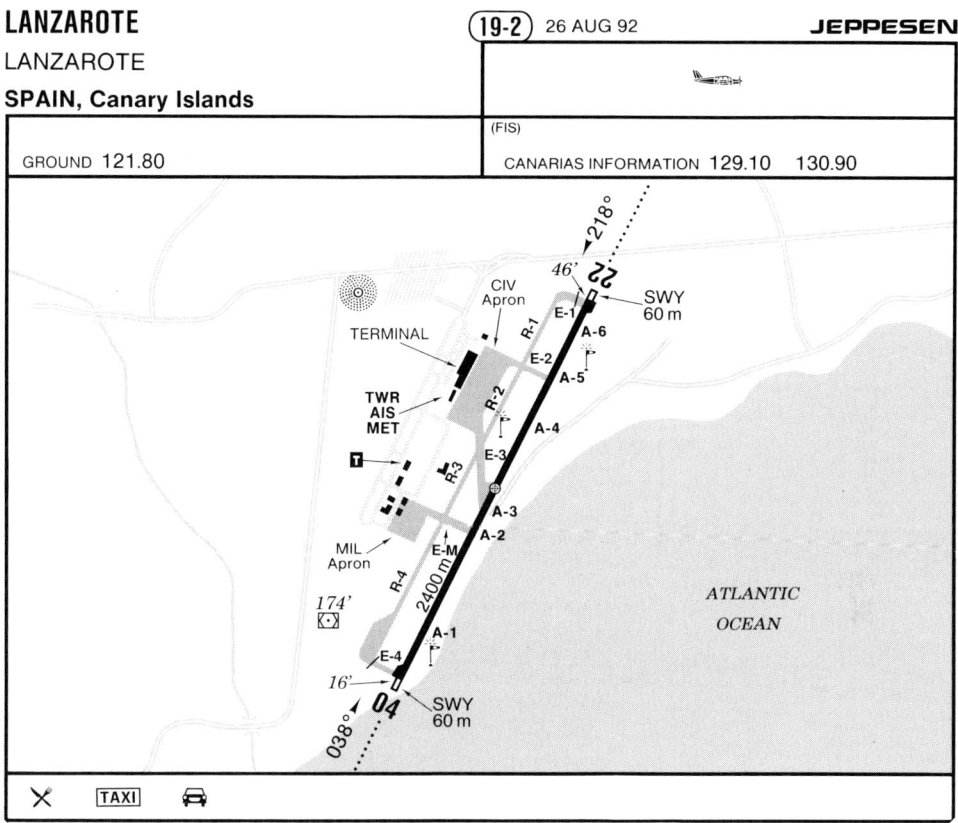

Daten

Flughafen	Lanzarote / Spanien/Kanaren
ICAO-Code	GCRR
IATA-Code	ACE
Nationale Airline	Iberia
Code der nationalen Airline	IBE/IB
Lage	5,0 km WSW Arrecife
Koordinaten	N 28 56 39 / W 13 36 13
Flughafenhöhe	14 m
Start-/Landebahn	04/22 > 2.400 m

FIS	Canarias Information 129,10 MHz	
GND	Lanzarote Ground 121,80 MHz	
TWR	Lanzarote Tower 120,70 MHz	
Passagiere p.a.		3 Mio.
Fracht p.a. (Tonnen)		0,006 Mio.
Flugbewegungen p.a.		0,027 Mio.

Informationen

1946: Der alte Militärflughafen Lanzarote erhält eine Betriebserlaubnis als Verkehrsflughafen.
1963-1993: Stetige Entwicklung durch zunehmenden Tourismus.
1980: 790.000 Passagiere
1987: 1,9 Millionen Passagiere.
1993: 3 Millionen Passagiere.

Der spanische Flughafen Lanzarote hat fast ausschließlich touristischen Flugbetrieb. Die Betreibergesellschaft Aena (Aeropuertos Espanoles y Navigacion Aerea) hat für Lanzarote im Rahmen der allgemeinen Ausbaupläne für die spanischen Flughäfen eine Erweiterung des Terminals von derzeit 15.000 qm auf 39.000 qm (1997), die Verbesserung der Flughafen-Infrastruktur und einen Ausbau der Parkmöglichkeiten vorgesehen.

Touristische Tips

Lanzarote ist die nördlichste der zu Spanien gehörenden Kanarischen Inseln im Atlantik. 29.000 Einwohner (Hauptstadt Arrecife). Die ungewöhnlichste Insel der Kanaren beeindruckt durch ihre bizarre Vulkanlandschaft. Die Haupt- und Hafenstadt Arrecife liegt an der Südost-Küste der Insel. Sie hat einen Fischereihafen mit Fischkonservenindustrie. Spuren der zahllosen Vulkanausbrüche erinnern auf Schritt und Tritt an den Ursprung der Insel. Die Farbe des feinen Sandes reicht von gelb über braun bis schwarz. Im Juli liegen die höchsten Durchschnittstemperaturen bei 30°, im August und September bei 29° Celsius. Sehenswert sind die von César Manrique gestalteten Jameos del Agua. Auch ein Ausflug in das Landesinnere oder ein Dromedar-Ritt durch die Feuerberge lohnt sich.

Vorfeld des Flughafens Leipzig-Halle (Flughafen Leipzig-Halle GmbH).

162

LEIPZIG-HALLE

LEIPZIG-HALLE

GERMANY

(19-2) 23 NOV 94   **JEPPESEN**

GROUND	121.60	(FIS) BERLIN INFORMATION 125.80

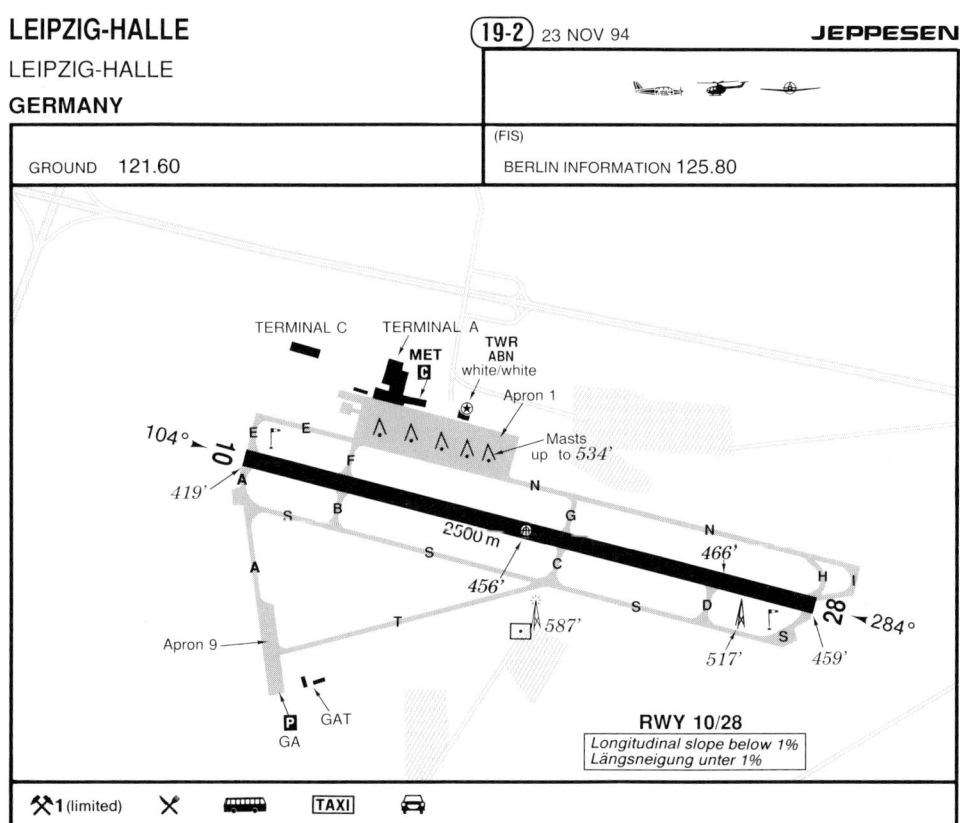

TERMINAL C   TERMINAL A   TWR
                              ABN
         MET   white/white
         C
                              Apron 1

104°   E   E   Λ Λ Λ Λ   Masts
        10   F   up to *534'*
419'   A   N

         S   B   G   N
                   S   2500 m   466'
         A   C
                   S   *456'*   S   D   H I
                                                     S   28 284°
Apron 9   T   587'   517'   459'

                                    RWY 10/28
         P GAT   Longitudinal slope below 1%
         GA   Längsneigung unter 1%

⚒1 (limited)   ✕   🚌   TAXI   🚗

Daten

Flughafen	Leipzig-Halle / Deutschland
ICAO-Code	EDDP
IATA-Code	LEJ
Nationale Airline	Deutsche Lufthansa
Code der nationalen Airline	DLH/LH
Lage	12,0 km NW Leipzig
Koordinaten	N 51 24 59 / E 12 13 43
Flughafenhöhe	142 m
Start-/Landebahn	10/28 > 2.500 m

ATIS	120,52 MHz
FIS	Berlin Information 128,07 MHz
GND	Leipzig Ground 121,60 MHz
TWR	Leipzig Tower 120,10 MHz
Passagiere p.a.	1,5 Mio.
Fracht p.a. (Tonnen)	0,002 Mio.
Flugbewegungen p.a.	0,048 Mio.

163

1927: Aufnahme des Flugbetriebs (14 Linien).
1930-1931: Inbetriebnahme eines großen Restaurantgebäudes.
1936-1937: Bau eines repräsentativen Abfertigungs- und Verwaltungsgebäudes.
1939: Kriegsbedingte Einstellung des zivilen Luftverkehrs.
1944: Zerstörung fast aller Flughafenanlagen.
1963: Wiederaufnahme des Flugbetriebs (als Messeflughafen) durch die Interflug.
1972: Beginn des kontinentalen Flugbetriebs.
1984-1984: Erweiterung der Anlagen auf eine Kapazität von 600.000 Passagieren.
1990: Nach der Wiedervereinigung Deutschlands: Gründung der Flughafen Leipzig-Halle GmbH. 280.000 Passagiere.
1991: 635.000 Passagiere.
1992: 1,1 Millionen Passagiere.
1993: 1,5 Millionen Passagiere.
1994: 1,9 Millionen Passagiere.

Der Flughafen soll zunächst bis 1997 in einer ersten Umgestaltungsstufe der erheblich gestiegenen Nachfrage angepaßt werden. Dazu gehören der Neubau des Terminals B, die Verdoppelung der Anzahl der Abfertigungs- und Parkflächen für Flugzeuge, der Neubau des Straßensystems mit dem Bau von Parkplätzen und eines Parkhauses. Durch den Bau einer nördlichen Start-/Landebahn soll Leipzig-Halle ab 2000 für Interkontinentalflüge gerüstet sein.

Leipzig ist die Hauptstadt des Bezirks Leipzig im Bundesland Sachsen. 554.000 Einwohner. Wichtigster Industriezweig ist der Maschinenbau, die elektrotechnische, elektronische, polygraphische und chemische Industrie sowie die Textil- und Bekleidungsindustrie. Die Messestadt Leipzig (Buchmesse, Leipziger Messe) hat traditionsreiche Verlage. Das Gewandhausorchester genießt Weltruf.
Die Stadt hat eine Unversität, eine Technische Hochschule, mehrere Institute, Bibliotheken, Museen (u.a. Deutsches Buch- und Schriftmuseum, Museum für Völkerkunde), ein Theater sowie eine Oper, einen Zoo und einen botanischen Garten.
Stadtmittelpunkt ist der Markt mit dem Alten Rathaus (jetzt: stadtgeschichtliches Museum) und der alten Waage. In der Nähe des Marktes liegen die Nikolai- und die Thomaskirche. Hervorzuheben sind auch die Alte Börse, das Romanushaus und das Gohliser Schlößchen (Bach-Archiv). Die Innenstadt umschließt ein Promenadenring, der nach 1763 an der Stelle der ehemaligen Stadtbefestigung angelegt wurde.

(Farbabbildung des Flughafens Seite 116)

LEIPZIG-HALLE
LEIPZIG-HALLE
GERMANY

ETLS
ELEV 463 ft / 141 m

51 24 59 N
12 13 43 E

9.5 NM ESE Halle
6.5 NM NW Leipzig

SCALE 1:200 000

(APP)

LEIPZIG RADAR 124.17
LEIPZIG APPROACH 119.70 (S)

(TWR)

LEIPZIG TOWER/TURM 121.10

LEIPZIG GROUND 121.60

ATIS 120.52

RWY	ILS		RWY	ILS	
10	111.90 ILZE	104°	28	110.30 ILZW	284°

ARR/DEP/HOLD MAX 1500'

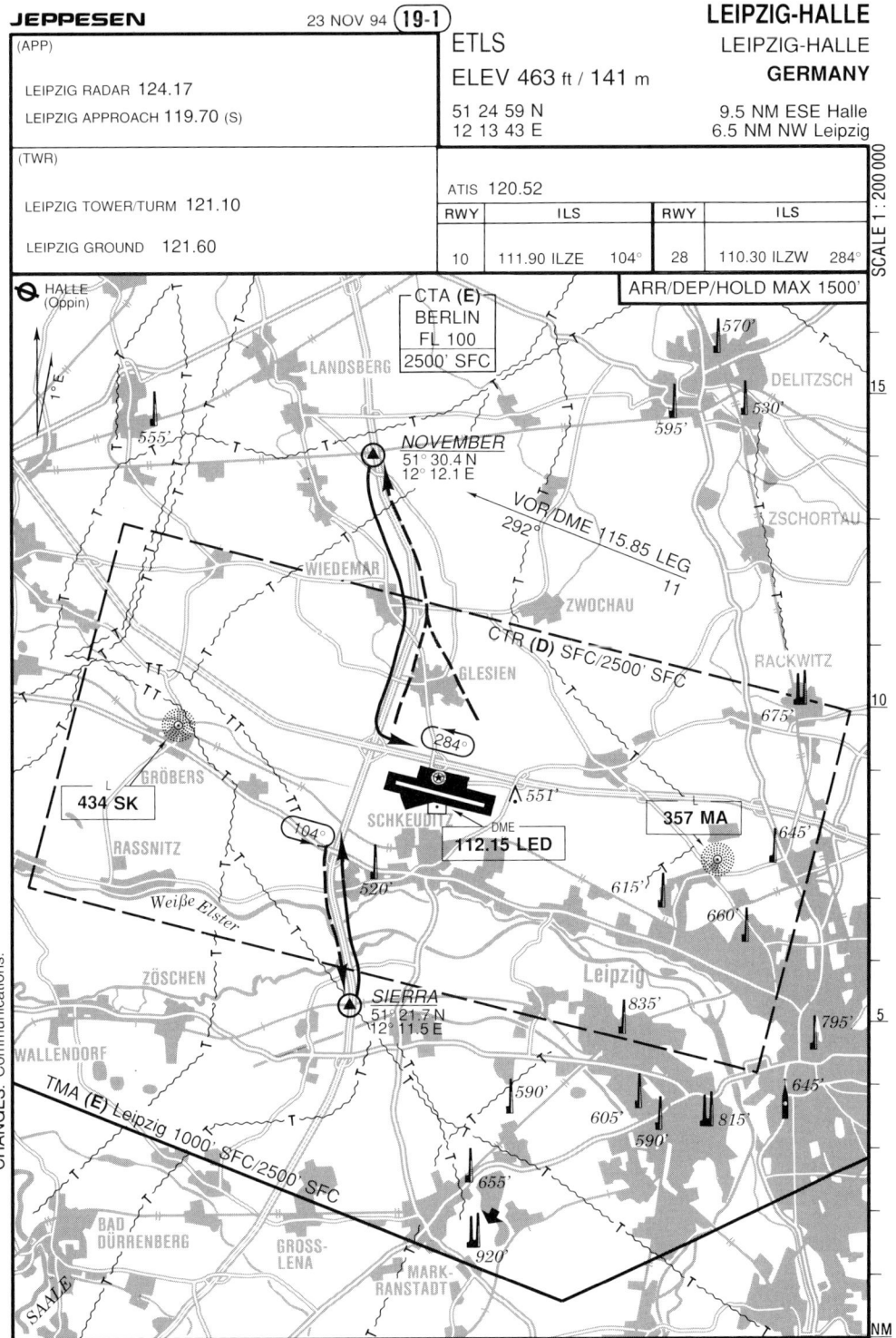

CHANGES: Communications.

LISBOA

LISBOA

PORTUGAL

(19-2) 27 MAY 92   **JEPPESEN**

Contact 10 MIN prior ETD.
GROUND 121.75 (0800-2000LT)
TOWER 118.10 (2000-0800LT)

(FIS) *see PORTUGAL 2-1.
LISBOA INFORMATION 123.75 (HJ)* 133.90

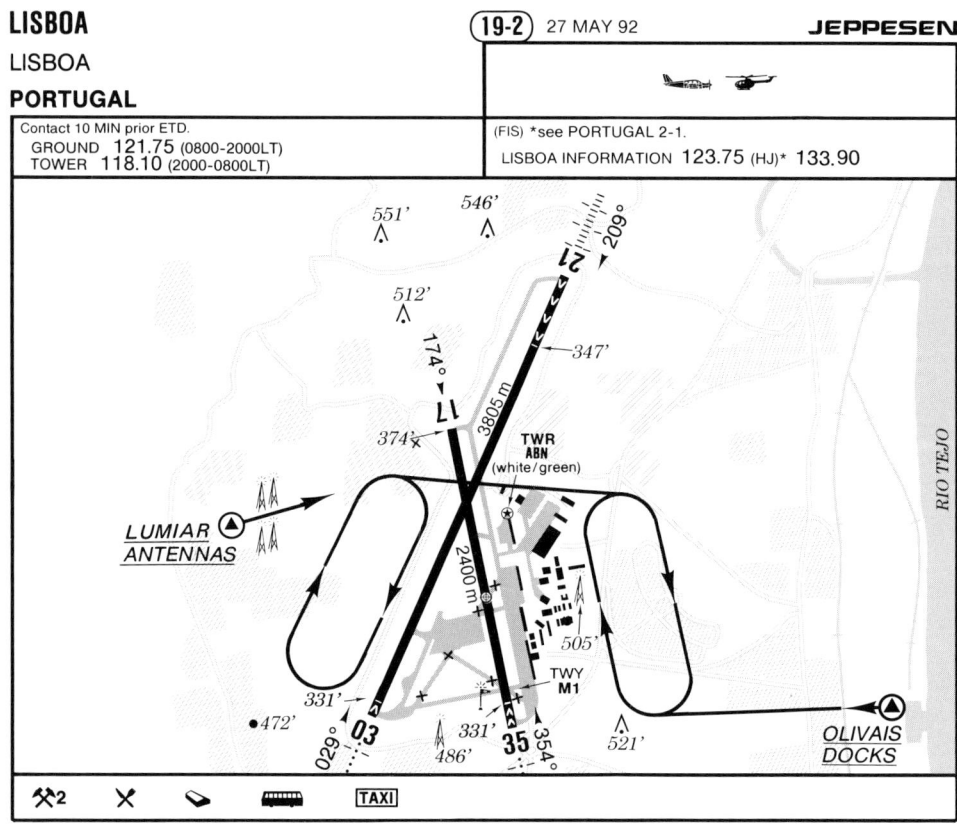

Daten

Flughafen	Lissabon / Portugal
ICAO-Code	LPPT
IATA-Code	LIS
Nationale Airline	TAP Air Portugal
Code der nationalen Airline	TAP/TP
Lage	8,3 km N Lissabon
Koordinaten	N 38 46 22 / W 09 07 58
Flughafenhöhe	114 m
Start-/Landebahn 1	03/21 > 3.805 m
Start-/Landebahn 2	17/35 > 2.400 m

FIS	Lisboa Information 123,75 MHz
GND	Lisboa Ground 121,75 MHz
TWR	Lisboa Tower 118,10 MHz
APP/DIV	Lisboa Approach 119,10 MHz
Passagiere p.a.	5,6 Mio.
Fracht p.a. (Tonnen)	0,075 Mio.
Flugbewegungen p.a.	0,064 Mio.

Informationen

Über die Flughafen-Geschichte Lissabons hat die ANA (Aeroportos e Navegacao Aerea), die Betreibergesellschaft des Flughafens, keine Informationen oder Daten veröffentlicht. Die Geschichtsschreibung beginnt für die ANA offensichtlich erst 1993, als sie den vorher staatlich geführten Flughafen aus wirtschaftlicher Depression nach zentral-europäischem Vorbild (z.B. British Airways) privatisiert übernahm. Seit 1993 wird der Flughafen Lissabon nach straffen Managementgrundsätzen geleitet. Während politische Vorstellungen, einen völlig neuen Flughafen für Lissabon zu bauen, noch in der Schwebe sind, hat die ANA bereits ein umfangreiches Modernisierungskonzept eingeleitet, um den Flughafen zu einem eigenständigen und wirtschaftlich erfolgreichen Unternehmen zu entwickeln.

Ziel der ANA ist eine kurzfristige Erhöhung des jährlichen Passagieraufkommens von rund 6 Millionen (1994) auf 8 Millionen. Im Jahr 2007 werden 12 Millionen Passagiere erwartet. Die Planungen sehen eine vollständige Reorganisation des Flughafens mit luft- und landseitigen Erweiterungen und grundlegenden Umbauten vor. Diese Total-Erneuerung kommt fast schon einem Flughafen-Neubau gleich.

Touristische Tips

Lissabon ist Hauptstadt Portugals am Mündungstrichter des Tejo. 808.000 Einwohner.
Die Industrie der Hafenstadt ist vor allem im Osten und Nordosten angesiedelt. Der Hafen, mit einer Kailänge von 14 km, hat ein Containerterminal. Die Unterstadt mit der Praca do Commercio ist das Geschäfts- und Bankenzentrum. Lissabon verfügt über zwei Universitäten, Institute und Akademien, eine Veterinärhochschule, ein Konservatorium, ein Nationalarchiv, eine Nationalbibliothek, die Gulbenkianstiftung mit einer Kunstsammlung, zahlreiche Museen (z.B. Textilmuseum), ein Nationaltheater, eine Oper, einen botanischen Garten und einen Zoo.
Die Altstadt, die Alfama, liegt unterhalb der vom Kastell Sao Jorge gekrönten Anhöhe. Von dort hat man einen herrlichen Blick über Lissabon, den Rio Tejo, der am Fuße der Stadt einen riesigen See bildet, auf die längste Hängebrücke Europas und auf die harmonisch angelegte Unterstadt Cidade Baixa, die der originelle Fahrstuhl Santa Justa mit dem oberen Stadtteil Bairro Alto verbindet. Eine Kathedrale und Kirchen, der Palacio Real das Necessidades (ehemaliges königliches Schloß, heute Außenministerium) und das ehemalige Hieronymitenkloster im Vorort Belém sind berühmte Bauwerke.
Der beliebteste Platz ist der Rossio mit Cafes und Blumenständen, anschließend die Prachtstraße Avenida da Liberdade.

(Farbabbildung des Flughafens Seite 117)

Zugang zum Flughafen Lissabon mit Vorfeld und Bahnsystem am oberen Bildrand (Lisboa International Airport).

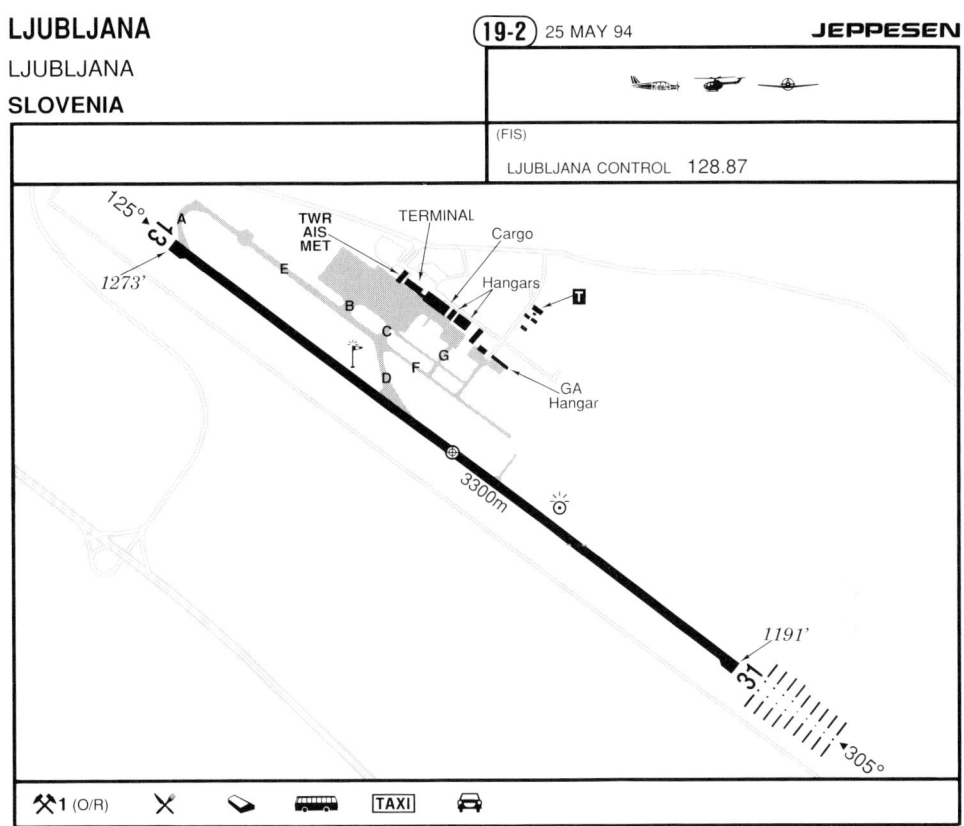

LJUBLJANA
LJUBLJANA
SLOVENIA

(19-2) 25 MAY 94   **JEPPESEN**

(FIS)
LJUBLJANA CONTROL 128.87

Daten		**FIS**	Ljubljana Information 128,87 MHz

		TWR Ljubljana Tower 118,00 MHz
Flughafen	Ljubljana / Slowenien	**APP/DIV** Ljubljana Approach 118,75 MHz
ICAO-Code	LJLJ	
IATA-Code	LJU	**Passagiere p.a.** 0,403 Mio.
Nationale Airline	Adria Airways	**Fracht p.a. (Tonnen)** 0,008 Mio.
Code der nationalen Airline	ADR/JP	**Flugbewegungen p.a.** 0,013 Mio.
Lage	18,5 km NNW Ljubljana	
Koordinaten	N 46 13 29 / E 14 27 39	
Flughafenhöhe	388 m	
Start-/Landebahn	13/31 > 3.300 m	

169

1963: Offizielle Eröffnung des Flughafens.
1963-1972: Zunächst starker Anstieg des Flugbetriebs durch Charterflüge. Durch abnehmende Nachfrage Anfang der 70er Jahre starker Rückgang des Verkehrsaufkommens.
1973-1982: Zahlreiche Investitionen zur Belebung des Flugbetriebs (neues Terminal, Bahn-Erneuerung, neue Navigationseinrichtung für Flugbetrieb nach CAT II, Interkontinentalflüge ab 1978).
1983-1992: Anstieg des Flugbetriebs. Modernisierung und vollständige Renovierung des Flughafens, Reorganisation bedingt durch den politischen Wandel.
1993: Kostenintensive Infrastrukturmaßnahmen, Erweiterung und Anpassung des Terminals, Einrichtung eines Duty Free Shops, Erneuerung der Start-/Landebahn und der Rollbahnen.

Der Haupt-Ausbauplan sieht ein neues Terminal, zusätzliche Parkkapazitäten, ein General Aviation Terminal (GAT), ein Cargo Terminal sowie die technischen Einrichtungen für Flugbetrieb nach CAT III B vor.

Ljubljana ist die Hauptstadt Sloweniens, an der oberen Save gelegen. 305.000 Einwohner.
Sie ist slowenisches Kultur- und Wirtschaftszentrum, Messestadt und hat u.a. metallverarbeitende und chemische Industrie.
Außer verschiedenen Akademien gibt es eine Universität, ein Kernforschungsinstitut, ein Konservatorium, ein Nationalarchiv, eine Nationalbibliothek, Museen (darunter das Nationalmuseum) und eine Oper.
Der Dom, die Franziskanerkirche, die Kreuzherrenkirche, das erzbischöfliche Palais sind einige der zahlreichen barocken Sakral- und Profanbauten. Das Rathaus stammt aus dem Jahr 1718, das ehemalige Palais Auersberg aus dem 17. Jahrhundert.

*Ljubljana Airport ist der größte Flughafen in dem erst seit kurzem unabhängigen Staat Slo-
wenien (Aerodrom Ljubljana).*

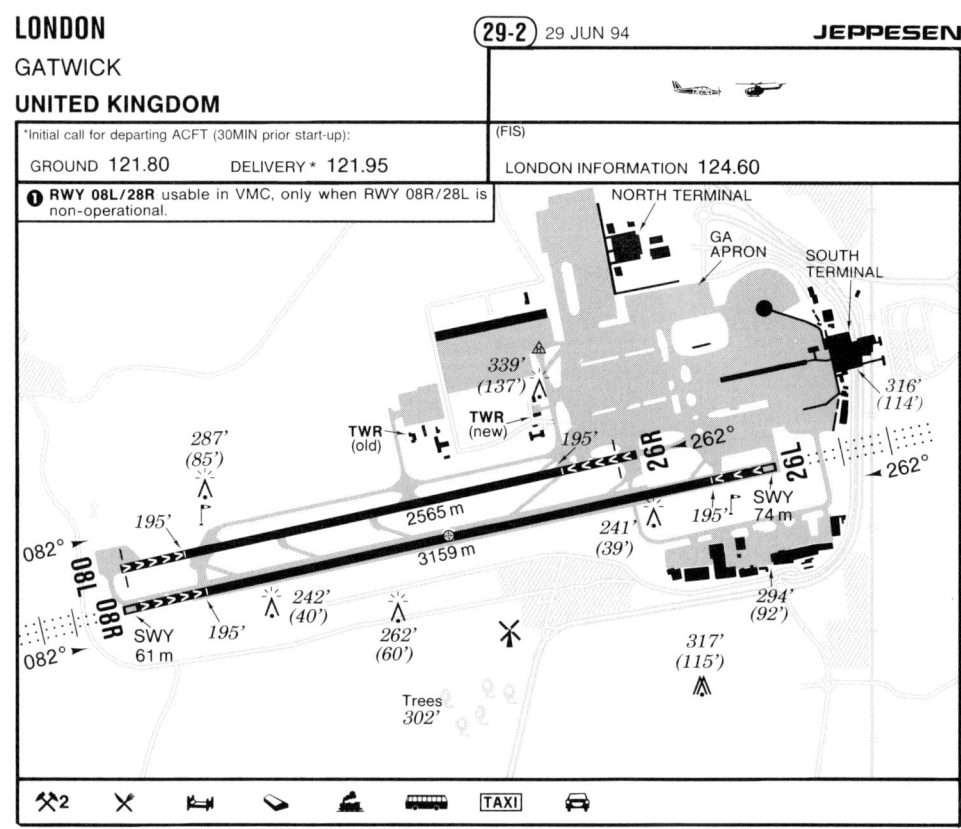

LONDON

GATWICK

UNITED KINGDOM

(29-2) 29 JUN 94

JEPPESEN

*Initial call for departing ACFT (30MIN prior start-up):

GROUND 121.80   DELIVERY * 121.95

(FIS)

LONDON INFORMATION 124.60

❶ **RWY 08L/28R** usable in VMC, only when RWY 08R/28L is non-operational.

Daten		
Flughafen	London Gatwick / Großbritannien	
ICAO-Code	EGKK	
IATA-Code	LGW	
Nationale Airline	British Airways	
Code der nationalen Airline	BAW/BA	
Lage	5,0 km N Crawley	
Koordinaten	N 51 08 52 / W 00 11 19	
Flughafenhöhe	62 m	
Start-/Landebahn 1	08R/26L > 3.159 m	
Start-/Landebahn 2	08L/26R > 2.565 m	

ATIS	128,47 MHz
FIS	London Information 124,60 MHz
GND	Gatwick Ground 121,80 MHz
	Delivery 121,95 MHz
TWR	Gatwick Tower 124,22 MHz
APP/DIV	Gatwick Director 126,82 MHz
Passagiere p.a.	20,2 Mio.
Fracht p.a. (Tonnen)	0,197 Mio.
Flugbewegungen p.a.	0,176 Mio.

1930: Eröffnung als Landeplatz eines kleinen Fliegerclubs.

1933: Airports Limited baut den Landeplatz zum Flughafen aus.

1934: Genehmigung für den kommerziellen Flugbetrieb.

1936: Erste planmäßige Flugverbindung Gatwick-Paris. Eröffnung des ersten Terminals mit direkter Bahnverbindung nach London.

1939-1945: Nutzung als Militärflugplatz.

1946: Wiederaufnahme des zivilen Flugbetriebs.

1952: Ausbau als Alternative zu Heathrow.

1958: Eröffnung von „Gatwick Airport" durch die Königin von England.

1959: Erste planmäßige Flugverbindungen durch Sudan Airways.

1962: Ausbau des Terminals, Bau von 2 Piers.

1964: Verlängerung der Start-/Landebahn für den Jet-Betrieb.

1970-1973: Verlängerung der Start-/Landebahn in zwei Etappen.

1983: Eröffnung der Satelliten-Gebäude.

1984: Eröffnung eines neuen Kontrollturms.

1988: Eröffnung des Nord-Terminals.

1991: Eröffnung eines weiteren Piers.

1993: Beginn der Bauarbeiten für die neue Abflug-Lounge des Süd-Terminals und die Erweiterung des Nord-Terminals.

Die wichtigsten Zukunftsprojekte wurden bereits 1993 gestartet. Im Gespräch ist seit längerer Zeit auch der Bau einer dritten Start-/Landebahn im Süd-Osten. Die Entscheidung darüber ist noch nicht gefallen.

Touristische Tips

Hauptstadt Großbritanniens und Nordirlands, beiderseits der Themse gelegen.

6,8 Millionen Einwohner (Groß-London).

London ist Sitz der Regierung, des Parlamentes und des Könighauses sowie der wichtigsten wissenschaftlichen Gesellschaften. Die Stadt ist ein Zentrum des Welthandels, einer der wichtigsten Börsenplätze der Welt, Sitz von Banken, Versicherungen, Schiffahrtslinien und Industrieunternehmen. Die Druck-, Elektro-, Zement-, Papier- und Autoindustrie sowie ein großer Raffineriekomplex sind am Stadtrand und flußabwärts entstanden. Das Hafengebiet ist 16 qkm groß und hat 57 km Kailänge. Der innerstädtische Verkehr wird u.a. mit der ältesten U-Bahn der Welt bewältigt, dem Eisenbahnverkehr stehen acht große Fernbahnhöfe zur Verfügung.

London besitzt drei Universitäten (die University of London ist die älteste), mehrere Hochschulen, Akademien und Forschungsinstitute, viele Museen (z.B. das Naturkundemuseum und das British Museum) sowie Galerien und Bibliotheken (National Gallery, Tate Gallery). Neben zwei großen Opernhäusern und dem National Theatre mit drei Bühnen gibt es rund 50 Theater und fünf große Orchester. Die großen Parkanlagen (z.B. Hydepark) werden von kleinen Parks, einem botanischen Garten und einem Zoo ergänzt.

Der kunsthistorisch bedeutendste mittelalterliche Bau ist Westminster Abbey. Von den vielen Kirchen ist der Rundbau der Templerkirche, eine der ältesten Kirchen Londons, und die Saint Paul´s Cathedral mit einer 110 m hohen Tambourkuppel im englischen Barockstil wichtig. Unter den Palästen und Herrenhäusern des 18. Jahrhunderts ist der Buckingham Palace, in dem die Königliche Familie wohnt, hervorzuheben. Zu den wichtigsten Bauten im neugotischen Stil gehören u.a. die Parlamentsgebäude, überragt vom 50 m hohen Big Ben, und die Tower Bridge. Bedeutende Bauten des frühen 20. Jahrhunderts sind Admiralty Arch, der vom Trafalgar Square zur Paradestraße, The Mall, führt sowie New Scotland Yard und County Hall.

Die ersten für London typischen großen Plätze (Leicester Square, Bloomsbury Square, Soho Square) entstanden im 17., weitere (z.B Bedford Square) folgten im 18. Jahrhundert. Das Nobel-Kaufhaus Harrods und das weltberühmte Wachsfigurenkabinett der Madame Tussaud gehören ebenso zu den touristischen Attraktionen.

LONDON
GATWICK
UNITED KINGDOM

EGKK

ELEV 202 ft / 62 m

51 08 52 N
00 11 19 W

2.7 NM N Crawley

(APP) *When directed.

GATWICK DIRECTOR　126.82　118.95*
　　　　　　　　　135.57*　129.02*

(TWR) **When directed.

GATWICK TOWER　**124.22　134.22 ***

GROUND　121.80
DELIVERY　121.95　(30MIN prior start-up)

ATIS　**128.47**

*DME/ILS freq paired.

RWY	ILS		RWY	ILS	
*08R	110.90	IGG　082°	*26L	110.90	IWW　262°

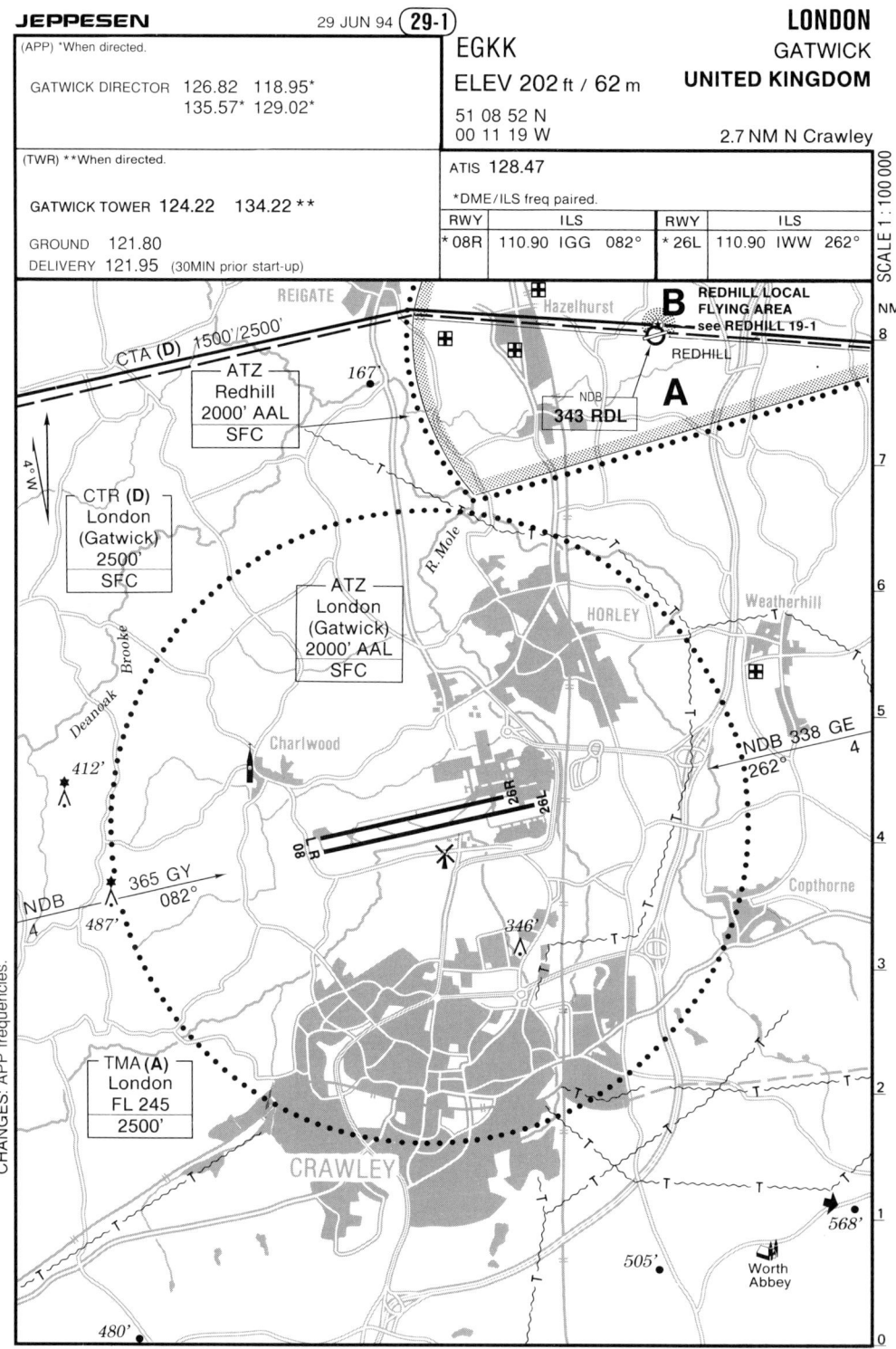

REIGATE

Hazelhurst

B　REDHILL LOCAL
FLYING AREA
see REDHILL 19-1

NM
8

CTA (D)　1500'/2500'

REDHILL

ATZ
Redhill
2000' AAL
SFC

167'

NDB
343 RDL

A

M.0°4

CTR (D)
London
(Gatwick)
2500'
SFC

7

R. Mole

ATZ
London
(Gatwick)
2000' AAL
SFC

HORLEY

Weatherhill

6

Brooke

5

Deanoak

412'

Charlwood

26R
26L

NDB 338 GE
262°

4

NDB
A

365 GY
082°

487'

08R

346'

Copthorne

3

TMA (A)
London
FL 245
2500'

CRAWLEY

505'

568'

Worth
Abbey

2

1

480'

0

Gatwick, Londons zweitgrößter Flughafen: Von der Grasbahn zum internationalen Airport mit jährlich (1993) rund 18 Millionen Passagieren (Gatwick Airport Ltd.).

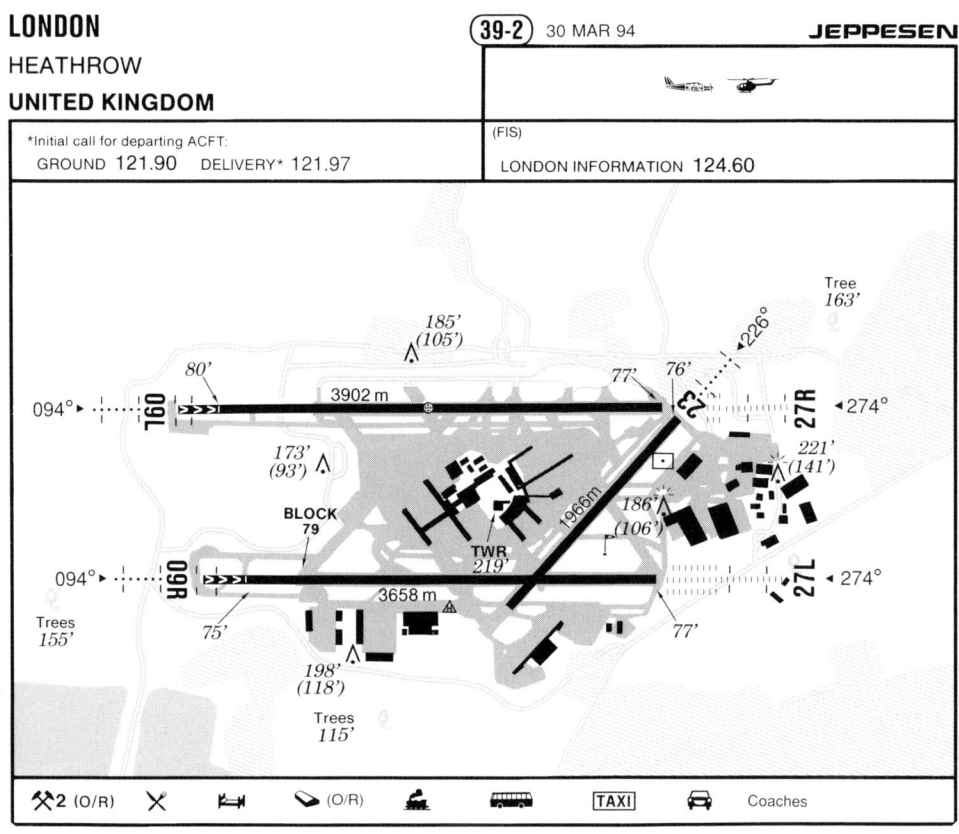

LONDON
HEATHROW
UNITED KINGDOM

(39-2) 30 MAR 94   **JEPPESEN**

*Initial call for departing ACFT:
GROUND 121.90   DELIVERY* 121.97

(FIS)
LONDON INFORMATION 124.60

Daten		Start-/Landebahn 3	09R/27L > 3.658 m
		ATIS	113,75 MHz
Flughafen	London Heathrow / Großbritannien	**FIS**	London Information 124,60 MHz
ICAO-Code	EGLL	**GND**	Heathrow Ground 121,90 MHz
IATA-Code	LHR		Delivery 121,97 MHz
Nationale Airline	British Airways	**TWR**	Heathrow Tower 118,70 MHz
Code der nationalen Airline	BAW/BA	**APP/DIV**	Heathrow Director 119,72 MHz
Lage	22,2 km W London		
Koordinaten	N 51 28 37 / W 00 27 35	**Passagiere p.a.**	47,9 Mio.
Flughafenhöhe	24 m	**Fracht p.a. (Tonnen)**	0,846 Mio.
Start-/Landebahn 1	Nur 23 > 1.966 m	**Flugbewegungen p.a.**	0,394 Mio.
Start-/Landebahn 2	09L/27R > 3.902 m		

176

1944: Beginn der Bauarbeiten für den Militärflugplatz Heathrow (3-Bahn-System in Dreieck-
Anordnung).
1945: Revision des Bauplanung und Neu-Kon-
zeption als ziviler Flughafen.
1946: Am Jahresanfang Aufnahme des zivilen
Flugbetriebs auf dem noch nicht fertiggestellten
Flughafen. Offizielle Eröffnung im Mai mit planmäßigen Flügen der Quantas und BOAC.
1952: Beginn des Jet-Zeitalters mit der Comet.
1955: Eröffnung des neuen Kontrollturms und
des heutigen Terminals 2.
1962: Eröffnung des heutigen Terminals 3.
1968: Eröffnung des Terminals 1 und des Cargo
Terminals.
1970: Erste Landung einer Boeing 747 und einer Concorde.
1976: Eröffnung der planmäßigen British Airways Flugverbindung Heathrow-Bahrain mit der
Concorde.
1981: Eröffnung der Euro-Lounge.
1986: Eröffnung des Terminals 4.
1991: Nach 4-jähriger Umbauzeit Wiedereröffnung Terminal 3. Der „Heathrow Express" verbindet Heathrow mit der Bahnstation Paddington.
1992: Terminal 5 wird geplant.

Zukünftige Planungen konzentrieren sich im wesentlichen auf 2 Projekte: Terminal 5 (Eröffnung
der Bauphase 1 in 2002) und die Bahnverbindung Heathrow-London mit dem „Heathrow Express" (Eröffnung 1997).

Touristische Tips

Hauptstadt Großbritanniens und Nordirlands, beiderseits der Themse gelegen.
6,8 Millionen Einwohner (Groß-London).
London ist Sitz der Regierung, des Parlamentes
und des Könighauses sowie der wichtigsten
wissenschaftlichen Gesellschaften. Die Stadt ist
ein Zentrum des Welthandels, einer der wichtigsten Börsenplätze der Welt, Sitz von Banken,
Versicherungen, Schiffahrtslinien und Industrieunternehmen. Die Druck-, Elektro-, Zement-, Pa-
pier- und Autoindustrie sowie ein großer Raffineriekomplex sind am Stadtrand und flußabwärts
entstanden. Das Hafengebiet ist 16 qkm groß
und hat 57 km Kailänge. Der innerstädtische
Verkehr wird u.a. mit der ältesten U-Bahn der
Welt bewältigt, dem Eisenbahnverkehr stehen
acht große Fernbahnhöfe zur Verfügung.
London besitzt drei Universitäten (die University
of London ist die älteste), mehrere Hochschulen, Akademien und Forschungsinstitute, viele
Museen (z.B. das Naturkundemuseum und das
British Museum) sowie Galerien und Bibliotheken (National Gallery, Tate Gallery). Neben zwei
großen Opernhäusern und dem National Theatre
mit drei Bühnen gibt es rund 50 Theater und
fünf große Orchester. Die großen Parkanlagen
(z.B. Hydepark) werden von kleinen Parks, einem botanischen Garten und einem Zoo ergänzt.
Der kunsthistorisch bedeutendste mittelalterliche
Bau ist Westminster Abbey. Von den vielen Kirchen ist der Rundbau der Templerkirche, eine
der ältesten Kirchen Londons, und die Saint
Paul´s Cathedral mit einer 110 m hohen Tambourkuppel im englischen Barockstil wichtig.
Unter den Palästen und Herrenhäusern des 18.
Jahrhunderts ist der Buckingham Palace, in dem
die Königliche Familie wohnt, hervorzuheben.
Zu den wichtigsten Bauten im neugotischen Stil
gehören u.a. die Parlamentsgebäude, überragt
vom 50 m hohen Big Ben, und die Tower Bridge.
Bedeutende Bauten des frühen 20. Jahrhunderts
sind Admiralty Arch, der vom Trafalgar Square
zur Paradestraße, The Mall, führt sowie New
Scotland Yard und County Hall.
Die ersten für London typischen großen Plätze
(Leicester Square, Bloomsbury Square, Soho
Square) entstanden im 17., weitere (z.B Bedford
Square) folgten im 18. Jahrhundert. Das Nobel-
Kaufhaus Harrods und das weltberühmte Wachs-
figurenkabinett der Madame Tussaud gehören
ebenso zu den touristischen Attraktionen.

(Farbabbildung des Flughafens Seite 116)

LUXEMBOURG
LUXEMBOURG

(19-2) 23 SEP 92

JEPPESEN

(FIS)

BRUSSELS INFORMATION **126.90**

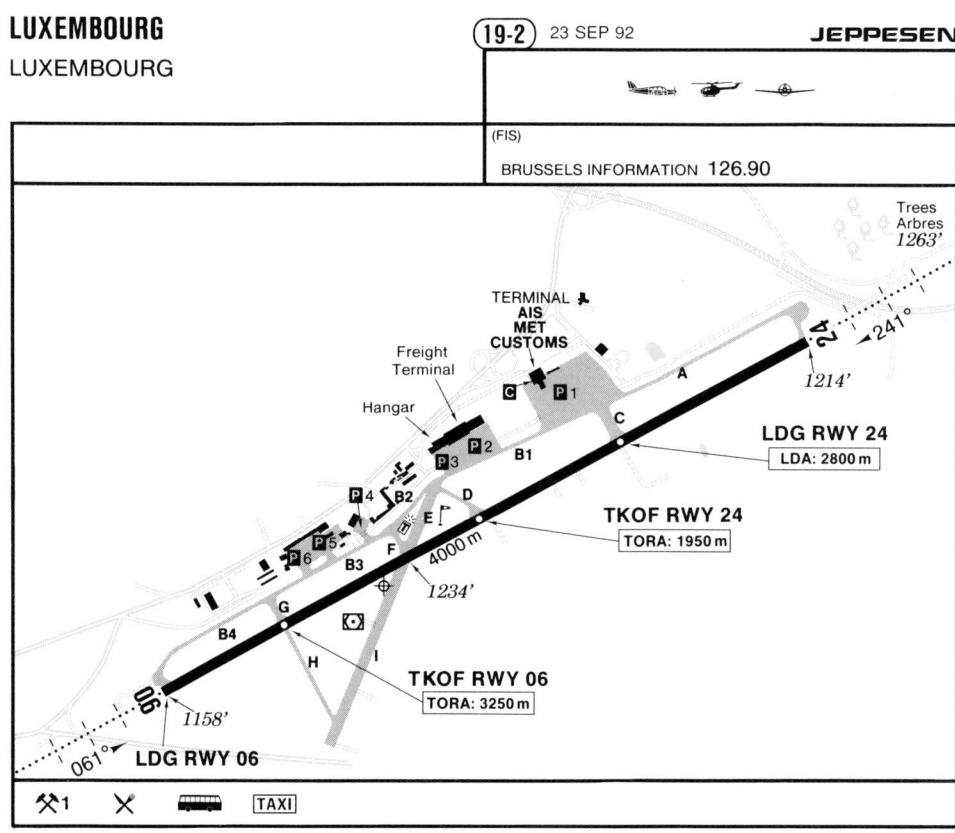

Daten

Flughafen	Luxembourg / Luxembourg
ICAO-Code	ELLX
IATA-Code	LUX
Nationale Airline	Luxair
Code der nationalen Airline	LGL/LG
Lage	5,9 km E Luxembourg
Koordinaten	N 49 37 26 / E 06 12 20
Flughafenhöhe	376 m
Start-/Landebahn	06/24 > 4.000 m

ATIS	MET REPORT 112,25 MHz
FIS	Brussels Information 126,90 MHz
TWR	Luxembourg Tower 118,10 MHz
APP/DIV	Luxembourg Approach 118,45 MHz
Passagiere p.a.	1,1 Mio.
Fracht p.a. (Tonnen)	0,176 Mio.
Flugbewegungen p.a.	0,066 Mio.

Informationen

Die Verwaltung des Flughafens liegt in den Händen des Großherzogtums Luxembourg. Von der Luxair, der Betreibergesellschaft des Flughafens Luxembourg (gleichzeitig nationale Airline des Landes), liegen keine historischen Daten über den Flughafen vor. Gründungsjahr war aber 1946, denn seit dieser Zeit existieren statistische Daten über Passagiere, Fracht und Flugbewegungen. Am Beispiel der jährlichen Passagierfrequenz kann die Entwicklung verfolgt werden:

1946: 1.500 Passagiere.
1956: 23.000 Passagiere.
1966: 340.000 Passagiere.
1976: 706.000 Passagiere.
1986: 868.000 Passagiere.
1993: 1.084.000 Passagiere.

Touristische Tips

Luxembourg ist Hauptstadt des Großherzogtums Luxemburg. 77.000 Einwohner.
Die wichtigste Handelsstadt des Landes ist zugleich Amtssitz des Großherzogs und der Regierung, Sitz des Europäischen Gerichtshofes und der Europäischen Investitionsbank. Verschiedene Handels- und Industrieunternehmen sowie Dependancen europäischer Banken machen Luxembourg zu einem bevorzugten Wirtschaftsstandort. Neben Forschungsinstituten gibt es ein Konservatorium, ein Staatsarchiv, Gemäldegalerien, eine Nationalbibliothek mit Nationalmuseum sowie eine Oper, Theater, Hörfunk- und Fernsehsender.
Die Kathedrale Notre-Dame und das großherzogliche Palais sind bedeutende Bauten. Von der tausendjährigen Geschichte zeugen u.a. die Festungsanlagen und die Lützelburg.
Die von Wäldern und Naturparks umgebene Stadt ist 1995 Kulturstadt Europas.

Mit 1,1 Millionen Passagieren in 1993 ist Luxembourg einer der kleinsten europäischen Flughäfen (Luxair).

Daten

Flughafen	Madrid / Spanien
ICAO-Code	LEMD
IATA-Code	MAD
Nationale Airline	Iberia
Code der nationalen Airline	IBE/IB
Lage	12,8 km NE Madrid
Koordinaten	N 40 28 25 / W 03 33 34
Flughafenhöhe	655 m
Start-/Landebahn 1	15/33 > 4.100 m
Start-/Landebahn 2	18/36 > 3.700 m
ATIS	118,25 MHz
GND	Barajas Ground 121,70 MHz
TWR	Barajas Tower 118,15 MHz
APP/DIV	Madrid Departure 120,90 MHz
	118,40 MHz East
Passagiere p.a.	17,5 Mio.
Fracht p.a. (Tonnen)	0,194 Mio.
Flugbewegungen p.a.	0,018 Mio.

Informationen

Von dem spanischen Flughafen Madrid Barajas liegen keine geschichtlichen Daten vor. Die Betreibergesellschaft Aena (Aeropuertos Espanoles y Navigacion Aerea) hat für Madrid im Rahmen der allgemeinen Ausbaupläne für die spanischen Flughäfen eine neue Start-/Landebahn sowie ein neues Terminal in Modulbauweise vorgesehen. Es soll eine Kapazität von 40 Mio. Passagieren pro Jahr erreicht werden.

Touristische Tips

Madrid ist die Hauptstadt Spaniens. 3,2 Millionen Einwohner.

Die Stadt ist wirtschaftliches und kulturelles Zentrum und Verkehrsknotenpunkt. Neben verschiedenen Industriezweigen ist das Baugewerbe hervorzuheben.

Zahlreiche geistes- und naturwissenschaftliche Gesellschaften, Forschungsinstitute und Akademien, die Päpstliche Universität, eine Technische Hochschule, ein nationales historisches Archiv, eine Nationalbibliothek, ein Observatorium, ein botanischer Garten und ein Zoo finden sich in der Stadt. Zu den drei Dutzend Museen gehört der weltberühmte Prado, der einmalige Kunstschätze aus 3 Jahrhunderten beherbergt. Beeindruckendes Baudenkmal ist der Königspalast. Das Abgeordnetenhaus, die Banco de Espana, die Plaza de Espana mit dem Denkmal Cervantes Saarvedras und die Plaza Puerta del Sol prägen das Stadtbild.

Sowohl die verwinkelten Gassen der Altstadt als auch die großartigen Prachtstraßen laden zum Einkaufsbummel ein.

MADRID, SPAIN
BARAJAS

*ATIS 118.25 BARAJAS	MADRID Departure (R)	320.0°/12.4
Clearance Delivery 121.95	120.9	From CPL 114.5
BARAJAS Ground 121.7	MADRID East (Dep)	N40 28.4 W003 33.6
Tower 118.15 120.15	118.4 127.1	Var 04°W Elev 1998'

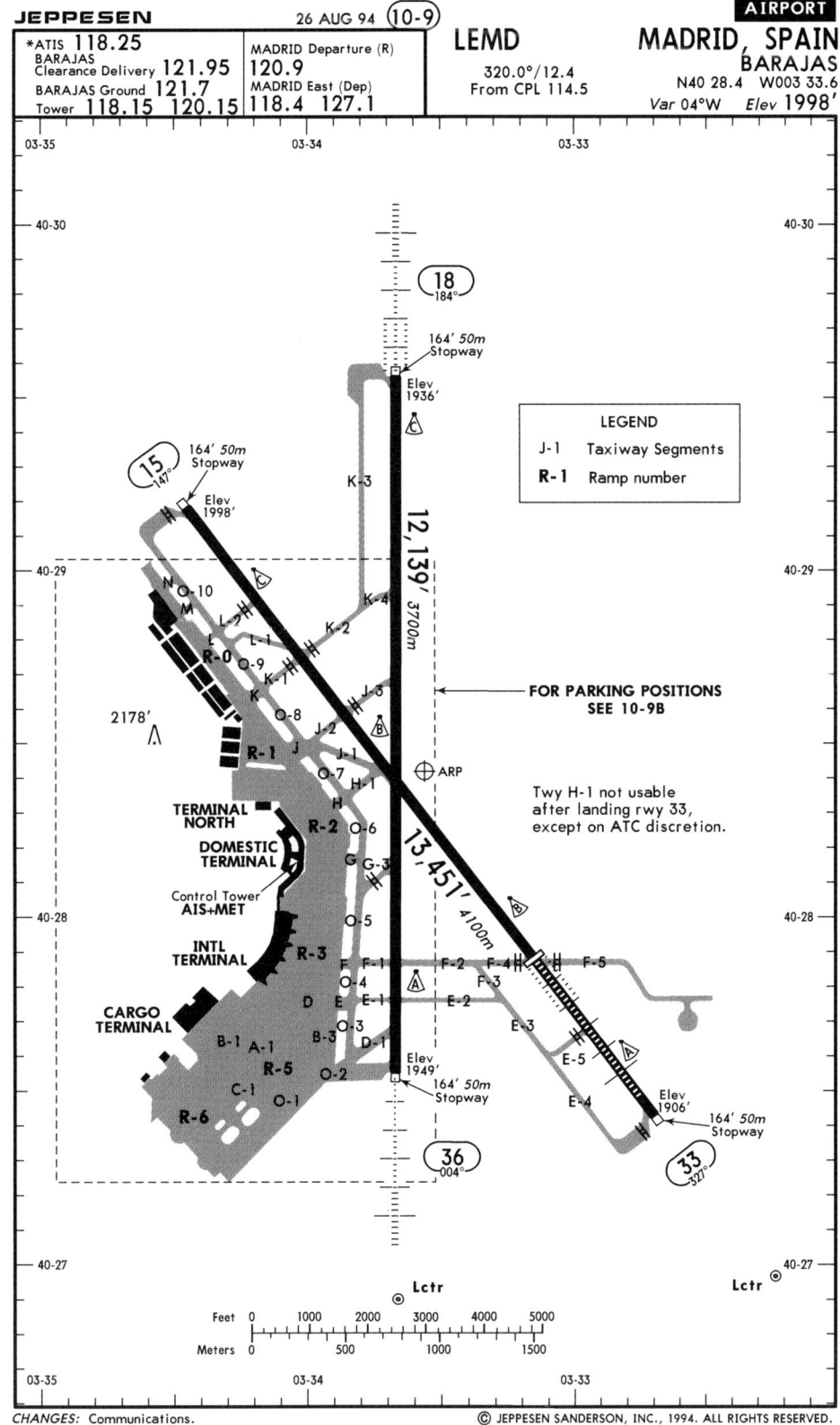

LEGEND

J-1   Taxiway Segments

R-1   Ramp number

FOR PARKING POSITIONS
SEE 10-9B

Twy H-1 not usable
after landing rwy 33,
except on ATC discretion.

18 184°
15 147°
36 004°
33 327°

164' 50m Stopway
Elev 1936'
164' 50m Stopway
Elev 1998'
Elev 1949'
164' 50m Stopway
Elev 1906'
164' 50m Stopway

12,139' 3700m
13,451' 4100m

2178'
ARP

TERMINAL NORTH
DOMESTIC TERMINAL
Control Tower AIS+MET
INTL TERMINAL
CARGO TERMINAL

Lctr
Lctr

Feet 0 1000 2000 3000 4000 5000
Meters 0 500 1000 1500

Spaniens größter Flughafen Madrid Barajas in einer Übersichtsaufnahme (Aena Madrid).

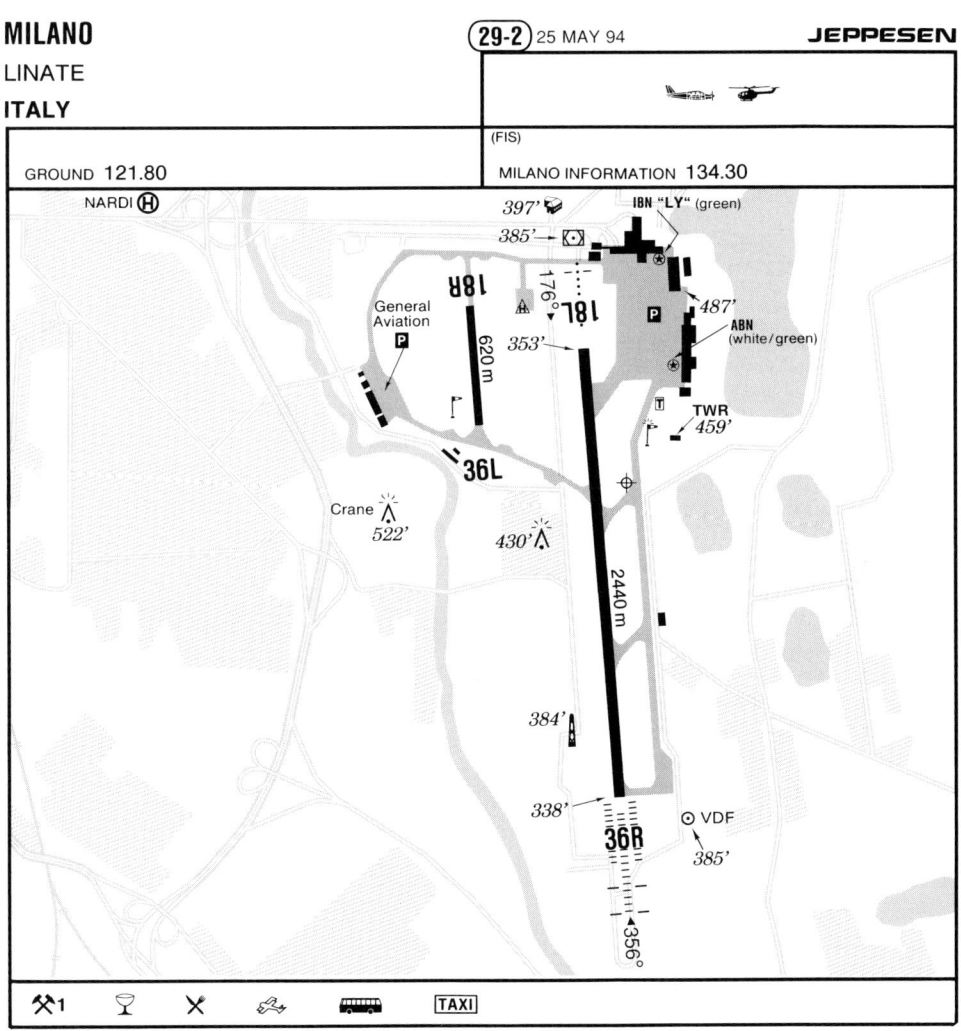

MILANO

LINATE

ITALY

(29-2) 25 MAY 94

JEPPESEN

(FIS)

GROUND 121.80

MILANO INFORMATION 134.30

NARDI (H)

397'
385'
IBN "LY" (green)

18R

176°
18L
487'
ABN
(white/green)

General
Aviation
P

620 m

353'

TWR
459'

36L

Crane ⅄
522'

430' ⅄

2440 m

384'

338'

36R

⊙ VDF
385'

356°

TAXI

Daten

		Nationale Airline	Alitalia
		Code der nationalen Airline	AZA/AZ
Flughafen	Mailand Linate / Italien	**Lage**	8,0 km ESE Milano
ICAO-Code	LIML	**Koordinaten**	N 45 26 55 / E 09 16 43
IATA-Code	LIN	**Flughafenhöhe**	108 m

Start-/Landebahn 1	18L/36R > 2.400 m
Start-/Landebahn 2	18R/36L > 620 m
ATIS	116,00 MHz
FIS	Milano Information 134,30 MHz
GND	Linate Ground 121,80 MHz
TWR	Linate Tower 118,10 MHz
APP/DIV	Milano Arrival 132,70 MHz
	Departure 126,75 MHz North
	126,30 MHz South

Passagiere p.a.	9,5 Mio.
Fracht p.a. (Tonnen)	0,062 Mio.
Flugbewegungen p.a.	0,136 Mio.

Informationen

1962: Umbenennung des alten Flughafens
„Milano Forlanini" in „Milano Linate". Parallel
wird „Milano Malpensa" gebaut. Die Flughafen-
gesellschaft S.E.A. (Societa Esercizi Aeroportuali S.p.A.) betreibt aufgrund eines Vertrages
mit dem Staat Italien beide Flughäfen und ist
Investor bei Milano Malpensa. Der Vertrag läuft
bis 2022. Danach erhält der Staat Italien beide
Flughafengelände einschließlich aller Bauten
und Bahnsysteme. Linate ist für Kurz- und Mit-
telstrecken-Flugbetrieb ausgelegt, Malpensa als
Interkontinentalflughafen.
1985: Malpensa soll im Rahmen des „Malpensa
2000"-Projekts neuer internationaler und interkontinentaler Flughafen werden, ein Eröff-
nungsdatum ist nicht festgelegt.

Während der interkontinentale Flughafen Mailand Malpensa bis zum Jahr 2000 stark ausgebaut werden soll, sind für Mailand Linate keine
Ausbau- oder Erweiterungspläne bekannt. Mailand Malpensa soll in Zukunft im südeuropäi-
schen Raum mit Zürich und München konkur-
rieren. Nur ein geringer Teil des gigantischen
Vorhabens ist (Stand Mai 1994) realisiert. Die
künftige Entwicklung ist ungewiß.

Touristische Tips

Mailand ist Hauptstadt der norditalienischen Region Lombardei in der nördlichen Poebene.
1,5 Millionen Einwohner.
In der bedeutendsten Wirtschaftsmetropole Italiens liegt der industrielle Schwerpunkt auf der
Metallverarbeitung und im Maschinenbau, gefolgt
von der Textil- und Bekleidungsindustrie, der chemischen Industrie und verschiedenen anderen Industriezweigen. Sie ist aber auch Druckerei- und
Verlagszentrum und ein wichtiger Verkehrsknotenpunkt.
Zwei Universitäten, eine Handelsschule, Institute
und Akademien, Bibliotheken und Archive, bedeutende Kunstsammlungen und Gemäldegalerien sind ebenso vorhanden wie mehrere große Theater (z.B. Mailänder Scala).
Sant'Ambrogio ist die Mutterkirche der Lombardei. Der große Dom ist mit vielen Fialen und
Statuen ausgestattet. Weitere sehenswerte Bauten neben Kirchen sind Castello Sforzesco,
Palazzo Marino (heute Rathaus) und Arco della
Pace im Park Sempione.

(Farbabbildung des Flughafens Seite 118)

MANCHESTER

MANCHESTER

UNITED KINGDOM

(19-2) 24 JUN 92   **JEPPESEN**

All initial calls & ATC clearance.* As directed. DELIVERY (0700-1400LT) /GROUND (O/T) **121.70** **121.85 ***	(FIS) LONDON INFORMATION **134.70**

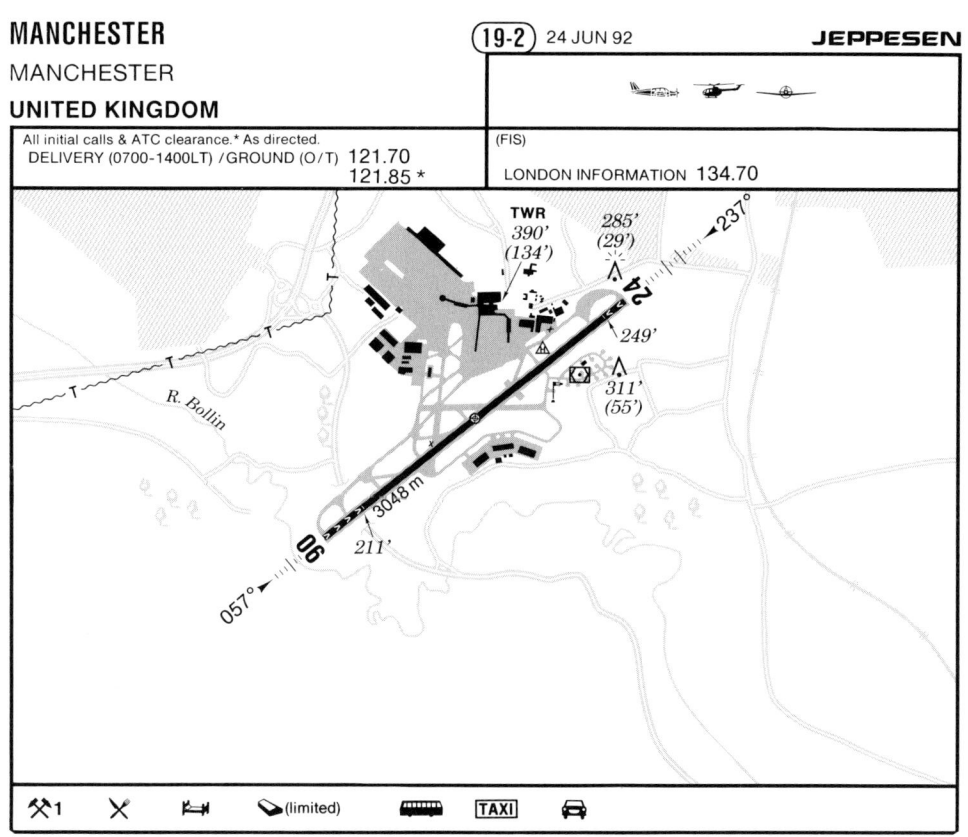

Daten		**ATIS**	128,17 MHz
		FIS	London Information 134,70 MHz
Flughafen	Manchester / Großbritannien	**GND** Manchester Delivery/Ground	121,70 MHz
ICAO-Code	EGCC	**TWR** Manchester Tower	118,62 MHz
IATA-Code	MAN	**APP/DIV** Manchester Approach	119,40 MHz
Nationale Airline	British Airways		
Code der nationalen Airline	BAW/BA	**Passagiere p.a.**	13,4 Mio.
Lage	13,9 km SW Manchester	**Fracht p.a. (Tonnen)**	0,089 Mio.
Koordinaten	N 53 21 13 / W 02 16 25	**Flugbewegungen p.a.**	0,136 Mio.
Flughafenhöhe	78 m		
Start-/Landebahn	06/24 > 3.048 m		

185

Informationen

1938: Eröffnung als Landeplatz. 4.000 Passagiere im ersten Betriebsjahr.
1946: Wiederaufnahme des zivilen Luftverkehrs.
1950: Eröffnung des neuen Terminals.
1962: Eröffnung von zwei neuen Piers.
1974: Fertigstellung eines Jumbo-Piers.
1981: Reduzierung des Transatlantikverkehrs.
1984: 4 Millionen Passagiere.
1992: Auszeichnung als pünktlichster Flughafen Großbritanniens (UK, United Kongdom).
1993: Eröffnung der Bahnstation am Flughafen. 13 Millionen Passagiere.

Manchester ist eigenständiger Flughafen und gehört nicht zur BAA. Geplant ist der Bau einer zweiten Bahn (ohne Nachtflugbetrieb) mit 3.050 m Länge, parallel versetzt zur derzeitigen Bahn, um die im Jahr 2000 erwarteten 22 Millionen Passagiere bewältigen zu können.

Touristische Tips

Stadt in Nord-West-England, Verwaltungssitz der Metropolitan County Greater Manchester. 450.000 Einwohner.
Neben Liverpool ist Manchester das größte Handelszentrum Nord-West-Englands, nach London das größte Pressezentrum des Landes. Außer verschiedenen Industriezweigen gibt es vor allem die tabakverarbeitende Industrie und den Binnenhafen.
Die Stadt hat eine Universität, wissenschaftliche Institute, Technologiezentren, eine Management-Akademie, eine Hochschule für Kunst und Design, eine Musikschule, eine staatliche Computerzentrale, Bibliotheken, Galerien und Museen. Das Stadtbild ist von viktorianischen Repräsentativbauten (z.B. Rathaus, Königliche Börse) und der Kathedrale im Spätstil der englischen Gotik geprägt.

Airbus Super Guppy vor dem "World Freight Terminal" des Flughafens Manchester (Manchester Airport LPC).

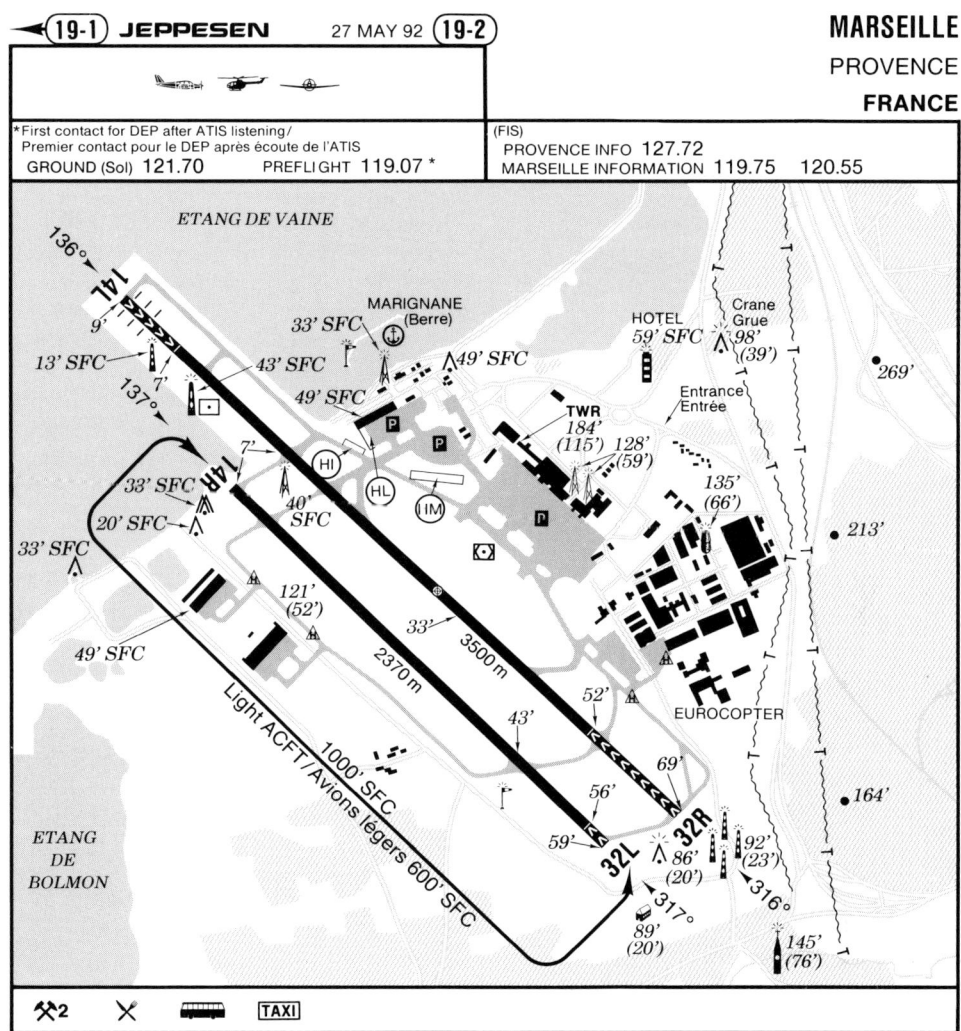

◄(19-1) **JEPPESEN**   27 MAY 92 (19-2)

MARSEILLE
PROVENCE
FRANCE

*First contact for DEP after ATIS listening/
Premier contact pour le DEP après écoute de l'ATIS
GROUND (Sol) 121.70   PREFLIGHT 119.07 *

(FIS)
PROVENCE INFO 127.72
MARSEILLE INFORMATION 119.75   120.55

ETANG DE VAINE

136°
14L
9'
13' SFC
137°
7'
33' SFC
MARIGNANE (Berre)
43' SFC
49' SFC
49' SFC
HOTEL 59' SFC
Crane Grue 98' (39')
● 269'
TWR 184' (115') 128' (59')
Entrance/Entrée
135' (66')
● 213'
7'
14R
33' SFC
20' SFC
33' SFC
40' SFC
121' (52')
49' SFC
33' 3500 m
2370 m
43'
1000' SFC
Light ACFT / Avions légers 600' SFC
52'
69'
56'
59'
EUROCOPTER
32L 86' (20')
32R 92' (23')
316°
● 164'
317°
89' (20')
145' (76')
ETANG DE BOLMON

✈2   ✕   🚌   TAXI

Daten

Flughafen	Marseille Provence / Frankreich	**Nationale Airline**	Air France
ICAO-Code	LFML	**Code der nationalen Airline**	AFR/AF
IATA-Code	MRS	**Lage**	27,0 km NW Marseille
		Koordinaten	N 43 26 16 / E 05 12 59
		Flughafenhöhe	21 m

187

Start-/Landebahn 1	14L/32R > 3.500 m
Start-/Landebahn 2	14R/32L > 2.370 m
ATIS	125,35 MHz
FIS	Provence Information 127,72 MHz
GND	Provence Ground 121,70 MHz
TWR	Provence Tower 119,50 MHz

Passagiere p.a.	4,8 Mio.
Fracht p.a. (Tonnen)	0,039 Mio.
Flugbewegungen p.a.	0,101 Mio.

Informationen

1921: Gründung unter dem Namen „Marseille Marignane".
1923-1934: Anstieg des Luftverkehrs, Marseille wird international angeflogen (Lufthansa, KLM). 12.000 Passagiere (1934).
1938: 35.000 Passagiere.
1942-1944: Besetzung durch die deutsche Luftwaffe.
1946-1947: Bahnverlängerung auf 2.000 m.
1956.1957: Bahnverlängerung auf 2.400 m, Landung der Caravelle.
1961: Neueröffnung nach Erweiterungsbauten.
1962-1963: Bahnverlängerung auf 3.000 m.
1970: Einweihung einer Halle für die General Aviation (Allgemeine Luftfahrt).
1972: Verlängerung der zweiten Bahn von 2.000 auf 2.370 m.
1973-1979: Offizielle Einweihung verschiedener Neu- und Erweiterungsbauten (u.a. erneute Bahnverlängerung auf 3.500 m) im Jahr 1979.
1983: Zweites Frachtterminal.
1990: Einweihung des General Aviation Terminals (GAT).
1992: Einweihung Terminal 2.

Von 1995 bis 1997 sind verschiedene Erweiterungen im Passagierbereich (Terminal 1 für internationalen Verkehr) und Frachtbereich zur Intensivierung der Verbindungen innerhalb Europas, Afrikas und zu den überseeischen französischen Territorien geplant.

Touristische Tips

Marseille ist eine französische Hafenstadt am Golfe du Lion. 875.000 Einwohner.
Als Verwaltungssitz des Departement Bouches-du Rhone und Hauptstadt der Region Provence-Alpes-Cote d`Azur hat Marseille den größten Hafen Frankreichs und ist heute einer der wichtigsten Erdölhäfen Europas. Neben der Raffinerie ist vor allem die Schwerindustrie vertreten, außerdem sind Schiffbau und die Nahrungsmittelindustrie ebenso wie der Passagier- und der Fischereihafen von Bedeutung.
In Marseille gibt es zwei Universitäten, ein Forschungsinstitut, ein Observatorium, einige Museen, Theater und eine Oper.
Sehenswerte Bauten sind die alte Kathedrale La Major, die Basilika Saint-Victor, die Wallfahrtskirche Notre-Dame-de-la-Garde und aus neuerer Zeit (1947-52) das Wohnhaus Unité d`Habitation, das die Verwirklichung von Le Corbusiers Idee einer Wohnmaschine ist. Eine antike Kanalisation sowie Hafen- und Dockanlagen wurden 1967-75 ausgegraben.

Tower und Terminal 1 des Flughafens Marseille Provence: Frankreichs Drehkreuz in den nordafrikanischen und mediterranen Raum (Aeroport Marseille Provence).

MENORCA

MENORCA

SPAIN, Balearic Islands

GROUND 121.75

(FIS)

BARCELONA INFORMATION **132.65** 133.02

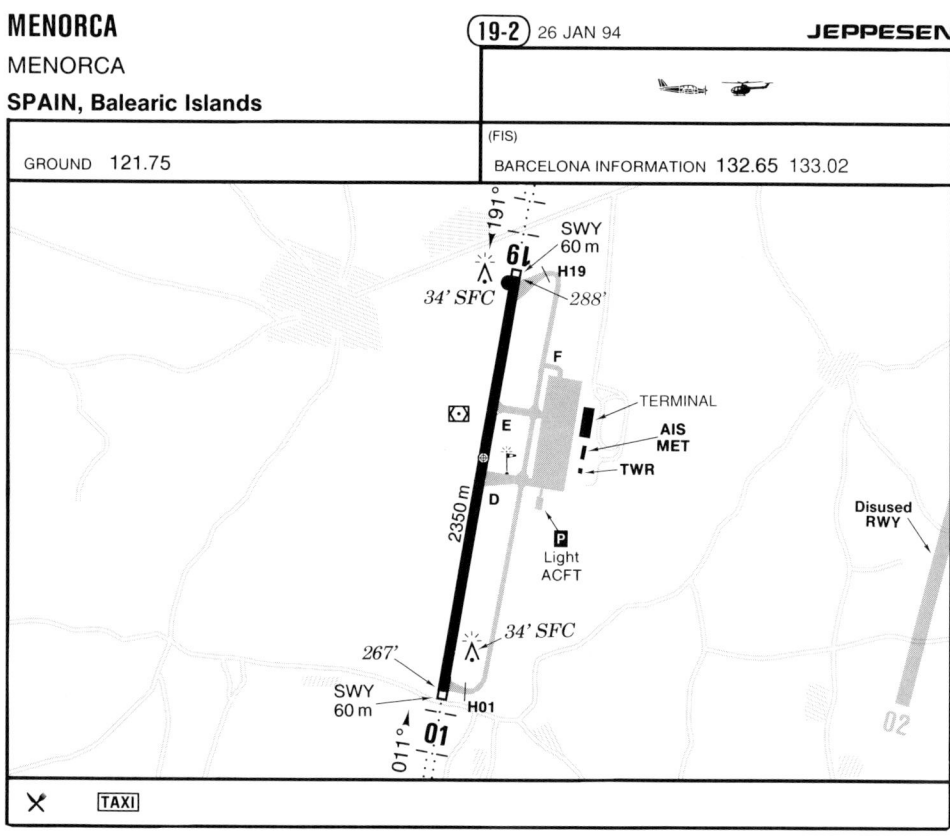

Daten		FIS	Barcelona Information 132,65 MHz
		GND	Menorca Ground 121,75 MHz
Flughafen	Menorca / Spanien/Balearen	**TWR**	Menorca Tower 119,65 MHz
ICAO-Code	LEMH		
IATA-Code	MAH	**Passagiere p.a.**	1,7 Mio.
Nationale Airline	Iberia	**Fracht p.a. (Tonnen)**	0,004 Mio.
Code der nationalen Airline	IBE/IB	**Flugbewegungen p.a.**	0,016 Mio.
Lage	4,4 km SW Mahón		
Koordinaten	N 39 51 47 / E 04 13 12		
Flughafenhöhe	88 m		
Start-/Landebahn	01/19 > 2.350 m		

1939: Eröffnung des Flughafens.
1949: Beginn des zivilen Luftverkehrs.
1954: Bahnverlängerung auf 1.200 m.
1963: Bahnverlängerung auf 1.850 m.
1969: Eröffnung des neuen Flughafens nach Erweiterungs- und Umbauarbeiten.
1977-1982: Erweiterung des Terminals.
1988: Einweihung des neuen Terminals.

Der spanische Flughafen Menorca hat fast ausschließlich touristischen Flugbetrieb. Die Betreibergesellschaft Aena (Aeropuertos Espanoles y Navigacion Aerea) hat für Menorca im Rahmen der allgemeinen Ausbaupläne für die spanischen Flughäfen verschiedene Baumaßnahmen und die Versorgung mit einem eigenen Elektrizitäts-Kraftwerk vorgesehen.

Menorca ist die östlichste Insel der spanischen Balearen-Inselgruppe im Mittelmeer.
20.000 Einwohner in der Hauptstadt Mahón.
Die nur 48 km lange und 10-19 km breite Insel hat 200 km Küste. Im Landesinneren gibt es zwei Landschaftszonen: Im Norden das fruchtbare Land und im Süden das rauhere Heideland. Außer der Landwirtschaft ist die Herstellung von Stilmöbeln und Töpferwaren ein weiterer Erwerbszweig. In Mahón und Ciudadella ist vor allem Lederindustrie angesiedelt.
Der größte Teil der Insel ist von mediterranen Gebüschformen bedeckt. An der Küste sind die Calas (kleine Meereseinbuchtungen mit ihren Stränden) reizvoll. Das Insel-Klima ist mild.
In Mahón gibt es ein archälogisches Museum, ein Museum der Schönen Künste, ein Kulturhaus und eine Kirche mit jährlich internationalem Festival. Ciutadalla, die zweitwichtigste Stadt, verfügt über einen Dom. Das größte und am besten erhaltene tausendjährige Monument der Insel ist die Naveta de Tudons.

Terminal, Vorfeld und Start-/Landebahn des Flughafens Menorca (Aena Menorca).

MÜNCHEN

MÜNCHEN

GERMANY

*initial call
GROUND/ROLLKONTROLLE 121.97 (N)   121.82 (S)
APRON/VORFELD 121.92

(FIS)
MÜNCHEN RADAR 119.05

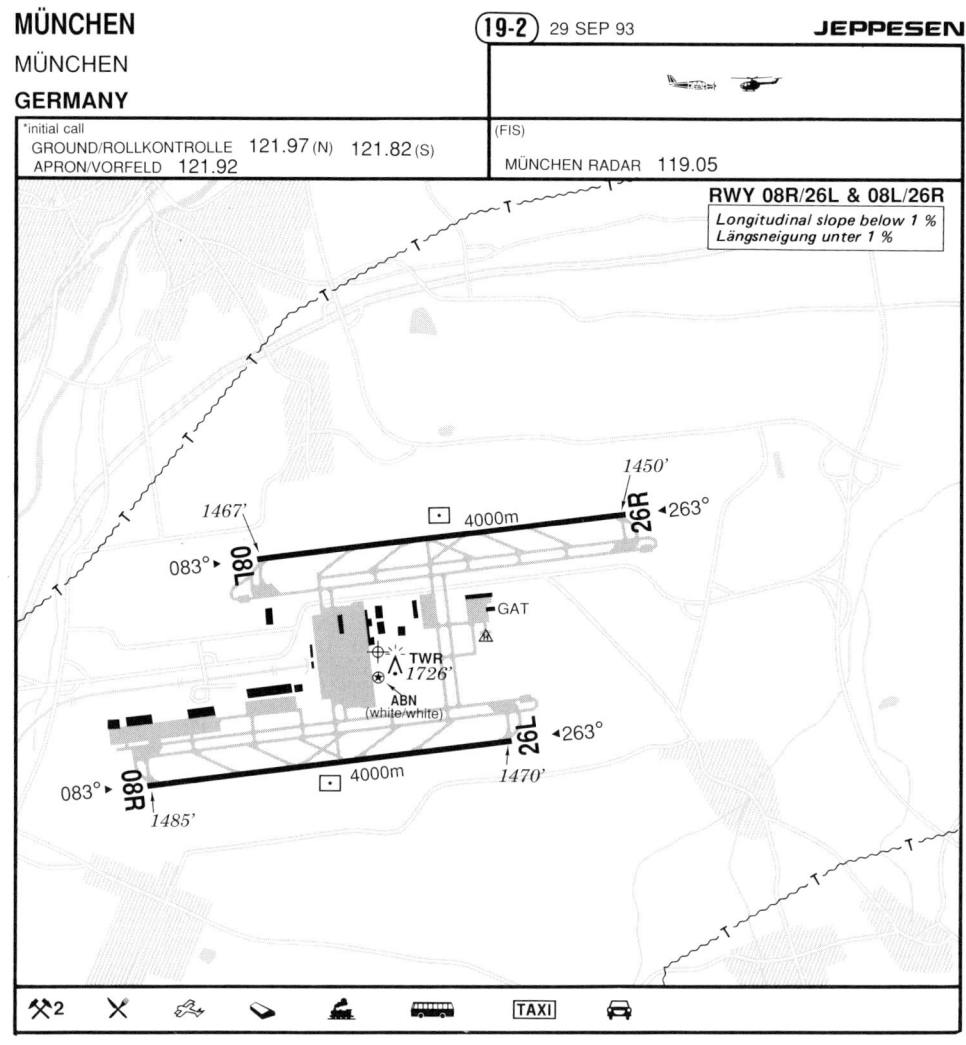

RWY 08R/26L & 08L/26R
Longitudinal slope below 1 %
Längsneigung unter 1 %

1450'
26R ◄263°

1467'
083° ► 08L

☐ 4000m

─GAT

TWR
1726'
ABN
(white/white)

26L ◄263°

083° ► 08R
1485'

☐ 4000m   1470'

❌ 2   ✕   ⚙   ◇   🚂   🚌   [TAXI]   🚗

Daten

		Nationale Airline	Deutsche Lufthansa
		Code der nationalen Airline	DLH/LH
Flughafen	München / Deutschland	**Lage**	28,7 km NE Stadtmitte
ICAO-Code	EDDM	**Koordinaten**	N 48 21 17 / E 11 47 15
IATA-Code	MUC	**Flughafenhöhe**	453 m

Start-/Landebahn 1	08R/26L > 4.000 m
Start-/Landebahn 2	08L/26R > 4.000 m
ATIS	118,37 MHz
FIS	München Radar 119,05 MHz
GND	München Apron 121,92 MHz
	Ground 121,97 MHz North
	Ground 121,82 MHz South
TWR	München Tower 120,20 MHz North
	119,40 MHz South
APP/DIV	München Radar 119,05 MHz

Passagiere p.a.	12,7 Mio.
Fracht p.a. (Tonnen)	0,059 Mio.
Flugbewegungen p.a.	0,192 Mio.

Informationen

1939: Eröffnung des Flughafens „München Riem".
1954: Der Generalausbauplan für den Flughafen München Riem führt zu der Erkenntnis, daß der Flughafen angesichts des prognostizierten Luftverkehrs für die Zukunft keine Chancen hat.
1963: Gründung „Kommission Standort Groß-flughafen".
1969: Standortentscheidung: Freising/Erding-Nord.
1992: Eröffnung des neuen Flughafens.

Erweiterungspläne und zukünftige Projekte gibt es bei diesem neuen Flughafen nicht.

(Farbabbildungen des Flughafens Seiten 118, 119, 120, 153)

Touristische Tips

München ist die an der Isar gelegene Hauptstadt Bayerns. 1,3 Millionen Einwohner.
München gehört heute zu den größten Industriestädten Mitteleuropas (v.a. Elektrotechnik, Maschinen- und Fahrzeugbau, Luftfahrt-, feinmechanische und optische Industrie, Verlage) und ist bedeutendes Handels- (Ausstellungen, Messen) und Bankenzentrum (Börse).
Die Stadt hat eine Universität, eine Technische Universität, zahlreiche Hochschulen, Bundesbahn-Zentralschulen, die Verwaltungs- und Wirtschaftsakademie, die Meisterschule für Mode und Bibliotheken (z.B. Bayerische Staatsbibliothek). München ist Sitz der Max-Planck-Gesellschaft, mehrerer Akademien, verschiedener Behörden und Institutionen (z.B. Europäisches und Deutsches Patentamt, Bundesfinanzhof). Zahlreiche Museen (z.B. Bayerische Staatsgemäldesammlungen in der Alten und der Neuen Pinakothek, das Bayerische Nationalmuseum, das Valentin-Museum), 40 Bühnen (z.B. die Bayerische Staatsoper), ein botanischer Garten und der Tierpark Hellabrunn (1928 als erster Geo-Zoo der Welt entstanden) gehören zur Stadt.
Die Kuppeltürme der Frauenkirche (seit 1821 Dom Unserer lieben Frau) sind ebenso wie der Alte Peter, der Turm der Pfarrkirche St. Peter, zum Wahrzeichen der Stadt geworden. Weitere Sehenswürdigkeiten sind neben einigen Kirchen das Alte Rathaus, das Siegestor, die Feldherrnhalle und das Neue Rathaus, dessen Glockenspielturm 1,40 m hohe Figuren besitzt. Vor der aus Mamor gebauten Ruhmeshalle steht die Bavariastatue. Außerhalb des Stadtkerns liegt das Schloß Nymphenburg (heute Museum), das einst die Sommerresidenz der bayerischen Kurfürsten und Könige war. Zum Schloß gehört auch die Amalienburg, die als Jagdschloß entstand.
Das Sport- und Freizeitangebot ist groß: Die Galopp- und die Trabrennbahn, der Olympiapark mit Olympiaturm (182 m), der Englische Garten (mit Chinesischem Turm) sind einige Beispiele. Das Hofbräuhaus und das traditionelle Oktoberfest sind weitere Höhepunkte in München.

MÜNCHEN
MÜNCHEN
GERMANY

(APP)	VDF
MÜNCHEN RADAR 119.05 (VFR-**C**)	

(TWR)	VDF
TOWER/TURM 120.20 (North)	
119.40 (South)	
GROUND/ROLLKONTROLLE 121.97 (North)	
121.82 (South)	
APRON/VORFELD 121.92	

EDDM
ELEV 1485 ft / **453** m

48 21 17 N
11 47 15 E

15.5 NM NE City

ATIS 118.37   112.30

RWY	ILS		RWY	ILS	
08R	110.90 IMSE	083°	26L	108.30 IMSW	263°
08L	110.30 IMNE	083°	26R	108.70 IMNW	263°

SCALE 1 : 200 000

ARR/DEP MAX 2500'

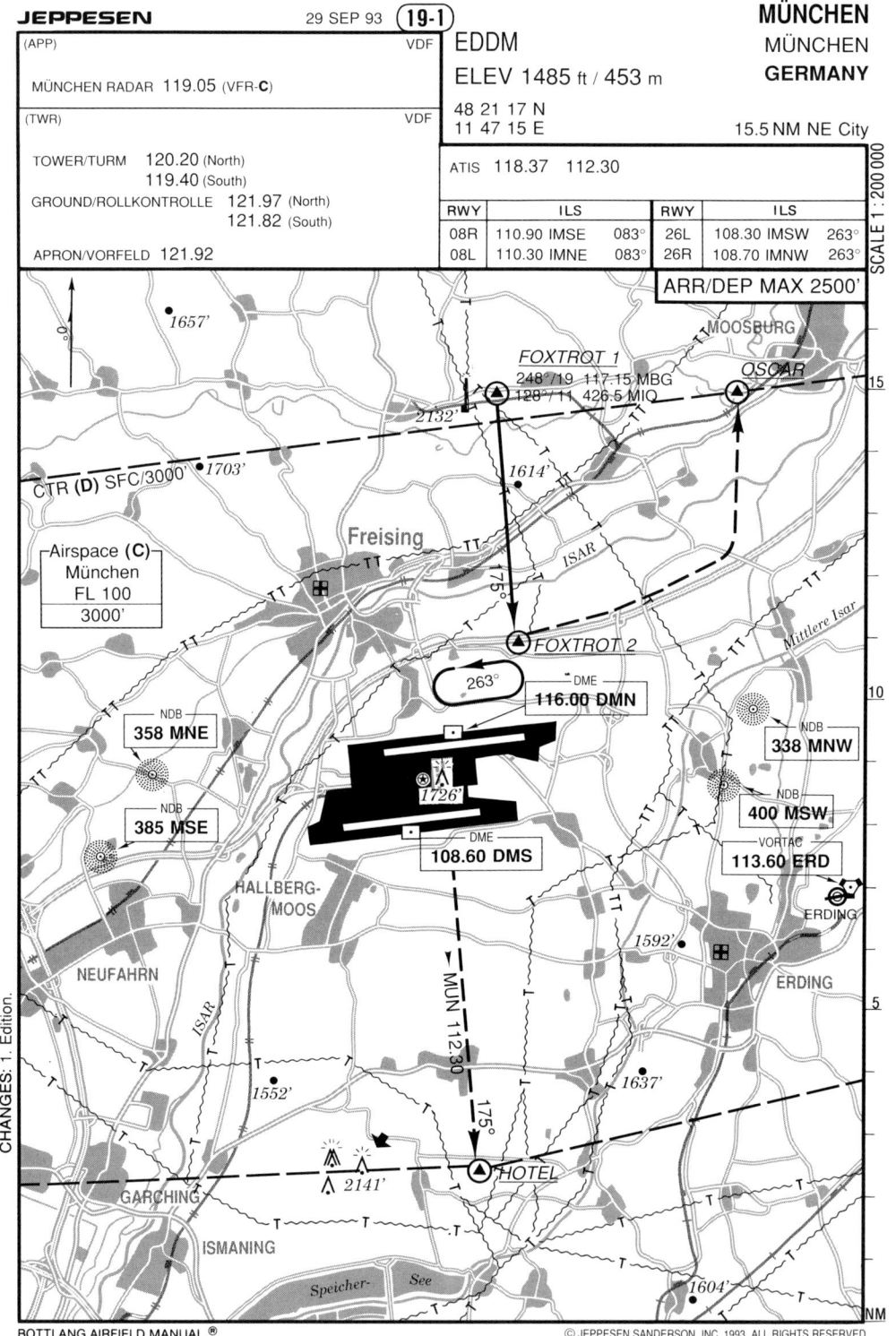

CHANGES: 1. Edition.

◀(19-1) **JEPPESEN**   21 DEC 94 (19-2)

NICE
CÔTE D'AZUR
FRANCE

GROUND (Sol) **123.15**

(FIS)
MARSEILLE SOUTH-EAST INFORMATION **120.55**

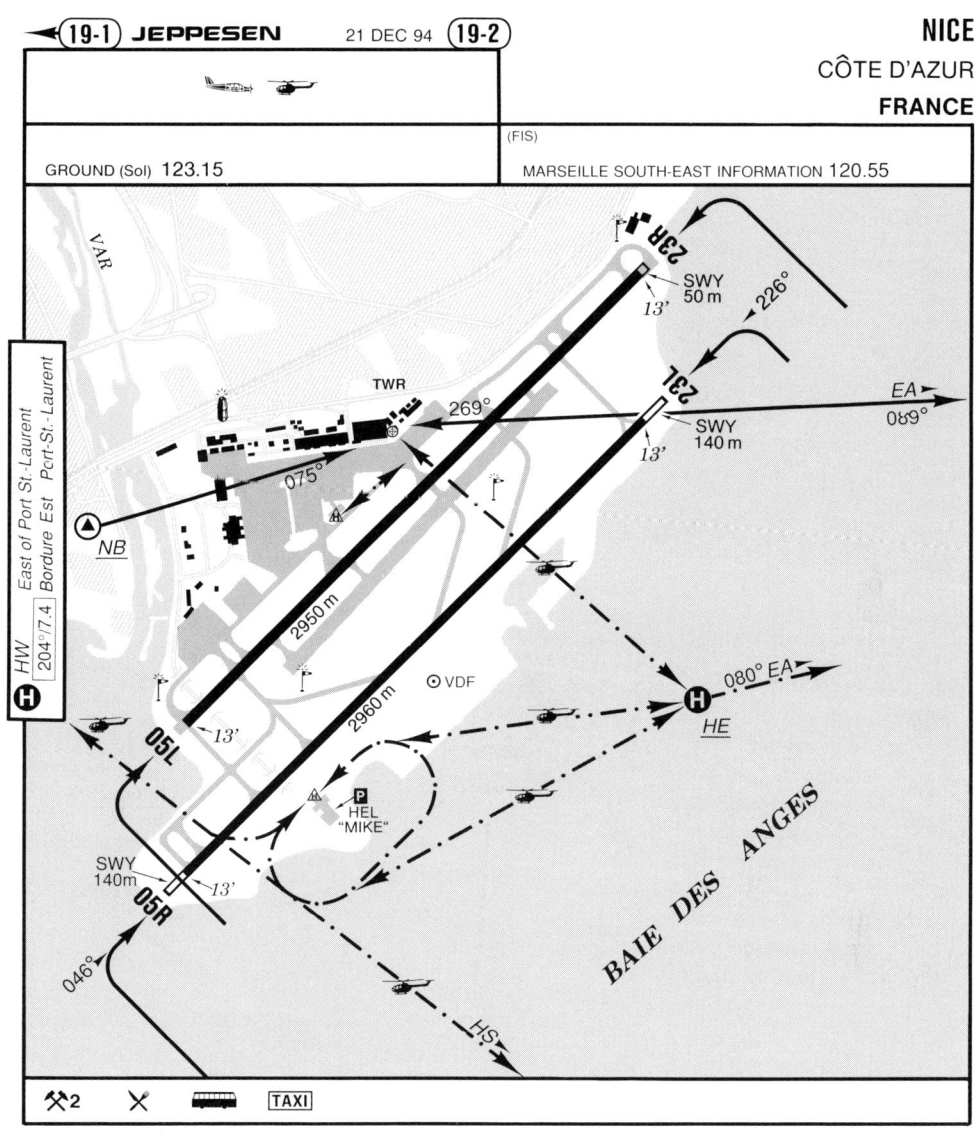

Flughafen	Nizza / Frankreich
ICAO-Code	LFMN
IATA-Code	NCE
Nationale Airline	Air France
Code der nationalen Airline	AFR/AF
Lage	5,9 km SW Nizza
Koordinaten	N 43 39 56 / E 07 12 56
Flughafenhöhe	4 m
Start-/Landebahn 1	05R/23L > 2.960 m
Start-/Landebahn 2	05L/23R > 2.950 m
ATIS	129,60 MHz
FIS	Marseille South East Information 120,55 MHz
GND	Nice Ground 123,15 MHz
TWR	Nice Tower 118,70 MHz
APP/DIV	Nice Approach 120,85 MHz
Passagiere p.a.	5,9 Mio.
Fracht p.a. (Tonnen)	0,022 Mio.
Flugbewegungen p.a.	0,126 Mio.

Nizza ist eine süd-französische Hafen-Stadt an der nördlichen Mittelmeerküste. 338.000 Einwohner.

Die internationale, geschäftige Großstadt ist Verwaltungssitz des Departement Alpes-Maritimes und Metropole der Cote d`Azur mit ausgeprägtem Tourismus. Sie verfügt u.a. über eine Parfüm- und Nahrungsmittelindustrie.

Das Seebad Nizza hat eine Universität, ein Observatorium, Museen (z.B. das Chagall-Matisse-Museum) und Theater.

Auf dem Schloßberg findet man Fundamentreste der alten Kathedrale sowie der mittelalterlichen Burg. In der Altstadt, mit zahllosen kleinen Restaurants und winzigen Gäßchen, steht die Kathedrale Sainte-Réparate.

Die Stadt wird hauptsächlich von der Promenade des Anglais geprägt, gesäumt von Hotelpalästen und Cafe-Terrassen. Ein besonderes Ereignis im Februar ist der Blumencorso, der berühmte Karneval in Nizza mit Umzügen, Blumenparaden und närrischen Veranstaltungen.

(Farbabbildungen des Flughafens Seiten 154, 155)

Informationen

1957: Eröffnung mit einer Start-/Landebahn von 2.200 m Länge.
1961: Bahnverlängerung auf 2.685 m.
1967-1969: Erweiterung nach Osten und Westen.
1972: 2 Millionen Passagiere.
1976: Terminalerweiterung nach Süden.
1980: Terminalerweiterung nach Osten.
1981: Start des Haupt-Ausbauplans.
1983: Einweihung der neuen Südbahn (2.960 m Länge), weiterer Gebäude- und Terminalausbau.
1987: Eröffnung des Terminals 2.
1991: Erweiterung des Terminals 1, Eröffnung eines neuen Frachtterminals.
1992: Einweihung des neuen Kontrollturms.

Bis zum Jahr 2010 sollen beide Terminals durch ein Mittel-Terminal verbunden werden. Erweiterungen des Terminals 2 und des Cargo-Terminals sind ebenfalls geplant.

Oslo Fornebu · ENFB / OSL

OSLO
FORNEBU
NORWAY

GROUND 121.70

(FIS)
OSLO CONTROL **126.70** (North of AD)
OSLO CONTROL **129.05** (South of AD)

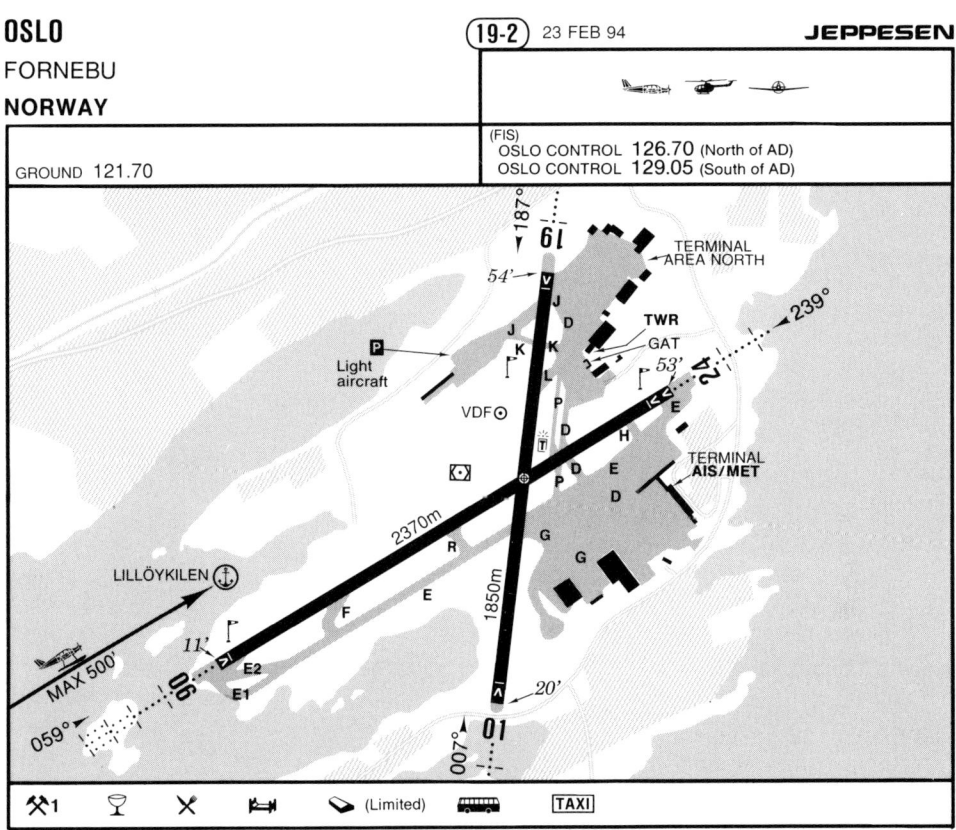

Daten

Flughafen	Oslo Fornebu / Norwegen	**ATIS**	126,12 MHz
ICAO-Code	ENFB	**FIS**	Oslo Control 126,70 MHz North
IATA-Code	OSL		Oslo Control 129,05 MHz South
Nationale Airline Scandinavian Airlines System		**GND**	Fornebu Ground 121,70 MHz
Code der nationalen Airline	SAS/SK	**TWR**	Fornebu Tower 118,10 MHz
Lage	6,5 km WSW Oslo	**APP/DIV**	Fornebu Arrival 120,45 MHz
Koordinaten	N 59 53 46 / E 10 37 07		
Flughafenhöhe	16 m	**Passagiere p.a.**	8,2 Mio.
Start-/Landebahn 1	01/19 > 1.850 m	**Fracht p.a. (Tonnen)**	0,046 Mio.
Start-/Landebahn 2	06/24 > 2.370 m	**Flugbewegungen p.a.**	0,133 Mio.

197

1939: Eröffnung des Flughafens mit planmäßi-
gem Linienverkehr der Lufthansa, KLM und der
nationalen Airline DNL.
1940-1945: Besetzung durch die deutsche
Luftwaffe.
1946: Wiedereröffnung für den zivilen Flugbetrieb nach kurzen Erneuerungsarbeiten.
1947-1964: Schrittweiser Ausbau mit Eröffnung
eines neuen Terminals im Jahr 1964.
1982: Terminalerweiterung nach Norden.
1987: Modernisierung des alten Terminals.

Interkontinentalflüge werden wegen der kurzen
Start-/Landebahnen Oslo Fornebus im benach-
barten Gardermoen abgewickelt. Da 1998 der
neue nationale Flughafen Gardermoen eröffnet
werden soll, laufen seit 1993 Projektstudien
über die weitere Verwendung von Oslo Fornebu. Zentrales Element bei künftigen Aktivitäten
ist der Umweltschutz.

Oslo ist die Hauptstadt Norwegens am inneren
Ende des Oslofjords. 448.000 Einwohner.
Oslo ist kulturelles Zentrum, Residenz des Kö-
nigs, Sitz von Regierung und Parlament, der norwegischen Akademie der Wissenschaften, des
norwegischen Polarinstitutes, Zentrum des norwegischen Verlags- und Zeitungswesens und
Handelszentrum. Es ist Ausgangsort der in alle
Landesteile reichenden Eisenbahnlinien und
Straßen. Vom Hafen gehen Fähren nach Kopenhagen, Arhus und Kiel.
Eine Universität, Hochschulen, ein Konservatorium, eine staatliche Kunstakademie, ein Goethe-
Institut, Bibliotheken, das Reichsarchiv, Museen
(z.B. Nationalgalerie, das Edvard-Munch- und Vi-
gelandmuseum - Skulpturen von Vigeland stehen im Frognerpark - sowie das Museumsgebiet
Bygdoy), vier Theater und eine Oper gehören
zu dem Bildungs- und Kulturangebot Oslos.
Wahrzeichen der Stadt ist das Rathaus. Sehenswert sind auch die Domkirche und das königliche Schloß.

Flughafen Oslo Fornebu, Norwegens größter Flughafen (Luftfartsverket Oslo Fornebu).

Palma de Mallorca Son San Juan — LEPA / PMI

PALMA DE MALLORCA

PALMA DE MALLORCA

Balearic Islands, SPAIN

(FIS)

BARCELONA INFORMATION 132.20   133.02

GROUND 121.70

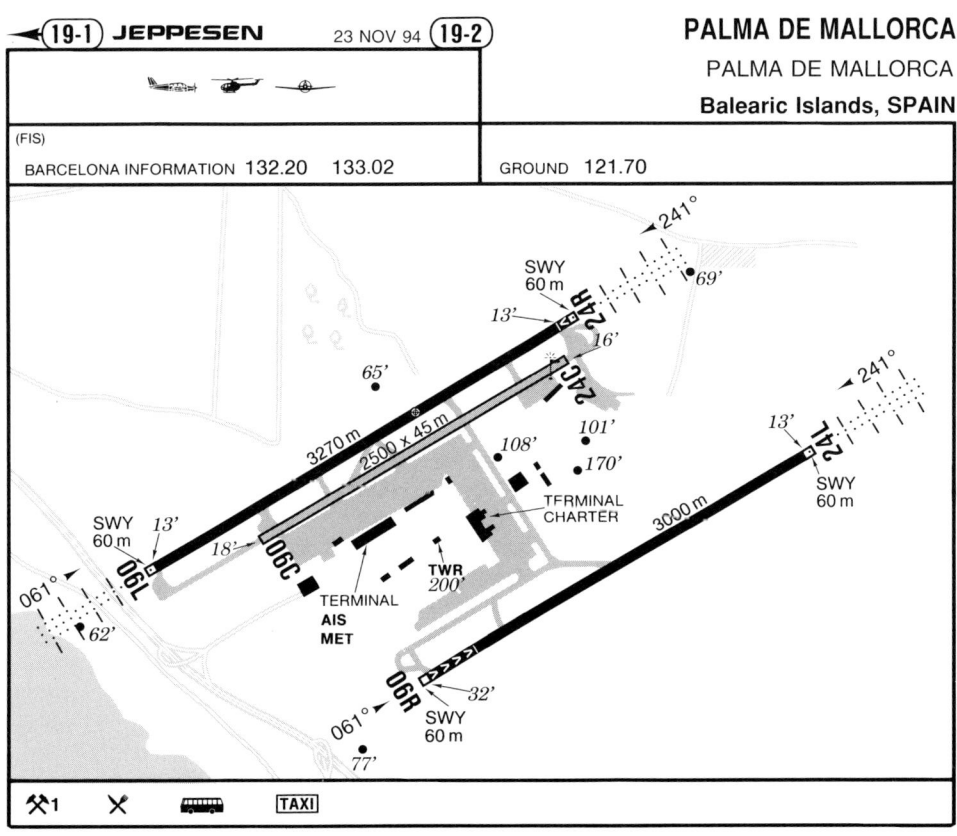

Daten

Flughafen	Palma de Mallorca Son San Juan
	Spanien/Balearen
ICAO-Code	LEPA
IATA-Code	PMI
Nationale Airline	Iberia
Code der nationalen Airline	IBE/IB
Lage	8,0 km E Palma de Mallorca
Koordinaten	N 39 33 24 / E 02 43 50
Flughafenhöhe	10 m
Start-/Landebahn 1	06L/24R > 3.270 m

Start-/Landebahn 2	06R/24L > 3.000 m
ATIS	119,25 MHz
FIS	Barcelona Information 132,20 MHz
GND	Palma Ground 121,70 MHz
TWR	Palma Tower 118,30 MHz
APP/DIV	Palma Approach 118,95 MHz
Passagiere p.a.	12,5 Mio.
Fracht p.a. (Tonnen)	0,016 Mio.
Flugbewegungen p.a.	0,094 Mio.

Informationen

1960: Eröffnung mit einer Jahreskapazität von 1 Million Passagieren.
1965: 2,5 Millionen Passagiere.
1966: Eröffnung eines neuen Terminals für Linienflüge.
1972: Eröffnung eines neuen Terminals für Charterflüge.
1987: Eröffnung der neuen Start-/Landebahn mit 3.270 m Länge. 10 Millionen Passagiere.
1993: 12,5 Millionen Passagiere.

Durch den Bau eines neuen Terminals soll die Spitzenbelastbarkeit von derzeit 4.300 Passagieren pro Stunde auf 12.000 erhöht werden. Außerdem stehen die Erweiterung des Vorfeldes, der Bau eines neuen Service-Zentrums in Terminal-Nähe sowie Parkplatz-Ausbauten für 5.000 Parkplätze auf dem Programm.

Touristische Tips

Palma de Mallorca ist eine Hafenstadt an der Süd-West-Küste der spanischen Insel Mallorca im Mittelmeer. 305.000 Einwohner.
Mallorca ist die größte und vielseitigste Insel der Balearen. Die Hauptstadt Palma de Mallorca ist die wichtigste Hafenstadt der Balearen mit kleinen Schiffswerften und einem schwunghaften Obst-, Gemüse-, Fleisch- und Fischhandel. Kunstgewerbliche Betriebe ergänzen diese bunte Gewerbevielfalt. Die wichtigste Einnahmequelle ist der Fremdenverkehr.
In Palma steht die imposante, alles überragende Kathedrale La Seo. Ihr gegenüber erhebt sich La Almudaina, der königliche Palast. Auf einem Hügel liegt die Burg Bellver, in der sich ein Museum mit einer wertvollen Sammlung befindet. Auch Museen, ein Theater und einen botanischen Garten hat die Stadt zu bieten.
Die Insel mit schroffen Felsenküsten und langen feinsandigen Stränden hat im Juli und August Durchnittstemperaturen von 29° bis 30° Celsius.

Flughafen-Modell des endgültigen Ausbaus 1996 (Aena Palma de Mallorca).

Paris Charles de Gaulle — LFPG / CDG

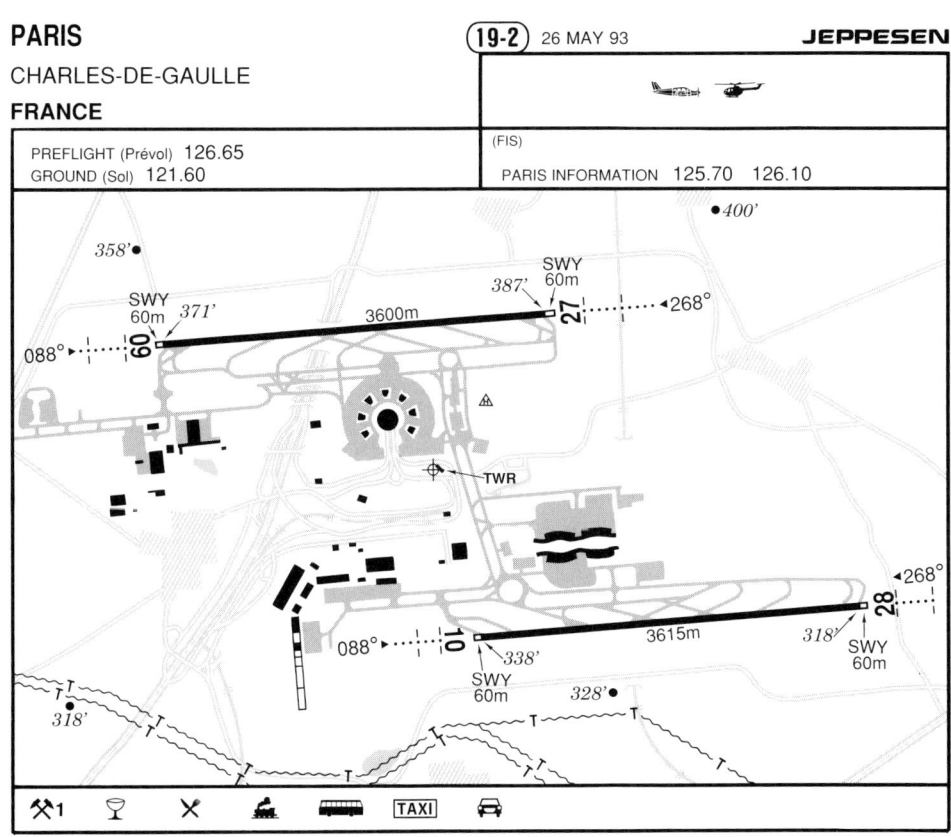

PARIS

CHARLES-DE-GAULLE

FRANCE

(19-2) 26 MAY 93 — JEPPESEN

PREFLIGHT (Prévol) 126.65
GROUND (Sol) 121.60

(FIS)
PARIS INFORMATION 125.70 126.10

400'

358'•

SWY 60m 371'

088°►

3600m

SWY 60m 387'

27

◄268°

60

TWR

◄268°

28

088°►

338'

SWY 60m

3615m

318'

SWY 60m

318'

328'•

⚒1 ♈ ✕ 🚂 🚌 TAXI 🚗

Daten

Flughafen Paris Charles de Gaulle / Frankreich
ICAO-Code LFPG
IATA-Code CDG
Nationale Airline Air France
Code der nationalen Airline AFR/AF
Lage 25,0 km NE Paris
Koordinaten N 49 00 40 / E 02 31 51
Flughafenhöhe 118 m
Start-/Landebahn 1 09/27 > 3.600 m
Start-/Landebahn 2 10/28 > 3.615 m

ATIS	128,00 MHz
FIS	Paris Information 125,70 MHz
GND	De Gaulle Ground 121,60 MHz
TWR	De Gaulle Tower 119,25 MHz
APP/DIV	De Gaulle Approach 121,15 MHz
Passagiere p.a.	26,1 Mio.
Fracht p.a. (Tonnen)	0,666 Mio.
Flugbewegungen p.a.	0,31 Mio.

1966: Beginn der Bauarbeiten für den neuen Flughafen „Paris Roissy", der später in „Paris Charles de Gaulle" umbenannt wurde.
1974: Eröffnung mit einer Start-/Landebahn.
1978-1979: Verabschiedung eines Ausbauplanes nach dem Erreichen der Kapazität.
1981: Eröffnung der zweiten Start-/Landebahn und des Terminals für Charles de Gaulle 2.
1982: Weitere Ausbauten im Süd-Osten des Flughafengeländes.
1983-1993: Fertigstellung von Terminal-Teilbereichen auf dem Areal Charles de Gaulle 2.
1993: Eröffnung des Terminals C von Charles de Gaulle 2.

Bis 1997 soll ein neues Terminal im direkten Anschluß an Charles de Gaulle 2 gebaut werden. Im Süden ist für das gleiche Jahr die Eröffnung einer neuen Start-/Landebahn (Bahn Nr. 3) mit 3.600 m Länge vorgesehen.

Die Hauptstadt Frankreichs, Paris, ist ein touristischer Hauptanziehungspunkt des Landes. 10 Millionen Einwohner.
Paris ist die Wirtschaftsmetropole, der Mittelpunkt der französischen Filmindustrie und des Presse- und Verlagswesens und das führende europäische Modezentrum.
Die Stadt besitzt die älteste Universität des Landes, die Sorbonne, über 300 Bibliotheken, mehr als 250 Dokumentationszentren, über 60 Theater und mehr als 80 Museen, u.a. den Louvre, das ehemalige königliche Schloß, seit 1793 Museum. An der Stelle der abgerissenen Markthallen wurde 1977 das Kulturzentrum Georges Pompidou eröffnet. Naturfreunde kommen in botanischen und zoologischen Gärten und vielen Grünanlagen (u.a. Bois de Boulogne, Jardin de Luxembourg) auf ihre Kosten.
Bekannte Bauten sind: Kathedrale Notre-Dame de Paris, Panthéon, Arc de Triomphe. Wahrzeichen der Stadt ist der 300 m hohe Eiffelturm.
An den Champs Elysées, eine der berühmten Straßen, konzentrieren sich Bekleidungsfirmen, Parfümerien, Cafes, Autosalons, Film- und Exportagenturen, am Pigalle und Montmartre Varietes, Revuen und Nachtlokale. In der Nähe des Flughafens Orly liegt eines der größten Verteilungszentren für Obst, Gemüse, Molkereiprodukte, Geflügel, Fleisch, Fisch und Blumen.
Im Stadtgebiet überqueren 32 Brücken die Seine, deren beide Ufer von den Bouquinisten mit ihren Bücherständen belegt werden.

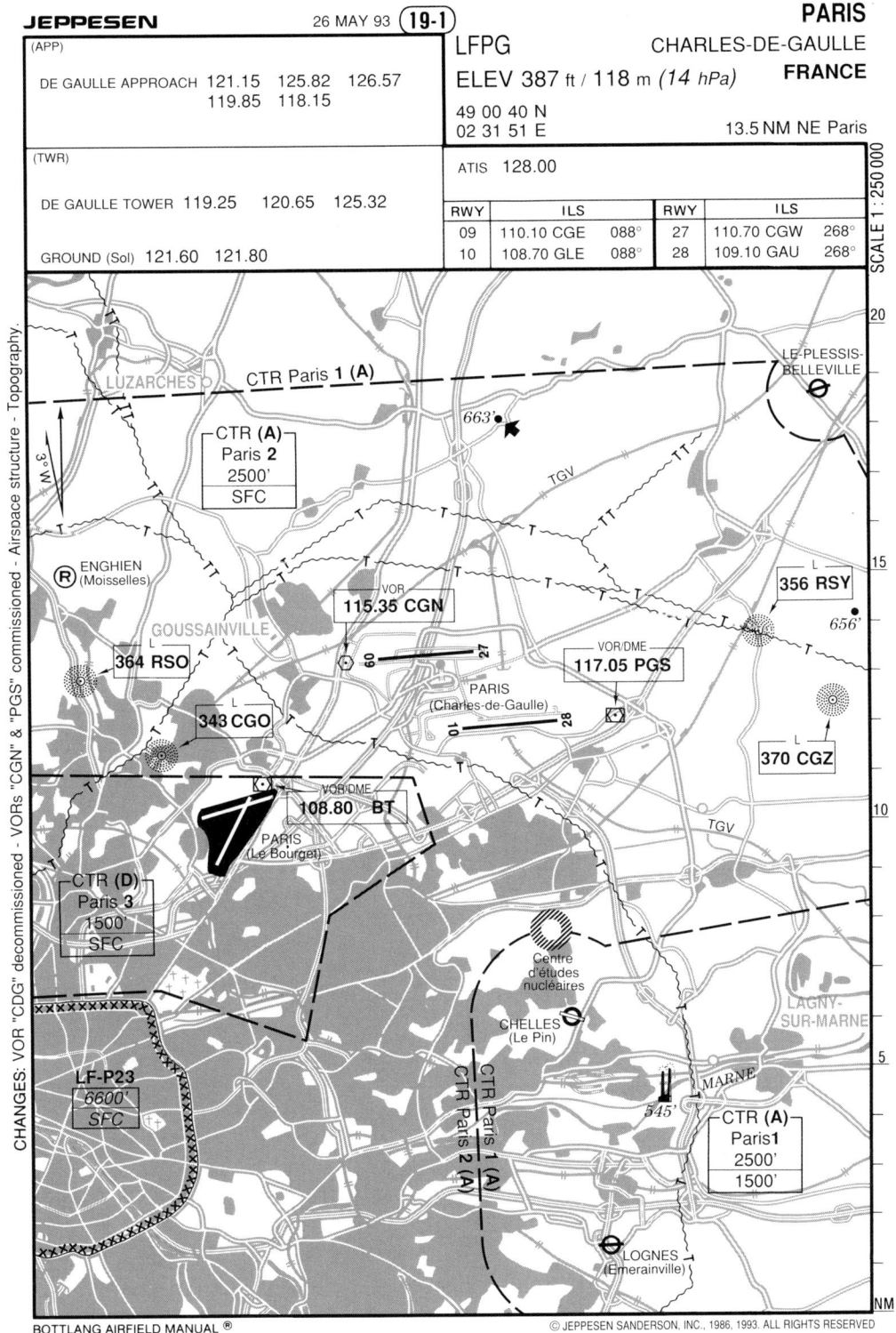

PARIS

CHARLES-DE-GAULLE

FRANCE

LFPG

ELEV 387 ft / 118 m *(14 hPa)*

49 00 40 N
02 31 51 E

13.5 NM NE Paris

SCALE 1 : 250 000

(APP)

DE GAULLE APPROACH   121.15   125.82   126.57
                     119.85   118.15

(TWR)

DE GAULLE TOWER   119.25   120.65   125.32

GROUND (Sol)   121.60   121.80

ATIS   128.00

RWY	ILS		RWY	ILS	
09	110.10 CGE	088°	27	110.70 CGW	268°
10	108.70 GLE	088°	28	109.10 GAU	268°

CHANGES: VOR "CDG" decommissioned - VORs "CGN" & "PGS" commissioned - Airspace structure - Topography.

Paris Roissy-Charles de Gaulle mit den Terminals A, B, C und D (Aeroports de Paris).

Die Terminals von Paris Roissy-Charles de Gaulle auf einen Blick (Aeroports de Paris).

Paris Roissy-Charles de Gaulle: Aerogare 1 mit 7 „Satelliten" (Aeroports de Paris).

Flughafen Orly West mit Kontrollturm und Orly Süd im Hintergrund (Aeroports de Paris).

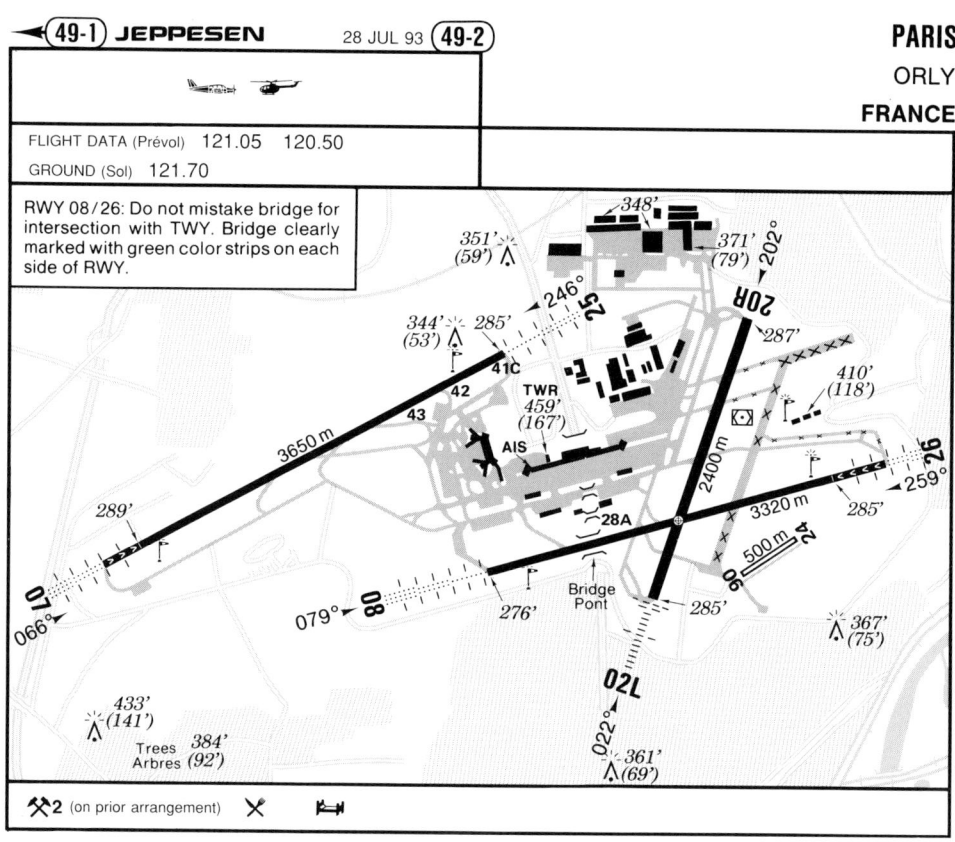

◄(49-1) **JEPPESEN** 28 JUL 93 (49-2)

PARIS
ORLY
FRANCE

FLIGHT DATA (Prévol) 121.05 120.50
GROUND (Sol) 121.70

RWY 08/26: Do not mistake bridge for intersection with TWY. Bridge clearly marked with green color strips on each side of RWY.

348'
351' (59') ∧
371' (79')
202°
344' (53') ∧ 285'
246° 25
20R
41C
287'
42
TWR 459' (167')
43
410' (118')
AIS
3650 m
2400 m
26
3320 m
259° 285'
289'
28A
500 m 24
367' (75')
066°
07
079° 08
276'
Bridge Pont
285'
433' (141') ∧
Trees 384'
Arbres (92')
02L
022°
361' (69') ∧

⚒2 (on prior arrangement) ✕ ⊨⊣

Daten

Flughafen	Paris Orly / Frankreich	
ICAO-Code	LFPO	
IATA-Code	ORY	
Nationale Airline	Air France	
Code der nationalen Airline	AFR/AF	
Lage	14,6 km S Paris	
Koordinaten	N 48 43 28 / E 02 22 53	
Flughafenhöhe	89 m	
Start-/Landebahn 1	02L/20R > 2.400 m	
Start-/Landebahn 2	06/24 > 500 m	

Start-/Landebahn 3	07/25 > 3.650 m
Start-/Landebahn 4	08/26 > 3.320 m
ATIS	126,50 MHz
FIS	Paris Information 125,70 MHz
GND	Orly Ground 121,70 MHz
TWR	Orly Tower 118,70 MHz
APP/DIV	Orly Approach 120,85 MHz
Passagiere p.a.	25,4 Mio.
Fracht p.a. (Tonnen)	0,27 Mio.
Flugbewegungen p.a.	0,212 Mio.

206

Informationen

1940-1945: Besetzung eines Grasgeländes im Süden von Paris durch die deutsche Luftwaffe. Bau von zwei Start-/Landebahnen.

1946: Beginn der Ausbauarbeiten.

1948: 215.000 Passagiere.

1949: Eröffnung einer dritten Start-/Landebahn.

1950-1957: Unentschlossener Ausbau mit Behelfsbauten.

1961: Offizielle Eröffnung des Flughafen-Bereichs „Orly-Süd".

1965: 5 Millionen Passagiere.

1966: Eröffnung des Kontrollturms.

1969: Eröffnung der östlichen Satelliten-Bauten.

1971: Offizielle Eröffnung des Flughafen-Bereichs „Orly-West".

1986: Eröffnung Terminal 4.

1990: Ausbauarbeiten in den Terminals 1 und 2 zur Anpassung an Großraumflugzeuge.

1991: Eröffnung des neuen Cargo-Zentrums „Orlyval".

1992: 15 Millionen Passagiere.

1993: Eröffnung der Halle 1 des Terminal-Komplexes im Norden von Orly-West.

Künftige Erweiterungen und Ausbauten beschränken sich weitgehend auf eine Optimierung des Verkehrsflusses zwischen „Orly-West" und „Orly-Süd", den Bau eines neuen „Orly Business Centers", die Modernisierung von „Orly-Süd" und das Bereitstellen von weiteren 4.000 Parkplätzen.

Touristische Tips

Die Hauptstadt Frankreichs, Paris, ist ein touristischer Hauptanziehungspunkt des Landes. 10 Millionen Einwohner.

Paris ist die Wirtschaftsmetropole, der Mittelpunkt der französischen Filmindustrie und des Presse- und Verlagswesens und das führende europäische Modezentrum.

Die Stadt besitzt die älteste Universität des Landes, die Sorbonne, über 300 Bibliotheken, mehr als 250 Dokumentationszentren, über 60 Theater und mehr als 80 Museen, u.a. den Louvre, das ehemalige königliche Schloß, seit 1793 Museum. An der Stelle der abgerissenen Markthallen wurde 1977 das Kulturzentrum Georges Pompidou eröffnet. Naturfreunde kommen in botanischen und zoologischen Gärten und vielen Grünanlagen (u.a. Bois de Boulogne, Jardin de Luxembourg) auf ihre Kosten.

Bekannte Bauten sind: Kathedrale Notre-Dame de Paris, Panthéon, Arc de Triomphe. Wahrzeichen der Stadt ist der 300 m hohe Eiffelturm.

An den Champs Elysées, eine der berühmten Straßen, konzentrieren sich Bekleidungsfirmen, Parfümerien, Cafes, Autosalons, Film- und Exportagenturen, am Pigalle und Montmartre Varietes, Revuen und Nachtlokale. In der Nähe des Flughafens Orly liegt eines der größten Verteilungszentren für Obst, Gemüse, Molkereiprodukte, Geflügel, Fleisch, Fisch und Blumen.

Im Stadtgebiet überqueren 32 Brücken die Seine, deren beide Ufer von den Bouquinisten mit ihren Bücherständen belegt werden.

PRAHA
RUZYNE
CZECH REPUBLIC

(29-2) 28 JUL 93 JEPPESEN

GROUND 121.90

(FIS)
PRAHA INFORMATION 126.10

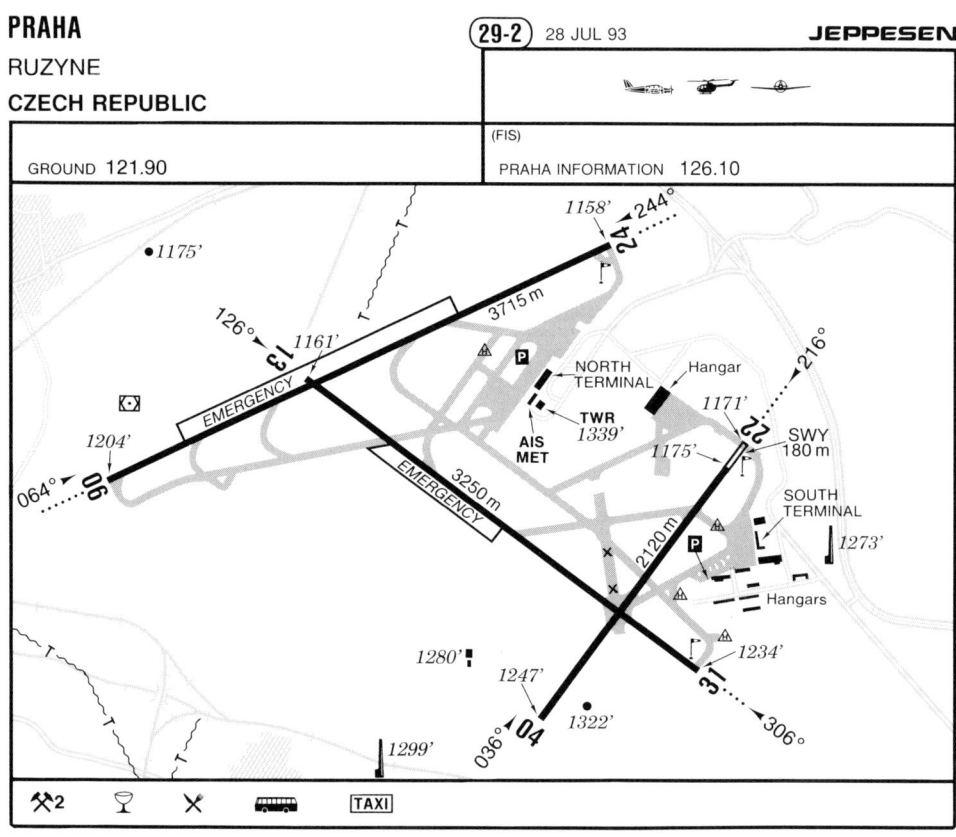

Daten

Flughafen	Prag Ruzyne / Tschechien
ICAO-Code	LKPR
IATA-Code	PRG
Nationale Airline	CSA Ceskoslovenske Aerolinie
Code der nationalen Airline	CSA/OK
Lage	10,0 km W Prag
Koordinaten	N 50 06 06 / E 14 15 43
Flughafenhöhe	380 m
Start-/Landebahn 1	06/24 > 3.715 m
Start-/Landebahn 2	13/31 > 3.250 m
Start-/Landebahn 3	04/22 > 2.120 m
ATIS	122,15 MHz
FIS	Praha Information 126,10 MHz
GND	Ruzyne Ground 121,90 MHz
TWR	Ruzyne Tower 118,10 MHz
APP/DIV	Ruzyne Approach 121,40 MHz
Passagiere p.a.	0,018 Mio.
Fracht p.a. (Tonnen)	0,001 Mio.
Flugbewegungen p.a.	0,007 Mio.

Über Prag Ruzyne existieren keine historischen Daten und auch keine Zukunftspläne.

Touristische Tips

Prag, die Hauptstadt Tschechiens, liegt am Zusammenfluß von Moldau und Beraun.
1,2 Millionen Einwohner.
Die wichtige Handels- und Industriestadt (Baustoffe, Maschinenbau, Nahrungsmittel, Film- und Schallplattenproduktion) ist auch größter Verkehrsknotenpunkt. In Prag treffen zehn Hauptbahnen und elf Staatsstraßen aufeinander. Der Hafen liegt an der Moldau.
Prag verfügt über eine Universität, eine Technische Hochschule, zahlreiche Fachschulen, eine Kunstakademie, ein Konservatorium und Bibliotheken. Prag ist auch Sitz der Tschechoslowakischen Akademie der Wissenschaften, mehrerer Gesellschaften und Forschungsinstitute.

Die Nationalgalerie, Museen, 21 ständige Bühnen (z.B. Nationaltheater, Laterna Magica) und das jährliche Musikfest (Prager Frühling) machen den kulturellen Teil der Stadt aus. Für Naturliebhaber gibt es einen Zoo und einen botanischen Garten.
In beherrschender Lage auf dem Hradschin liegt die Burg. Im Zentrum der Burganlage steht der Sankt-Veits-Dom. Außerhalb des Burgkomplexes befinden sich die Loretokirche, das Lustschloß Belvedere, das Palais Schwarzenberg und das Cerninpalais. Unterhalb der Burg steht die Nikolauskirche. Der schönste Weg über die Moldau ist die 514 m lange Karlsbrücke, vorbei an steinernen Heiligen und dem bronzenen Nepomuk. Diese beeindruckende Statuenallee verbindet die Burg mit der restaurierten Altstadt, in der es viele Kirchen und Adelspaläste gibt. Die bekanntesten Plätze der Stadt sind der Altstädterring und der Wenzelsplatz.
Unverzichtbar für Bierliebhaber ist ein Besuch in Prags berühmtestem Bierlokal U Fleku in der Neustadt.

Rom Fiumicino   LIRF / FCO

Daten

Flughafen	Rom Fiumicino / Italien
ICAO-Code	LIRF
IATA-Code	FCO
Nationale Airline	Alitalia
Code der nationalen Airline	AZA/AZ
Lage	35,4 km SW ROM
Koordinaten	N 41 48 40 / E 12 15 09
Flughafenhöhe	5 m
Start-/Landebahn 1	07/25 > 3.295 m
Start-/Landebahn 2	16R/34L > 3.990 m
Start-/Landebahn 3	16L/34R > 3.900 m
ATIS	DEP 121,70 MHz
GND	Fiume Ground 121,90 MHz
TWR	Fiume Tower 118,70 MHz
APP/DIV	Rome Radar 129,00 MHz
Passagiere p.a.	19,3 Mio.
Fracht p.a. (Tonnen)	0,252 Mio.
Flugbewegungen p.a.	0,22 Mio.

Informationen

1961: Eröffnung des Flughafens.
1973: Eröffnung der dritten Start-/Landebahn.
1974: Zusammenschluß mit dem Flughafen
Roma Ciampino unter „Aeroporti di Roma".
1975: 10 Millionen Passagiere.
1985: 14 Millionen Passagiere.
1986: Start eines Ausbauplanes.
1987-1993: Eröffnung eines neuen Piers für Inlandflüge, eines großen Bürogebäudes und der
Bahnverbindung Flughafen-Rom/Hauptbahnhof.
1993: 20 Millionen Passagiere.

Der Ausbauplan von 1986 reicht bis zum Jahr
2030. Vorgesehen ist für 1995 ein neuer Pier für
internationale Flüge. Danach folgt ein neues
Flughafen-Straßensystem, das die späteren Bereiche „Inlandflüge", „Europäische Flüge" und
„Interkontinentalflüge" verbinden wird.

Touristische Tips

Rom, die Hauptstadt Italiens, liegt am Unterlauf
des Tiber. 2,8 Millionen Einwohner.
Das politische, geistige und kulturelle Zentrum
Italiens ist u.a. auch Sitz des Papstes (Vatikanstadt), des Staatspräsidenten, des Parlaments,
der italienischen Regierung und aller Ministerien.
Wichtige Industriezweige sind Maschinenbau,
graphisches Gewerbe, Erdölraffinerien und Film-
ateliers. Die Stadt ist Modezentrum mit zahlreichen internationalen Messen.
Zwei Universitäten, Hochschulen, Akademien, Institute, eine Nationalbibliothek, ein Staatsarchiv,
ein Observatorium, 50 Museen und Gemäldegalerien, Bühnen und Theater sowie botanische
Gärten und ein Zoo gehören zur Ewigen Stadt.
Bedeutend ist die Anzahl der erhaltenen antiken
Bauwerke und Ruinen. Zwischen Kapitol und Pa-
latin, einem der sieben Hügel Roms, verläuft das
antike Ruinenfeld Forum Romanum. Daneben
liegt das Kolosseum, das größte Amphitheater
der Antike. Das Pantheon steht auf dem ehemaligen Marsfeld. Zu den römischen Kolossalbau-
ten zählen auch die Thermen und die Katakom-
ben. Neben vielen Kirchen, Adelspalästen und
Brunnen (z.B. Fontana di Trevi) ist die Spanische Treppe erwähnenswert. Die Vatikanstadt
mit dem Petersplatz, der Peterskirche und die
vatikanischen Museen mit der Sixtinischen Kapel-
le sind fast schon Pflicht für Rom-Besucher. Die
Via del Corso, die Via di Ripetta oder die Via
Veneto sind heute prächtige Einkaufsstraßen.

(Farbabbildung des Flughafens Seite 155)

				AIRPORT
ATIS Departure **121.7**	FIUME Tower **118.7**	ROME Radar (Departure)	**LIRF**	**ROME, ITALY**
FIUME Planning (Cpt) **121.8**	Rwy 16L/34R **119.3**	**129.0**		**FIUMICINO**
Ground **121.9**		**130.9**	OST 114.9 - On Airport N41 48.7′ E012 15.2	
			Var 01° E	Elev **14′**

REDUCED SEPARATION PROCEDURES:

General: Authorized only during daylight hours. Wake turbulence prescribed separation must be observed. Responsibility for adequate separation rests with pilot of succeeding acft.

Landing RWY 16L/34R: Acft may be allowed to land before the rwy is vacated by the preceeding acft. Rwy must be dry. Succeeding acft must be warned and able to see the preceeding one continuously until it is clear of rwy. ATC will instruct:"Land after....(preceeding acft type)".

Take-off RWY 25: Acft able to maintain initial separation visually may be allowed to take off right after a previously departed acft. VIS must not be less than 5 km and ceiling not below 3500′. Different departure radials must be assigned to the acft. Preceeding acft must be faster or belong to the same speed category than succeeding one, that shall comply with speed restriction of MAX 250 KT. ATC will instruct:"Take-off after...(preceeding acft) that will follow...(departure)".

TWY B btn TWYS BD and BE (both excluded) and TWY Y avbl as holding positions in the event of stand saturation.

LEGEND
B Taxiways
07A Take-off positions

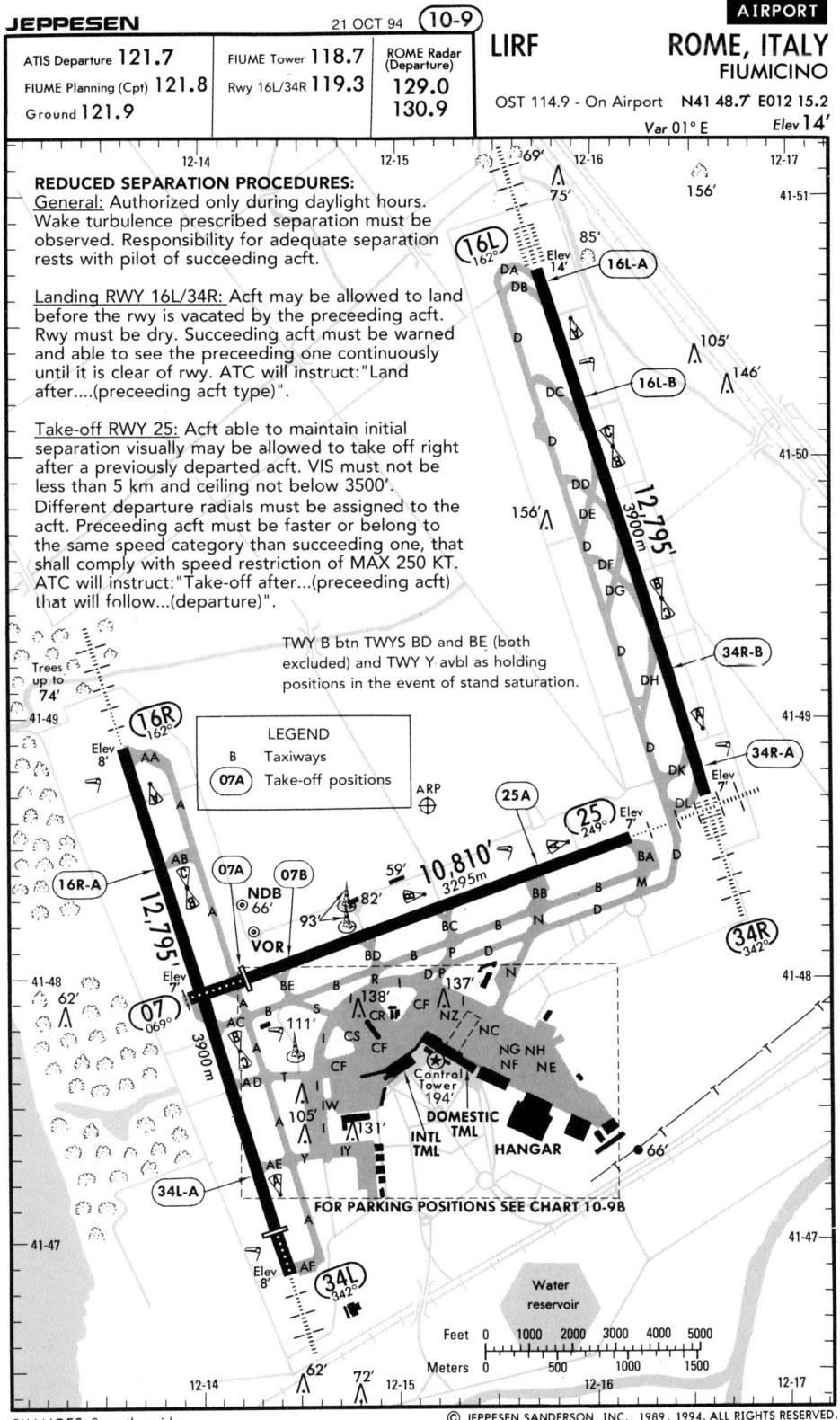

FOR PARKING POSITIONS SEE CHART 10-9B

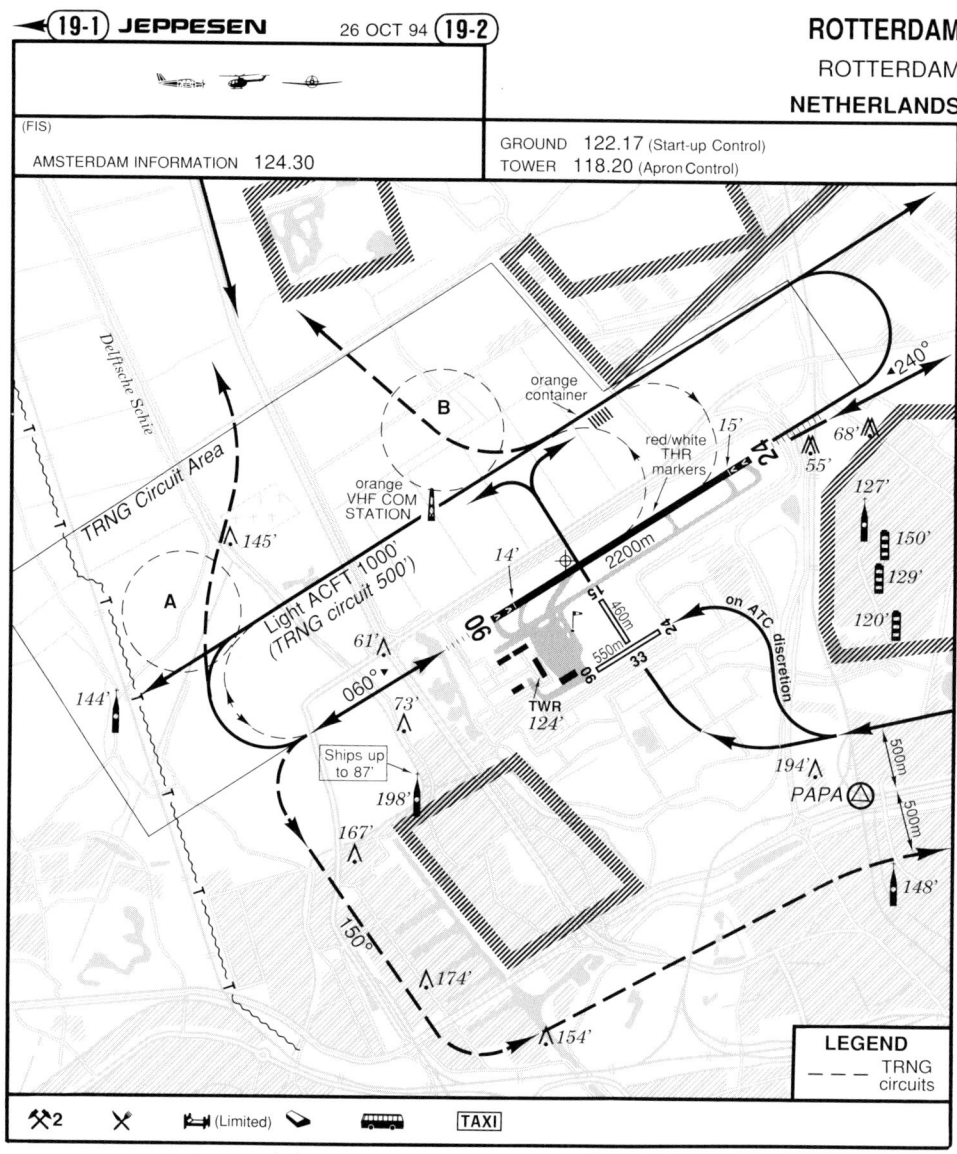

◀19-1 **JEPPESEN**   26 OCT 94 19-2

ROTTERDAM

ROTTERDAM

NETHERLANDS

(FIS)

AMSTERDAM INFORMATION   124.30

GROUND   122.17 (Start-up Control)

TOWER   118.20 (Apron Control)

orange container

red/white THR markers

240°

TRNG Circuit Area

B

orange VHF COM STATION

15'

68'

55'

127'

150'

Light ACFT 1000' (TRNG circuit 500')

145'

A

14'

2200m

129'

120'

on ATC discretion

61'

060°

73'

TWR 124'

194'

PAPA

144'

Ships up to 87'

198'

167'

150°

174'

154'

148'

500m

500m

LEGEND

– – –   TRNG circuits

⚒2   ✕   ⊢✦⊣ (Limited)   ✈   🚌   TAXI

Flughafen	Rotterdam / Niederlande
ICAO-Code	EHRD
IATA-Code	RTM
Nationale Airline	KLM Royal Dutch Airlines
Code der nationalen Airline	KLM/KL
Lage	5,2 km NW Rotterdam
Koordinaten	N 51 57 25 / E 04 26 14
Flughafenhöhe	-4 m
Start-/Landebahn 1	06/24 > 2.200 m
Start-/Landebahn 2	06/24 > 550 m
Start-/Landebahn 3	15/33 > 460 m
ATIS	110,40 MHz
FIS	Amsterdam Information 124,30 MHz
GND	Rotterdam Ground 122,17 MHz
TWR	Rotterdam Tower 118,20 MHz
APP/DIV	Rotterdam Approach 127,02 MHz

Passagiere p.a.	0,315 Mio.
Fracht p.a. (Tonnen)	0,004 Mio.
Flugbewegungen p.a.	0,115 Mio.

Geschichtliche Daten über Rotterdam, den größten Regionalflughafen in den Niederlanden, liegen nicht vor. Seit 1990 gehört der Flughafen wirtschaftlich zu Amsterdam Schiphol. Zur Zeit existieren Planungen, einen neuen Flughafen nördlich Rotterdam mit einer Start-/Landebahn von 2.800 m Länge zu bauen, um die für die Region wichtige wirtschaftliche Belebung sicherzustellen. Der neue Flughafen soll auf eine Kapazität von 2 Millionen Passagieren und 50.000 Tonnen Fracht pro Jahr ausgelegt werden.

Rotterdam, eine niederländische Hafenstadt, liegt an beiden Seiten der Neuen Maas. 572.000 Einwohner.

Rotterdam hat einen umfangreichen Transithandel mit Börse, Großbanken, Versicherungsanstalten und Großmärkten und ist Zentralstelle für die Rheinschiffahrt. Im Hafen werden vor allem Mineralöle, Erze, Kohle und Getreide umgeschlagen. Von Rotterdam führen Pipelines nach Amsterdam, Antwerpen und in den Raum Frankfurt. Die Stadt ist Mittelpunkt eines Industriegebietes und größtes Erdölverarbeitungszentrum der Erde.

Rotterdam hat eine Universität, Akademien, Forschungsinstitute, ein Stadtarchiv, wichtige Museen und Gemäldegalerien, ein Theater- und Konzerthaus sowie einen Zoo.

Die Sint-Laurenskerk, die Sint-Rosaliakerk und das Schielandshuis sind historische Baudenkmäler, die nach starken Zerstörungen im 2. Weltkrieg wiederhergestellt wurden. Unbeschädigt blieb das Bronzestandbild des Humanisten Erasmus von Rotterdam. Das Bouwcentrum (internationale Auskunfts- und Beratungsstelle für das Bauwesen), das Kaufhaus Bijenkorf, der Hauptbahnhof und die Monumentalplastiken (z.B. das Mahnmal für die zerstörte Stadt aus dem Jahr 1953) sind Bauten neuerer Zeit. Wahrzeichen des Hafens ist der 185 m hohe Euromast.

Terminal und Tower des Flughafens Rotterdam mit zwei Flugzeugen der Charter-Airline „Cityhopper" (Rotterdam Airport BV).

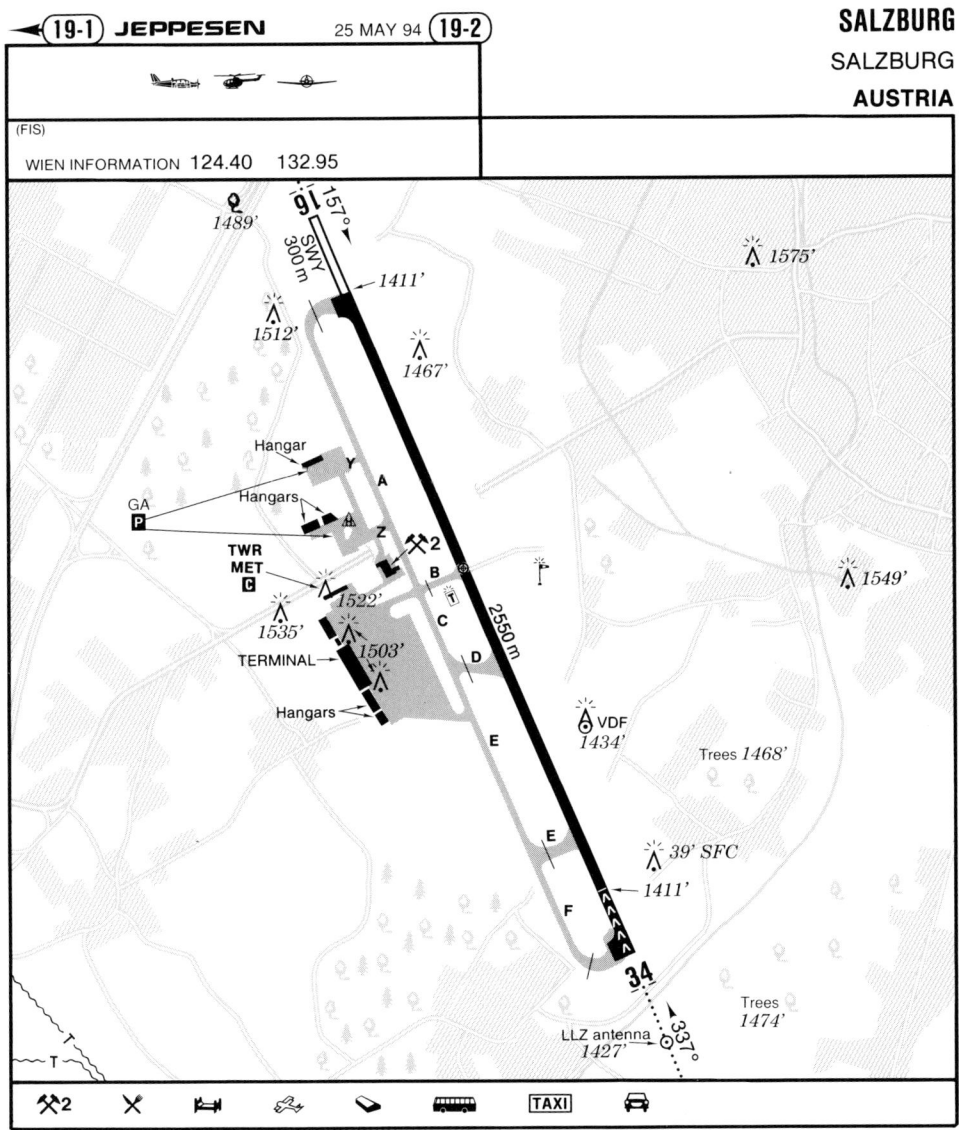

(19-1) **JEPPESEN** 25 MAY 94 (19-2)

SALZBURG
SALZBURG
AUSTRIA

(FIS)
WIEN INFORMATION **124.40** **132.95**

1489'

157°

16

SWY 300 m

1411'

1575'

1512'

1467'

Hangar
Y A

Hangars
Z

GA P

TWR MET C

2

1522'
B

1535'
C

TERMINAL 1503'
D

Hangars

E

2550 m

1549'

VDF 1434'

Trees 1468'

E

E

39' SFC
1411'

F

34

Trees 1474'

LLZ antenna 1427'

337°

TAXI

Flughafen	Salzburg / Österreich
ICAO-Code	LOWS
IATA-Code	SZG
Nationale Airline	Austrian Airlines
Code der nationalen Airline	AUA/OS
Lage	3,1 km WSW Salzburg
Koordinaten	N 47 47 42 / E 13 00 14
Flughafenhöhe	430 m
Start-/Landebahn	16/34 > 2.550 m
ATIS	125,72 MHz
FIS	Wien Information 124,40 MHz
TWR	Salzburg Tower 118,10 MHz
APP/DIV	Salzburg Radar 123,72 MHz
Passagiere p.a.	1 Mio.
Fracht p.a. (Tonnen)	0,004 Mio.
Flugbewegungen p.a.	0,018 Mio.

Informationen

1926: Eröffnung des Flughafens.
1926-1929: Einbindung in das Lufthansa-Streckennetz. Erste Flugverbindungen in die Tschechoslowakei, Italien und Ungarn durch die nationale Luftverkehrs AG.
1930-1939: Rückgang des Luftverkehrs.
1940-1945: Besetzung durch die deutsche Luftwaffe: Bau einer Betonbahn.
1946: Übernahme durch die US-Armee.
1958: Eröffnung einer auf 2.200 m verlängerten Start-/Landebahn.
1960-1964: Modernisierung mit ILS- und NDB.
1964: 100.000 Passagiere.
1978: 300.000 Passagiere.
1983: Verlängerung der Bahn auf 2.550 m Länge. Umbenennung in „Salzburg Airport".
1990: 900.000 Passagiere.

Die Ausbau- und Erweiterungsmöglichkeiten für „Salzburg Airport" sind beschränkt. Neben einer neuen Zufahrtsstraße und neuen Parkplätzen (1995) ist eine Terminal-Erweiterung mit Trennung nach EU/Nicht-EU-Passagieren für 1996 geplant. Die Start-Landebahn soll einschließlich der nördlichen Stoppstrecke auf 2.850 m verlängert werden (1995).

Touristische Tips

Salzburg, Landeshauptstadt des gleichnamigen österreichischen Bundeslandes, liegt am Austritt der Salzach aus den Alpen.
137.000 Einwohner.
Das Verwaltungs-, Kultur- und Handelszentrum mit wichtigen Industriezweigen (z.B. Nahrungs- und Genußmittel-, Holz- Elektro- und Bekleidungsindustrie) sowie Druck- und Verlagswesen ist auch ein bedeutendes Tourismus-Zentrum.
Die Stadt hat eine Universität, eine Hochschule für Musik und darstellende Kunst, das Österreichische Forschungsinstitut für Wirtschaft und Politik, ein Landesarchiv, viele Museen (z.B. Mozartmuseum) und das Landestheater.
Wahrzeichen ist die Hohensalzburg. Im Schutz dieser gewaltigen Festung liegt die Stadt mit ihren barocken Bauten, Plätzen und Gärten beiderseits der Salzach. Der Dom, über Fundamenten einer romanischen Basilika entstanden, und viele Kirchen gehören ebenso zum altertümlichen Stadtbild. Am Stadtrand liegen die Schlösser Leopoldskron und Hellbrunn, ein Barockschloß mit Park und Wasserspielen. Alljährlich finden die Salzburger Festspiele mit Opern, Konzert- und Schauspielaufführungen statt, ein großes Kulturspektakel mit weltweiter Beachtung.
In der von schmalen Häusern eingerahmten Getreidegasse, früher Hauptstraße der mittelalterlichen Bürgerstadt, steht Mozarts Geburtshaus.

(Farbabbildung des Flughafens Seite 156)

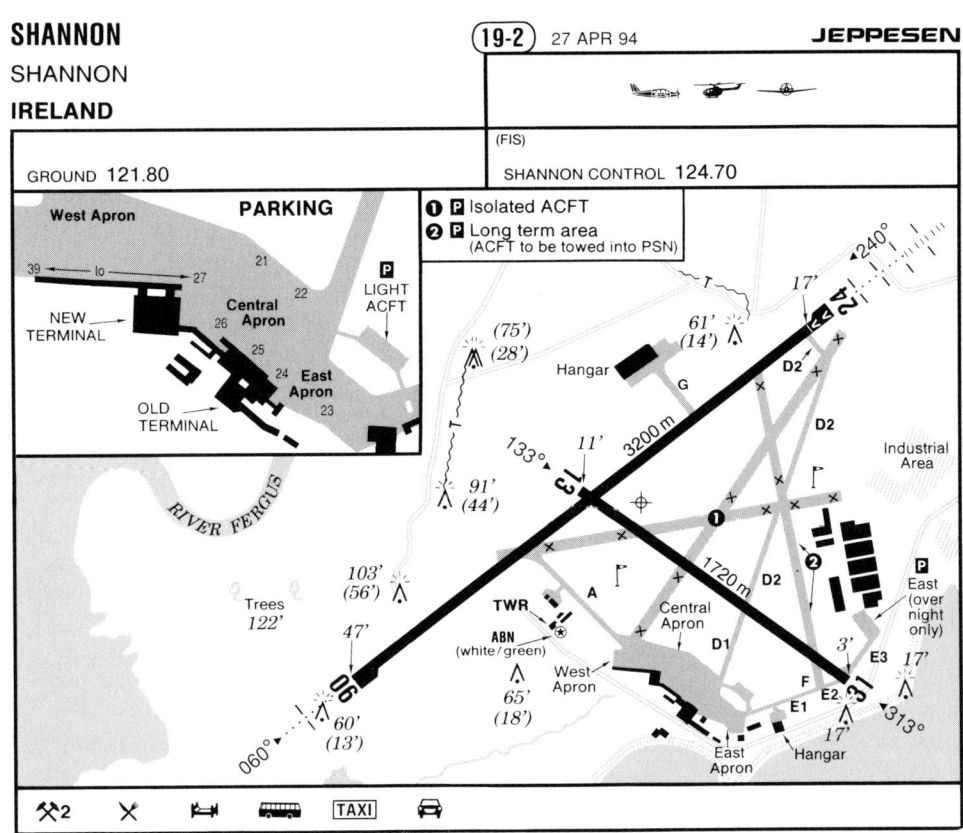

SHANNON

SHANNON

IRELAND

(19-2) 27 APR 94

JEPPESEN

(FIS)

GROUND 121.80

SHANNON CONTROL 124.70

PARKING

West Apron

❶ P Isolated ACFT
❷ P Long term area
(ACFT to be towed into PSN)

Daten

Flughafen	Shannon / Irland
ICAO-Code	EINN
IATA-Code	SNN
Nationale Airline	Aer Lingus
Code der nationalen Airline	EIN/EI
Lage	25,0 km WNW Limerick
Koordinaten	N 52 42 04 / W 08 55 15
Flughafenhöhe	14 m
Start-/Landebahn 1	06/24 > 3.200 m
Start-/Landebahn 2	13/31 > 1.720 m

ATIS	130,95 MHz
FIS	Shannon Control 124,70 MHz
GND	Shannon Ground 121,80 MHz
TWR	Shannon Tower 118,70 MHz
APP/DIV	Shannon Approach 121,40 MHz
Passagiere p.a.	1,7 Mio.
Fracht p.a. (Tonnen)	0,026 Mio.
Flugbewegungen p.a.	0,043 Mio.

217

1942: Eröffnung unter dem Namen „Shannon Airport".

1945: Landung der ersten planmäßigen DC-4 (American Overseas Airways). Aufnahme des Flugbetriebs durch TWA, Pan Am und BOAC.

1947: Erster Flughafen der Welt mit Duty Free Shop.

1951: Eröffnung des Duty Free Shop.

1952-1969: Erweiterungen und Umbauten zur Anpassung an Jet-Betrieb.

1969: Aer Rianta übernimmt den Flughafen.

1971: Eröffnung des neuen Terminals.

1974: Übernahme der Verkaufs- und Catering-Bereiche durch Aer Rianta.

1980: Bau eigener Tanklager durch Aeroflot.

1988: Einrichtung eines USA-Einwanderungs-büros wegen langwieriger Einwanderungspro-zeduren in New York und Boston.

1988: Joint Venture zwischen Aer Rianta und Aeroflot.

Ausbaupläne bis 1999: Neues Straßensystem, Pier-Erweiterungen, Grundstückerwerb für all-gemeine Flughafenerweiterungen, Mietwagen-zentrum. Geplant sind auch ein „Atlantik Ex-press Zentrum" für Passagiere sowie ein inter-nationales Cargo-Zentrum.

Limerick, irische Hafenstadt am Fluß Shannon. 61.000 Einwohner.

Die dem Flughafen Shannon Airport am nächsten gelegene Stadt ist Limerick, ein bedeutendes Handelszentrum im Verwaltungsbezirk der Graf-schaft Limerick. Die Stadt ist die drittgrößte In-dustriestadt Irlands. Viele Erwerbstätige pendeln zum Industriezentrum Shannon Airport.

Neben mehreren Museen gibt es eine Kunstga-lerie.

Die Gegend um Limerick ist bekannt für hervor-ragende Lachsfangmöglichkeiten. Auch jagdge-sellschaftliche Ereignisse gehören zum west-iri-schen Way of living genauso wie der Golfsport, der sogar bald direkt am Flughafen Shannon Airport ausgeübt werden kann. Im Umkreis von 30 km um Limerick gibt es fünf Golfplätze, die internationalem Meisterschaftsstandard ent-sprechen.

Die Einkehr in einem oder mehreren der vielen traditionellen irischen Pubs ist fast schon eine tägliche Pflichtübung für Irland-Touristen. Aber auch ein festliches Bankett in einem mittelalter-lichen Schloß oder einer Burg sollte zum Be-such der Grünen Insel gehören.

(Farbabbildung des Flughafens Seite 157)

CTA monitoring:
SHANNON CONTROL 124.70 127.50

(APP)
SHANNON APPROACH (R) 121.40 120.20

(TWR)
SHANNON TOWER 118.70   121.80

GROUND 121.80

EINN

ELEV 47 ft / 14 m

52 42 04 N
08 55 15 W   13.5 NM WNW Limerick

ATIS 130.95

*DME/ILS freq paired.

RWY		ILS		RWY		ILS	
06 *	109.50	ISE	060°	24	109.50	ISW	240°

SCALE 1 : 250 000

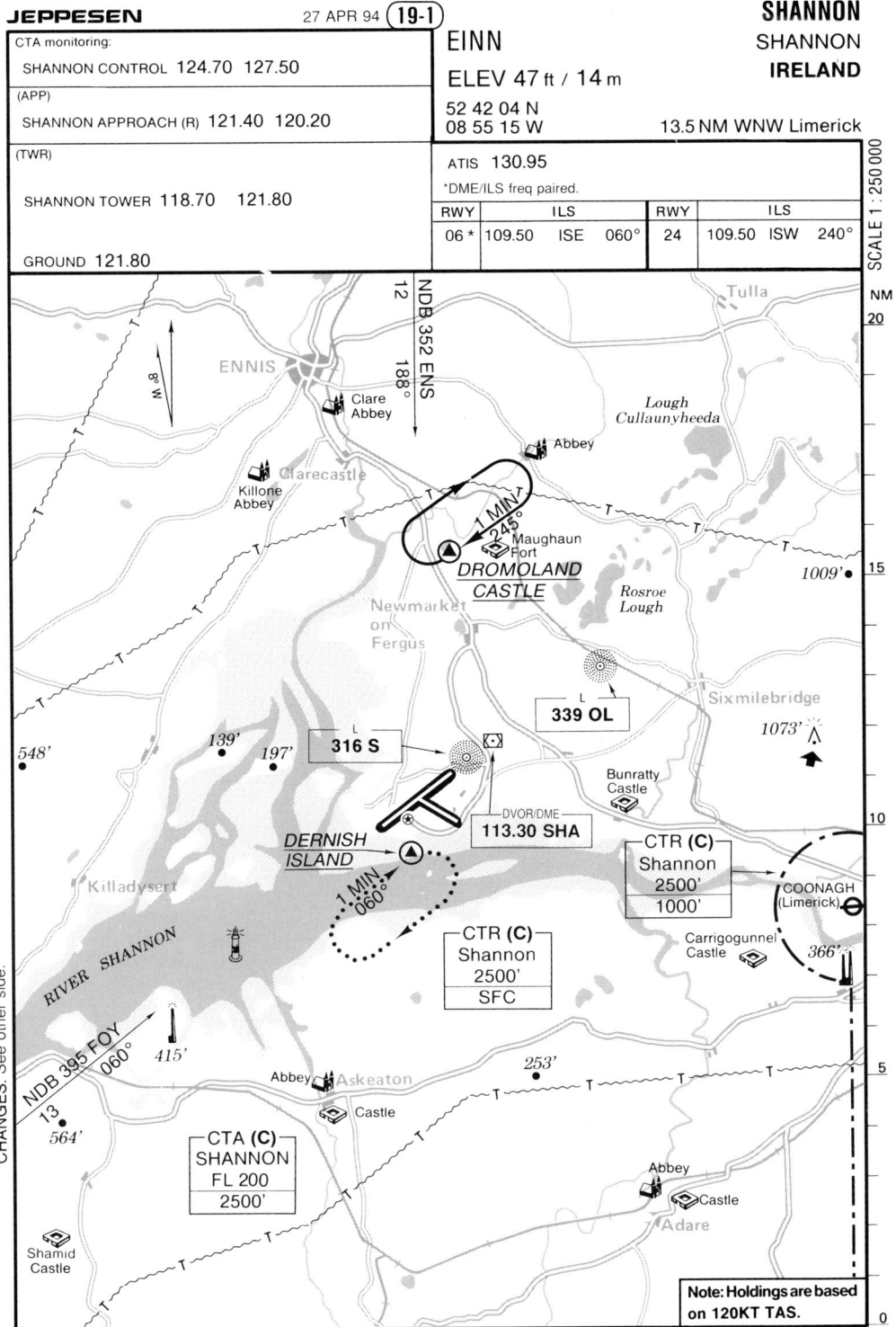

Note: Holdings are based on 120KT TAS.

CHANGES: See other side.

BOTTLANG AIRFIELD MANUAL ®

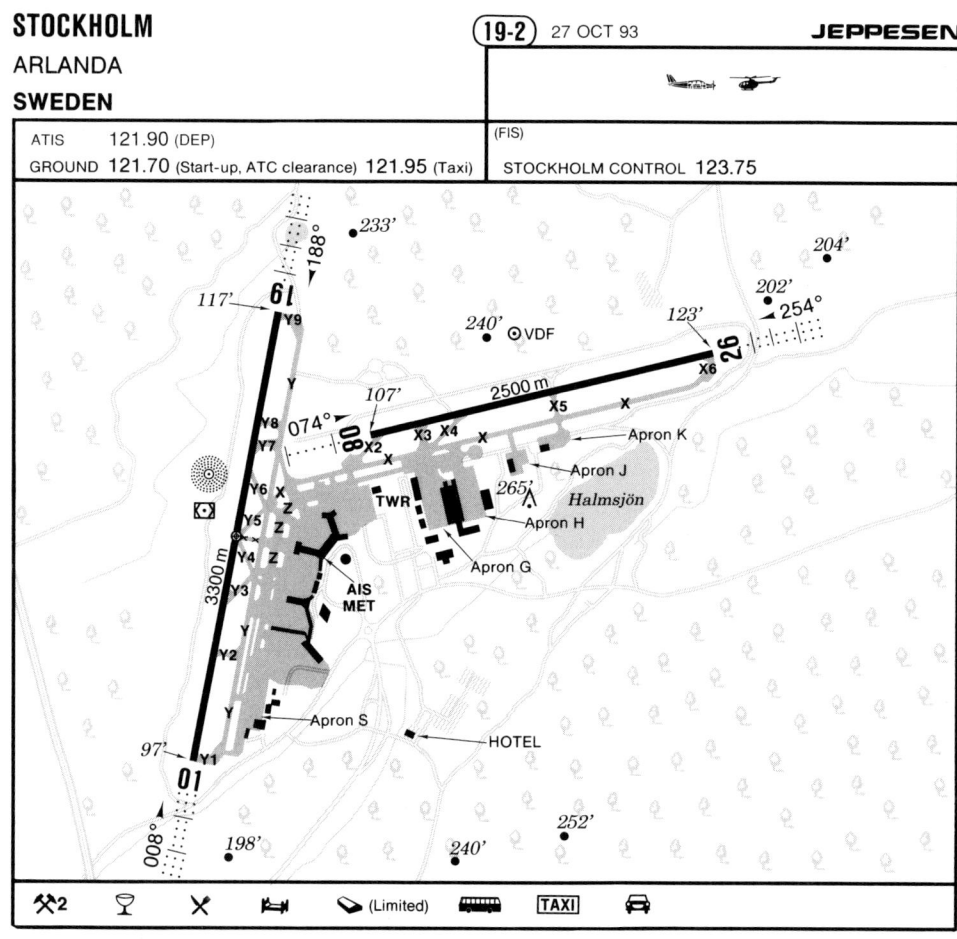

STOCKHOLM

ARLANDA

SWEDEN

(19-2) 27 OCT 93   **JEPPESEN**

ATIS	121.90 (DEP)	(FIS)
GROUND 121.70 (Start-up, ATC clearance) 121.95 (Taxi)		STOCKHOLM CONTROL 123.75

Daten

Flughafen	Stockholm Arlanda / Schweden	**Flughafenhöhe**	37 m
ICAO-Code	ESSA	**Start-/Landebahn 1**	01/19 > 3.300 m
IATA-Code	ARN	**Start-/Landebahn 2**	08/26 > 2.500 m
Nationale Airline	Scandinavian Airlines System	**ATIS**	ARR 119,00 + DEP 121,90 MHz
Code der nationalen Airline	SAS/SK	**FIS**	Stockholm Control 123,75 MHz
Lage	37,0 km N Stockholm	**GND**	Arlanda Ground 121,95 MHz
Koordinaten	N 59 39 09 / E 17 55 19	**TWR**	Arlanda Tower 118,50 MHz

Passagiere p.a.	12,6 Mio.
Fracht p.a. (Tonnen)	0,085 Mio.
Flugbewegungen p.a.	0,225 Mio.

Informationen

1954: Eröffnung unter dem Namen „Halmsjön".
1958: Nach Bahnerneuerung und Erweiterung mit einer weiteren Bahn Umbenennung in „Stockholm Arlanda".
1960: Erster Flug einer DC 8 nach New York.
1962: Offizielle Einweihung des Flughafens.
1976: Eröffnung Terminal 5.
1983: Eröffnung Terminal 4.
1989: Eröffnung Terminal 3.
1990: Eröffnung Terminal 2.
1993: Eröffnung des Einkaufs- und Geschäftszentrums „Sky City".

Bis zum Jahr 1999 ist der Bau einer dritten Start-/Landebahn und einer Bahnverbindung Arlanda-Stockholm/Zentrum geplant.

Touristische Tips

Stockholm ist die Hauptstadt Schwedens und Zentrum des gleichnamigen Verwaltungs-Gebietes. 655.000 Einwohner.
Die Stadt ist Residenz des schwedischen Königshauses, Sitz der Regierung, des Parlaments, einiger Großbanken, Reedereien und Handelsunternehmen. Schwedens größte Industriestadt (Schiffbau, Papier-, Textil- und Bekleidungsindustrie) hat einen Hafen, der auch im Winter offengehalten wird, und ist Ausgangspunkt zahlreicher Eisenbahnlinien ins Hinterland. Vom Stockholmer Hafen gehen zahlreiche Fähren in alle anderen skandinavischen Länder und auch in die Staaten des Baltikums.
Es gibt eine Universität, Fachhochschulen, das Internationale Institut für Energie und Humanökologie, ein Observatorium, ein Reichsarchiv sowie über 50 Museen (z.B. Nationalmuseum, Freilichtmuseum Skansen), mehrere Theater und einen botanischen Garten.
Bedeutende Kirchen sind die Storkyrka, die Riddarholmskirche und die Tyska Kyrka. Das königliche Schloß hat eine prunkvolle Innenausstattung. Im 19. Jahrhundert entstanden das Nationalmuseum und andere öffentliche Gebäude, im 20. Jahrhundert das Rathaus, die Königliche Bibliothek sowie einige Satellitenstädte.

(Farbabbildung des Flughafens Seite 156)

STUTTGART

STUTTGART

GERMANY

GROUND 121.90

(19-2) 27 JAN 88   **JEPPESEN**

(PPR)   (PPR)

(FIS)

STUTTGART INFORMATION 125.40

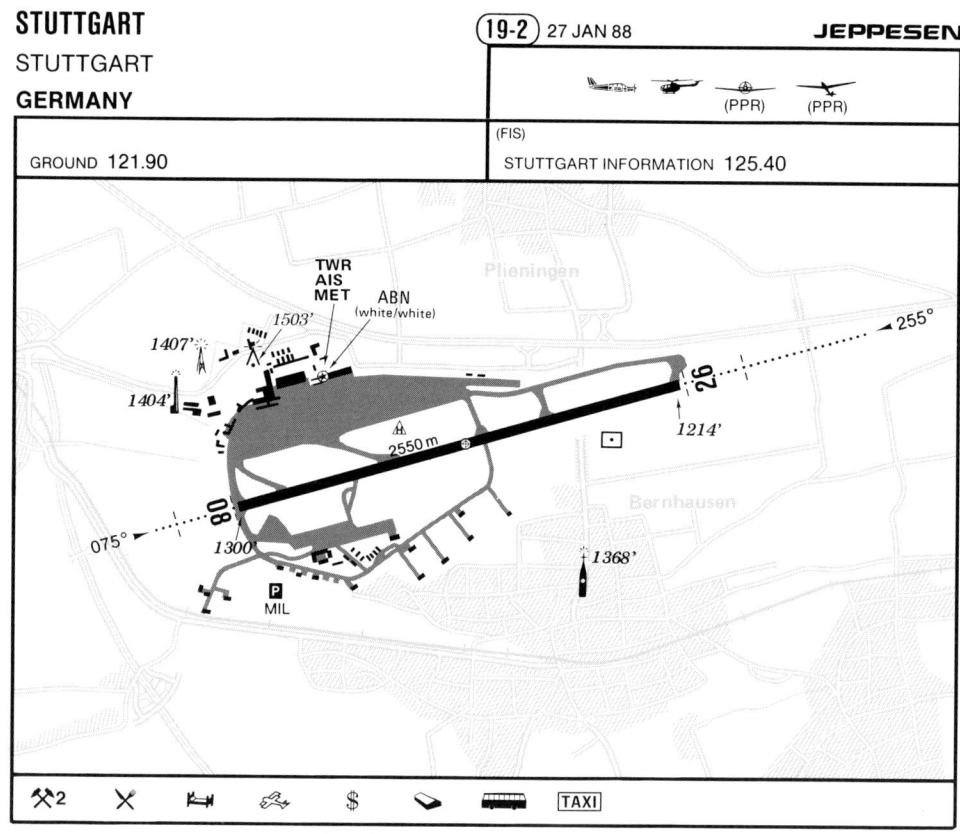

Daten

Flughafen	Stuttgart / Deutschland
ICAO-Code	EDDS
IATA-Code	STR
Nationale Airline	Deutsche Lufthansa
Code der nationalen Airline	DLH/LH
Lage	10,2 km S Stadtmitte Stuttgart
Koordinaten	N 48 41 19 / E 09 12 29
Flughafenhöhe	396 m
Start-/Landebahn	08/26 > 2.550 m

ATIS	126,12 MHz
FIS	Stuttgart Information 125,40 MHz
GND	Stuttgart Ground 121,90 MHz
TWR	Stuttgart Tower 122,70 (ARR) MHz
	118,80 (DEP) MHz
APP/DIV	Stuttgart Radar 119,20 MHz
Passagiere p.a.	5,1 Mio.
Fracht p.a. (Tonnen)	0,012 Mio.
Flugbewegungen p.a.	0,128 Mio.

Informationen

1939: Geplante Eröffnung für den zivilen Luftverkehr. Stattdessen Übernahme durch die deutsche Luftwaffe.
1941-1944: Aufnahme des zivilen Luftverkehrs (Lufthansa). Tägliche Flüge der Swissair Zürich-Stuttgart-Berlin.
1944: Einstellung des zivilen Luftverkehrs.
1945: Besetzung durch französische Truppen, später Übernahme durch die US-Armee.
1948: Wiederaufnahme des zivilen Luftverkehrs durch Swissair und Pan Am.
1955: Eröffnung des Linienflugverkehrs (Lufthansa).
1959: 212.000 Passagiere.
1969: 1,3 Millionen Passagiere.
1979: 2,7 Millionen Passagiere.
1990: 4,3 Millionen Passagiere.
1991: Eröffnung Terminal 1.
1993: Eröffnung Terminal 2, Inbetriebnahme des S-Bahn-Anschlusses, 5,1 Millionen Passagiere.

Ein neuer Kontrollturm soll bis 1995 entstehen. Bis 1996 wird die Start-/Landebahn verlegt und auf 3.345 m verlängert.

Touristische Tips

Stuttgart ist Hauptstadt des Bundeslandes Baden-Württemberg. 562.000 Einwohner.
Die Stadt ist Sitz der Landesregierung, des Landtages von Baden-Württemberg, des Regierungspräsidiums des Regierung-Bezirks Stuttgart, vieler Landesämter, der staatlichen Münzprägeanstalt und des Süddeutschen Rundfunks. Als Wirtschafts- und Handelszentrum besitzt die Stadt eine Mischung aus Klein- und Mittelbetrieben und verschiedene Industriezweige mit wenigen, aber bedeutenden Großbetrieben (Elektrotechnik, Elektronik). Auf dem Killesberg liegt ein großes Messe- und Ausstellungsgelände.
Die Stadt verfügt über zwei Universitäten, Hoch- und Fachhochschulen, das Max-Planck-Institut für Festkörper- und Metallforschung, die Akademie der bildenden Künste, eine Staatsgalerie, eine Sternwarte mit Planetarium, viele Museen (Landesmuseum, Daimler-Benz-Museum, Weinmuseum) sowie einige Theater und den botanisch-zoologischen Garten Wilhelma.
Zu den letzten großen Stadtschlössern in Süddeutschland zählt das Neue Schloß. Das Alte Schloß mit dem sehenswerten Innenhof (heute Württembergisches Landesmuseum) und die Stiftskirche mit ihren 61 m hohen Türmen (ein Wahrzeichen der Stadt) sind auf dem historisch besonders interessanten Schillerplatz zu finden. Dicht daneben stehen noch der Fruchtkasten, der Prinzenbau, die Alte Kanzlei und das Schillerdenkmal.
Zu den meistbesuchten Attraktionen in und um Stuttgart gehört der Fernsehturm mit seinem 217 m hohen Sendemast und der 150 m hohen Aussichtsplattform über dem Turmrestaurant. Bei schönem Wetter hat man eine Sicht bis zu den Alpen.

(Farbabbildung des Flughafens Seite 158)

STUTTGART
STUTTGART
GERMANY

(APP)				
STUTTGART RADAR 119.20 118.60 (CVFR) 125.05				

EDDS

ELEV 1300 ft / 396 m

48 41 19 N
09 12 29 E   5.5 NM S centre of Stuttgart

(TWR)	VDF
STUTTGART TOWER 122.70 (ARR) 118.80 (DEP)	
GROUND 121.90	

ATIS 126.12 (ARR/DEP)

RWY	ILS	RWY	ILS
		26	109.90 DLG 255°

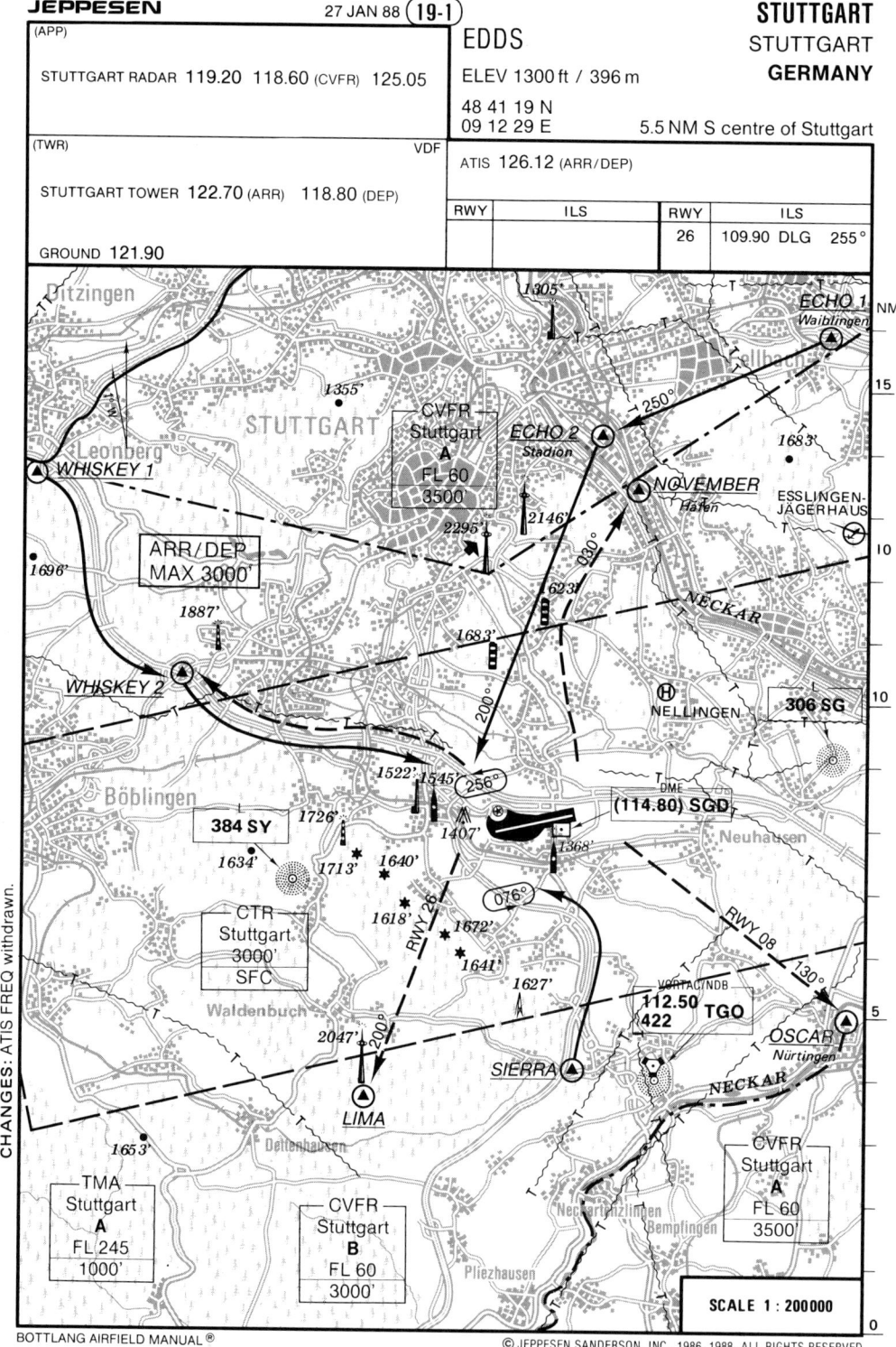

CHANGES: ATIS FREQ withdrawn.

SCALE 1 : 200000

TENERIFE-SOUTH

REINA SOFIA

SPAIN, Canary Islands

(29-2) 28 OCT 92   **JEPPESEN**

GROUND 121.90

(FIS)

CANARIAS INFORMATION 119.30   124.70

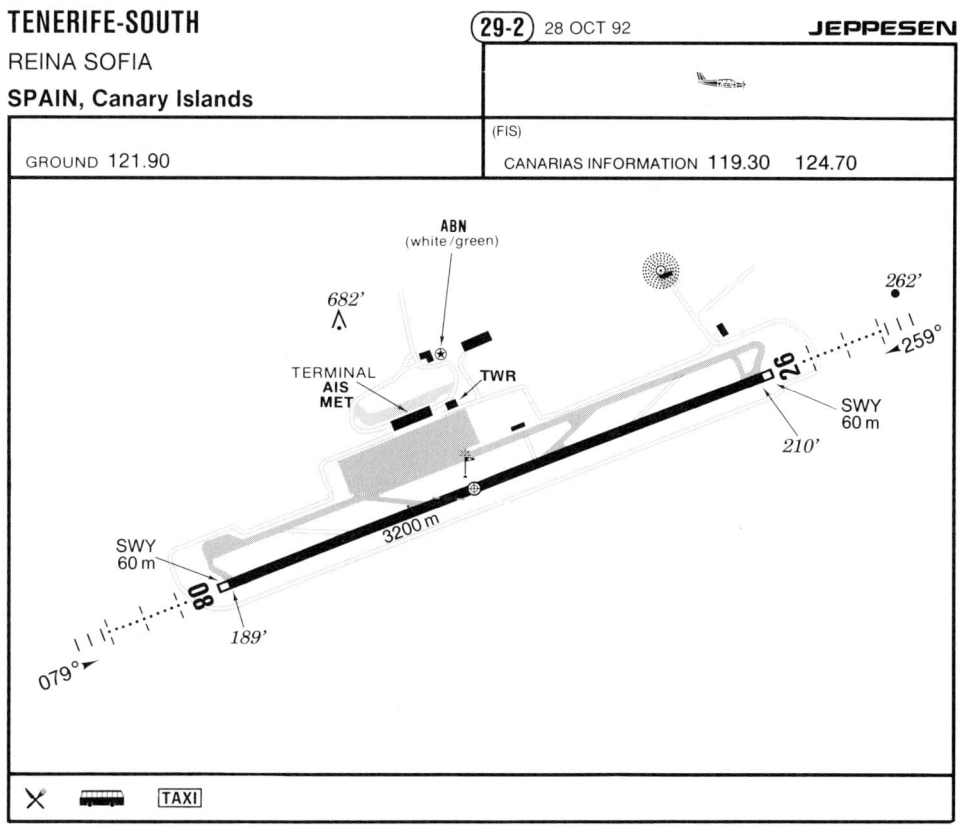

Daten

Flughafen	Teneriffa South / Spanien/Kanaren	
ICAO-Code		GCTS
IATA-Code		TFS
Nationale Airline		Iberia
Code der nationalen Airline		IBE/IB
Lage	59,3 km SSW Santa Cruz de Tenerife	
Koordinaten	N 28 02 34 / E 16 34 14	
Flughafenhöhe		64 m
Start-/Landebahn	08/26 > 3.200 m	

FIS	Canarias Information 119,30 MHz
GND	Tenerife South Ground 121,90 MHz
TWR	Tenerife South Tower 119,00 MHz
APP/DIV	Tenerife South Approach 120,30 MHz

Passagiere p.a.	6,4 Mio.
Fracht p.a. (Tonnen)	0,018 Mio.
Flugbewegungen p.a.	0,046 Mio.

Informationen

Der spanische Flughafen Teneriffa South hat fast ausschließlich touristischen Flugbetrieb. Es liegen keine geschichtlichen Daten vor. Die Betreibergesellschaft Aena (Aeropuertos Espanoles y Navigacion Aerea) hat für Teneriffa South im Rahmen der allgemeinen Ausbaupläne für die spanischen Flughäfen eine Verstärkung der Start-/Landebahn, eine Erweiterung der Vorfeld-Parkflächen, den Bau eines neuen Cargo-Terminals mit eigenen Zufahrtswegen und den Bau eines neuen Passagier-Terminals vorgesehen.

Touristische Tips

Teneriffa ist die größte der zu Spanien gehörenden Kanarischen Inseln im Atlantik. 570.000 Einwohner. Die beliebteste Insel der Kanaren ist vulkanischen Ursprungs, in deren zentralem Teil eine große Caldera (ein Riesenkrater) liegt, aus der sich der Vulkan Pico del Teide (höchster Berg Spaniens mit 3.718 m) erhebt. Durch künstliche Bewässerung ist der Anbau von Früchten, Gemüsen und Tabak möglich. Wichtigster Wirtschaftszweig ist der Fremdenverkehr. Die Hauptstadt, Santa Cruz de Tenerife, die an der Nord-Ost-Küste liegt, hat einen Hafen mit Überseekabelstation und Erdölraffinerien.

Der Pico del Teide teilt die Insel in zwei unterschiedliche Hälften: Der Norden, der den regenbringenden Passatwinden ausgesetzt ist, hat eine üppige, blühende Vegetation. Der Süden, der im Regenschatten liegt, eine eher karge Landschaft, jedoch mit schönen Sandstränden. Charakteristisch für die Flora ist der Drachenbaum (gehört zu den Agavengewächsen), ein Strauch oder ein bis ca. 20 m hoher, stark verzweigter, mehrere hundert Jahre alt werdender Baum. Die Insel hat subtropisches Klima, die Temperaturunterschiede im Jahr betragen kaum mehr als 6° Celsius. Im Sommer liegt die Wassertemperatur über 22°, im Winter bei 19° Celsius.

In der Hauptstadt befindet sich außer einigen Barockkirchen ein archälogisches- und anthropologisches Museum sowie der Palacio de la Carta, ein Nationaldenkmal. Neben der Hauptstadt ist La Laguna die zweitwichtigste Stadt mit einer Universität, malerischen Boulevards, herrschaftlichen Residenzbauten, einer Kathedrale und der Kirche La Conception.

TORINO
CASELLE
ITALY

(29-2) 24 MAR 93 · **JEPPESEN**

For parking instructions:	(FIS)
TORINO HANDLING 131.90	MILANO INFORMATION 134.30

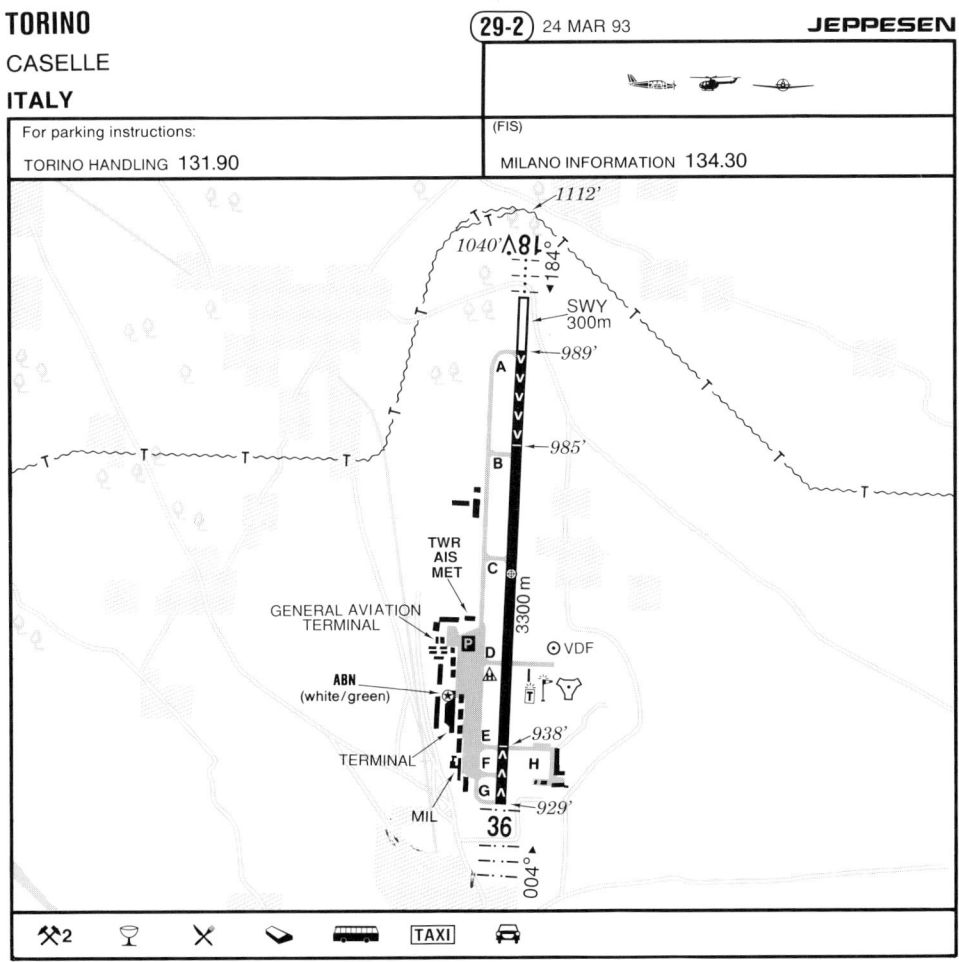

Copyright Jeppesen Sanderson, Inc., 1995. All rights reserved.

Daten

Flughafen	Turin Caselle / Italien	**Koordinaten**	N 45 12 04 / E 07 39 00
ICAO-Code	LIMF	**Flughafenhöhe**	301 m
IATA-Code	TRN	**Start-/Landebahn**	18/36 > 3.300 m
Nationale Airline	Alitalia	**FIS**	Milano Information 134,30 MHz
Code der nationalen Airline	AZA/AZ	**GND**	Torino Parking 131,90 MHz
Lage	14,8 km NNW Turin	**TWR**	Torino Tower 118,50 MHz
		APP/DIV	Torino Approach 121,10 MHz

Passagiere p.a.	1,6 Mio.
Fracht p.a. (Tonnen)	0,162 Mio.
Flugbewegungen p.a.	0,043 Mio.

Informationen

1986: Ausbauplan für den neuen Flughafen „Citta di Torino", Eröffnung des Cargo Centers.
1987: Eröffnung des Wartungsbereichs.
1988: Eröffnung des Bürogebäudes.
1989: Beginn der Haupt-Ausbauarbeiten.
1990: Eröffnung des Parkhauses, Fertigstellung des Kontrollturms.
1993: Eröffnung des neuen Terminals.

Im Rahmen der bereits 1986 verabschiedeten und 1989 begonnenen Ausbauarbeiten werden 1995 noch 6 Piers fertiggestellt. Weitere Planungen gibt es bei diesem neuen Flughafen (Jahreskapazität 3 Millionen Passagiere) nicht.

Touristische Tips

Turin ist Hauptstadt der italienischen Region Piemont in der westlichen Poebene.
1,1 Millionen Einwohner.
Neben Mailand gehört Turin zu den bedeutenden Wirtschafts- und Industriezentren, vor allem werden Automobile, Schiffe, Flugzeuge, Motoren und Präzisionsinstrumente gebaut. Jährlich finden internationale Messen statt.
Eine Universität, Hochschulen, die Akademie der Wissenschaft sowie Museen und Gemäldegalerien gehören ebenso zur Stadt wie mehrere Theater, ein botanischer Garten und ein Zoo.
Aus der römischen Zeit ist die Porta Palatina erhalten. Oberhalb der Stadt steht die Basilica di Superga. Weitere Baudenkmäler sind außer dem Renaissancedom einige Kirchen (z.B. San Lorenzo, La Consolata) und zahlreiche Paläste wie der Palazzo Reale (ehemaliges königliches Schloß), der Palazzo Madama und der Palazzo Carignano.

Zufahrt zum Turiner Flughafen „Città di Torino" (SAGAT SpA).

VENEZIA
TESSÉRA
ITALY

(29-2) 28 SEP 94 — **JEPPESEN**

GROUND **121.70**

(FIS)

PADOVA INFORMATION **124.15**

❶ TWY 2700 x 30 m may be used HJ ± 30 as subsidiary RWY 04L/22R on TWR instructions.

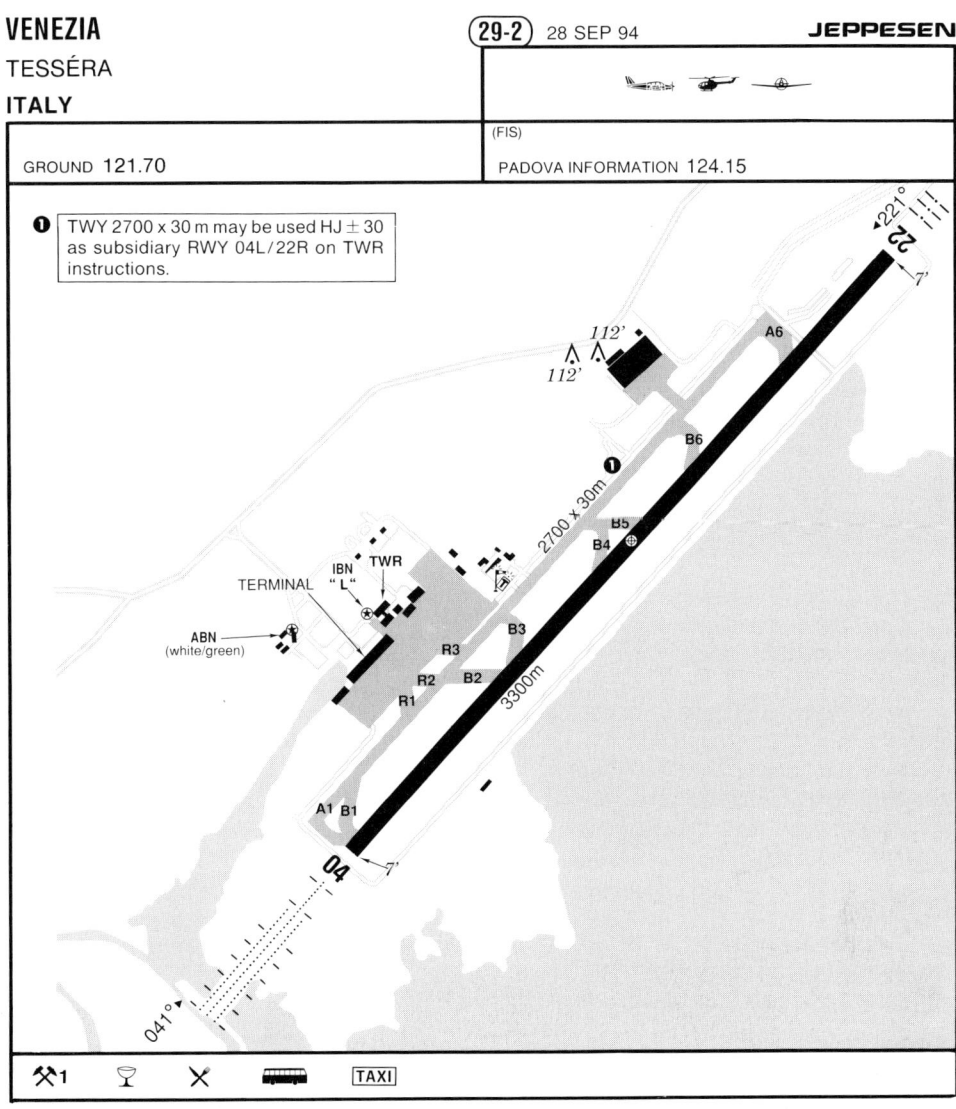

❤1   ∇   ✕   🚍   TAXI

Flughafen	Venedig Marco Polo / Italien
ICAO-Code	LIPZ
IATA-Code	VCE
Nationale Airline	Alitalia
Code der nationalen Airline	AZA/AZ
Lage	8,0 km N Venedig
Koordinaten	N 45 30 16 / E 12 21 07
Flughafenhöhe	2 m
Start-/Landebahn	04/22 > 3.300 m
FIS	Padova Information 124,15 MHz
GND	Venezia Ground 121,70 MHz
TWR	Venezia Tower 120,20 MHz
APP/DIV	Treviso Approach 120,40 MHz
Passagiere p.a.	2 Mio.
Fracht p.a. (Tonnen)	0,002 Mio.
Flugbewegungen p.a.	0,032 Mio.

Informationen

Seit 1987 wird der Flughafen von der SAVE S.p.A., an der 13 kommunale Organisationen und Behörden beteiligt sind, geleitet. Um das gestiegene Verkehrsaufkommen zu bewältigen, wurde 1990 ein (provisorisches) neues Terminal gebaut (3-fache Kapazität gegenüber dem alten Terminal). Die Planung für ein völlig neues Terminal besteht bereits. Bis 1999 soll es in einer ersten Phase für eine Kapazität von 3 Millionen Passagieren pro Jahr gebaut werden. In einer weiteren Phase soll die Kapazität dieses Terminals bis zum Jahr 2010 auf 4,5 Millionen Passagiere erhöht werden. Für 1995 ist die Erneuerung des Belags der Start-/Landebahn geplant, die parallel für den Flugbetrieb nach CAT III ausgerüstet wird.

Touristische Tips

Venedig ist Hauptstadt der italienischen Region Venetien. 335.000 Einwohner.
Weltbedeutend war Venedig erst als Handelsstadt, später als Kunststadt. Die meisten der kunstgewerblichen Betriebe sind im Stadtbereich angesiedelt. Die Industrieviertel liegen auf dem Festland Mestre und Marghera. Von größter wirtschaftlicher Bedeutung ist der Tourismus. Venedig hat eine Universität, Hochschulen, Akademien, das Nautische und Ozeanographische Institut, die Markusbibliothek, zahlreiche Museen und Gemäldegalerien, Opernhäuser und Theater. Besondere kulturelle Ereignisse sind die Internationale Biennale für zeitgenössische Kunst sowie Film- und Musikfestspiele. Millionen von Holzpfählen, die weit in den schlammigen Untergrund getrieben worden sind, bilden das Fundament der Stadt mit ihren prachtvollen Palästen und reich geschmückten Kirchen. Mittelpunkte der Stadt sind der Markusplatz mit der Basilica di San Marco und die Piazetta mit dem Dogenpalast. An diesem Platz stehen z.B. auch der Uhrturm, die Münze und der Kampanile.
Der innerstädtische Verkehr besteht größtenteils aus Fahrten mit Barken und Motorbooten auf den zahlreichen Kanälen. Der Canale Grande, von der malerischen Rialto Brücke überspannt, windet sich durch die ganze Stadt. Auf dem Weg vom Markusplatz zum Dogenpalast kommt man über die Seufzerbrücke und kann einen Blick in die Bleikammern werfen, aus denen einst Casanova entkam.
Venedig versteht aber auch Feste zu feiern, der Karneval ist ein Beispiel dafür.

Terminal und Vorfeld des Flughafens Venedig Marco Polo, dessen Erweiterung mit Baube-ginn 1995/96 geplant ist (SAVE Aeroporto di Venezia Marco Polo).

Daten

Flughafen	Warschau Okecie / Polen
ICAO-Code	EPWA
IATA-Code	WAW
Nationale Airline	LOT Polskie Linie Lotnicze
Code der nationalen Airline	LOT/LO
Lage	18,1 km S Warschau
Koordinaten	N 52 09 58 / E 20 58 08
Flughafenhöhe	119 m
Start-/Landebahn 1	11/29 > 2.800 m
Start-/Landebahn 2	15/33 > 3.690 m
ATIS	118,30 MHz
GND	Okecie Ground 121,90 MHz
TWR	Okecie Tower 121,60 MHz
Passagiere p.a.	2,1 Mio.
Fracht p.a. (Tonnen)	0,022 Mio.
Flugbewegungen p.a.	0,048 Mio.

Informationen

1934: Beginn des Luftverkehrs in Okecie.
1935-1939: Ausbau mit Terminal, Verwaltungsgebäuden, Restaurant.
1939-1945: Zerstörung des Flughafens.
1946: Eröffnung eines provisorischen Terminals.
1964: Beginn der Ausbauarbeiten.
1969: Eröffnung des neuen Terminals.
1978: Eröffnung eines neuen Ankunft-Terminals.
1992: Fertigstellung neuer Terminals für Passagiere, Fracht und Catering durch die deutsche Hoch-Tief: Eröffnung im Juli 1992.
1992-1993: Erneuerung der beiden Bahnen.
1994: Eröffnung des Parkhauses.

Das Ausbauprogramm sieht für die nächsten
Jahre eine vollständige Erneuerung und Mo-
dernisierung aller technischen Einrichtungen
vor. Langfristig ist ein neues Terminal mit einer
Kapazität von 12 Millionen Passagieren pro
Jahr geplant.

Touristische Tips

Warschau ist Hauptstadt Polens.
1,7 Millionen Einwohner.
Zu den wichtigsten Industriezweigen gehören
die elektrotechnische- und elektronische Industrie sowie Maschinenbau und Metallbau. Warschau ist bedeutendster Verkehrsknotenpunkt
Polens mit dem größten Flughafen des Landes.
Außer der Polnischen Akademie der Wissenschaften, einer Universität, mehreren Hochschulen, einem Observatorium und einer Nationalbibliothek gibt es viele Museen und Theater,
das Opernhaus und Operettentheater, einen
botanischen Garten und einen Zoo. Jährlich finden die Internationale Buchmesse und alle fünf
Jahre die Chopin-Festspiele statt.
Zur wiederaufgebauten (ab 1946) historischen
Stadt gehören die Stadtmauern mit dem sogenannten Barbakan, die Kathedrale Sankt Jo-
hannes und das Königsschloß (seit 1971).
Wahrzeichen der Stadt ist das Denkmal König
Sigismunds III. Die Stadt hat viele Sakralbauten
(z.B. Sankt-Anna-Kirche, Visitantinnenkirche,
Kapuzinerkirche) zu bieten. Unter den Profanbauten ragen die Paläste des 17. und 18. Jahr-
hunderts hervor, z.B. Palais Krasinski (heute
Palast der Republik) und das Palais Gninski
(Chopinmuseum). Im Lazienkipark liegen der
Lazienkipalast, ein bedeutender Bau des polnischen Klassizismus sowie das Belvedere
(heute Sitz des polnischen Staatspräsidenten).

(Farbabbildung des Flughafens Seite 159)

AIRPORT

EPWA   WARSAW, POLAND
OKECIE

ATIS **118.3**

OKECIE Ground **121.9**

Tower **121.6**

OKE 113.4 - On Airport   N52 10.0 E020 58.1

Var 02°E   *Elev* **362'** *110m*

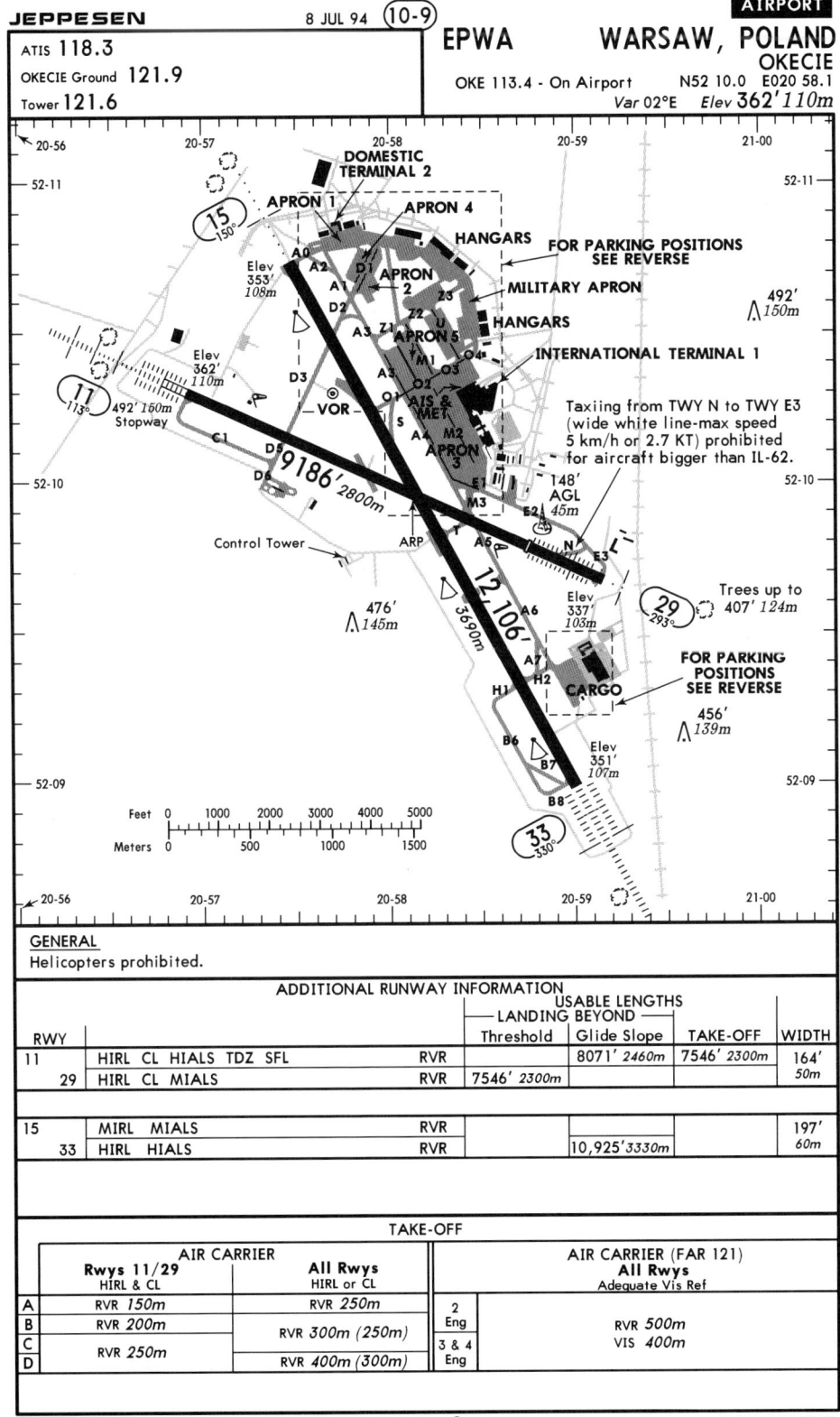

GENERAL
Helicopters prohibited.

ADDITIONAL RUNWAY INFORMATION

RWY				USABLE LENGTHS — LANDING BEYOND —			
				Threshold	Glide Slope	TAKE-OFF	WIDTH
11	HIRL CL HIALS TDZ SFL		RVR		8071' 2460m	7546' 2300m	164'
29	HIRL CL MIALS		RVR	7546' 2300m			50m
15	MIRL MIALS		RVR				197'
33	HIRL HIALS		RVR		10,925' 3330m		60m

TAKE-OFF

	AIR CARRIER				AIR CARRIER (FAR 121) All Rwys Adequate Vis Ref	
	Rwys 11/29 HIRL & CL	**All Rwys** HIRL or CL				
A	RVR 150m	RVR 250m	2 Eng		RVR 500m VIS 400m	
B	RVR 200m	RVR 300m (250m)				
C	RVR 250m		3 & 4 Eng			
D		RVR 400m (300m)				

CHANGES: Twy E0 redesignated to M3.

WIEN

SCHWECHAT

AUSTRIA

(19-2) 23 NOV 94 **JEPPESEN**

(FIS)
WIEN INFORMATION 118.52 (VFR Service ≤ FL 150)
124.40

GROUND/ROLLKONTROLLE 121.60

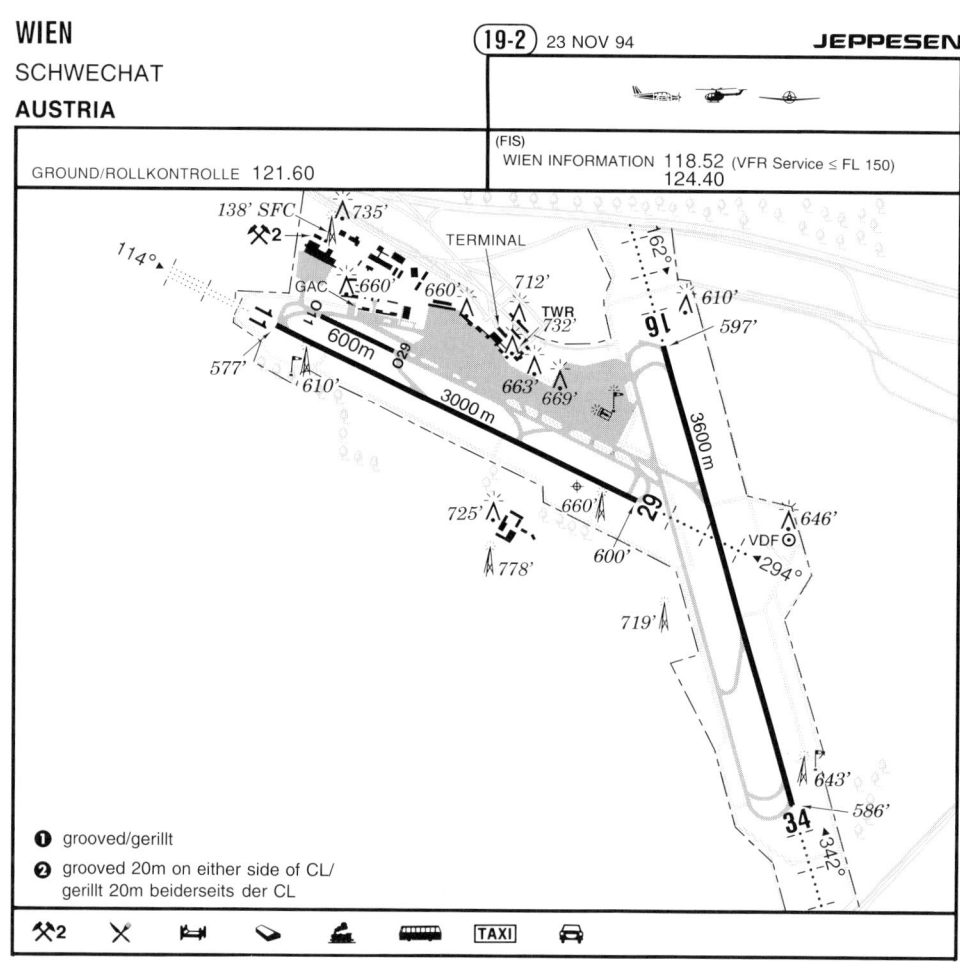

❶ grooved/gerillt

❷ grooved 20m on either side of CL/
gerillt 20m beiderseits der CL

Daten

		Koordinaten	N 48 06 39 / E 16 34 15
		Flughafenhöhe	183 m
Flughafen	Wien Schwechat / Österreich	**Start-/Landebahn 1**	11/29 > 3.000 m
ICAO-Code	LOWW	**Start-/Landebahn 2**	16/34 > 3.600 m
IATA-Code	VIE	**ATIS**	ARR 112,20 + DEP 122,95 MHz
Nationale Airline	Austrian Airlines	**FIS**	Wien Information 118,52 MHz
Code der nationalen Airline	AUA/OS	**GND**	Wien Ground 121,60 MHz
Lage	16,7 km SE Wien	**TWR**	Wien Tower 119,40 MHz

APP/DIV   Wien Information 118,52 MHz

Passagiere p.a.	7,2 Mio.
Fracht p.a. (Tonnen)	0,071 Mio.
Flugbewegungen p.a.	0,117 Mio.

Informationen

1938: Bau als Militärflugplatz.
1954: Übernahme der Flughafenverwaltung
durch die neugegründete „Wiener Flughafen
Betriebs GmbH" (später „Flughafen Wien Betriebs GmbH").
1959: Verlängerung der Start-/Landebahn auf
3.000 m.
1960: Eröffnung eines neuen Terminals.
1973: 2 Millionen Passagiere.
1977: Inbetriebnahme der neuen 3.600-m-Bahn,
Eröffnung des General Aviation Centers.
1981: 3 Millionen Passagiere.
1986: Eröffnung des erweiterten Terminals,
neuer Frachthallen und eines Computer-Ge-
bäudes.
1988: Eröffnung des Piers Ost.
1989: 5 Millionen Passagiere.
1990: Eröffnung des Welt-Handelszentrums.
1991: Eröffnung des internationalen „AirCargo
Center".
1993: 7,1 Millionen Passagiere.

Das wichtigste Projekt, Pier West mit 12 Andockstationen, wurde 1993 bereits begonnen.
Die Fertigstellung ist für 1996 geplant.

Touristische Tips

Wien ist Bundeshauptstadt und kleinstes Bundesland Österreichs an der Donau.
1,5 Millionen Einwohner.
Wien ist Sitz des Bundestages, des Parlamentes, der Internationalen Atomenergie-Organisa-
tion und der OPEC sowie einiger Großbanken
und Großhandelsgesellschaften. Die Kongreß-
und Messestadt hat viele Industrieansiedlungen
und ist Zentrum der österreichischen Mode- und
Kunstgewerbeindustrie. Ein Teil des innerstädti-
schen Verkehrs wird mit Stadt- und Untergrund-
bahn bewältigt.
Die Stadt besitzt Universitäten, Hochschulen,
Akademien, das Afro-Asiatische Institut, Natio-
nalbibliotheken, über 60 Museen, Gemäldegalerien (z.B. Kunsthistorisches Museum mit
Schatzkammer, Naturhistorisches Museum,
Theatermuseum) und zahlreiche Theater (z.B.
die Staatsoper mit den Wiener Phiharmonikern,
das Burgtheater und das Volkstheater).
Der Stephansdom, eine der berühmtesten Kirchen der Welt, ist Wahrzeichen der Stadt. Mär-
chenhafte Schlösser sind Schönbrunn und Belvedere. Fast ein Stadtteil für sich ist die gewaltige Hofburg mit der Spanischen Hofreitschule.
Die Kärntner Straße ist Wiens teuerstes Pfla-
ster. Typisch sind die rund tausend Cafehäuser.
Die bekanntesten sind z. B. das Sacher und
das Demel. Aber auch auf einen rustikalen
Heurigen und einen Besuch im Prater (mit welt-
bekanntem Riesenrad) sollte man nicht verzich-
ten.

*(Farbabbildungen des Flughafens
Seiten 159, 160)*

ZAGREB

ZAGREB

YUGOSLAVIA

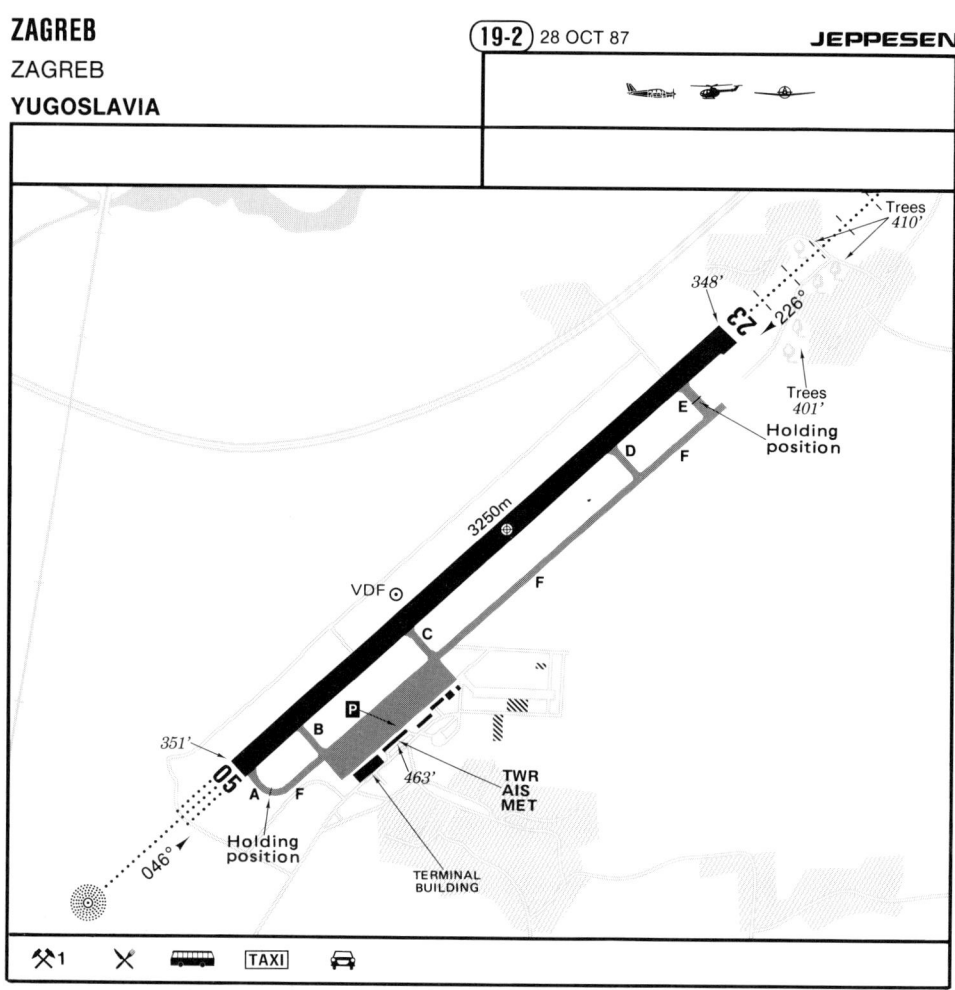

Daten		Lage	10,0 km SE Zagreb
		Koordinaten	N 45 44 36 / E 16 04 27
Flughafen	Zagreb / Kroatien	**Flughafenhöhe**	108 m
ICAO-Code	LYZA	**Start-/Landebahn**	05/23 > 3.250 m
IATA-Code	ZAG	**TWR**	Zagreb Tower 118,30 MHz
Nationale Airline	Adria Airways	**APP/DIV**	Zagreb Control 118,50 MHz
Code der nationalen Airline	ADR/JP		

Passagiere p.a.	0,665 Mio.
Fracht p.a. (Tonnen)	0,006 Mio.
Flugbewegungen p.a.	0,023 Mio.

Informationen

1962: Eröffnung als Transit-Flughafen.
1989: 1,5 Millionen Passagiere.
1990: Beginn der Ausbauarbeiten. 1,6 Millionen Passagiere.
1991: Kriegsbedingter Stop der Ausbauarbeiten. 644.000 Passagiere.
1992: Wiederaufnahme der Ausbauarbeiten. 304.000 Passagiere.
1993: 665.000 Passagiere.

In naher Zukunft sind Passagier- und Frachtterminals geplant. Die Serviceeinrichtungen sollen vollständig modernisiert werden

Touristische Tips

Zagreb, die Hauptstadt Kroatiens, liegt an der oberen Save. 764.000 Einwohner.
Als wichtiger Bahn- und Straßenknotenpunkt ist die Stadt auch Handelszentrum und internationale Messestadt. Führend ist die Metallindustrie, gefolgt von der Textil- und Bekleidungs-, Elektro-, Nahrungsmittel-, Papier- und chemischen Industrie.
Die Stadt hat eine Universität, eine Akademie für Wissenschaft und Künste, Fachhochschulen, mehrere Forschungsinstitute, Museen, Gemäldegalerien, Theater, eine Oper sowie einen botanischen Garten und einen Zoo.
Der Stephansdom mit neugotischen Türmen, die Markuskirche und die Katharinenkirche zählen zu den sehenswerten Bauten.

Vorfeld und Terminal des Flughafens Zagreb. Ein vollständiger Aus- und Umbau ist für die nächsten Jahre geplant (Zracna Luka Zagreb).

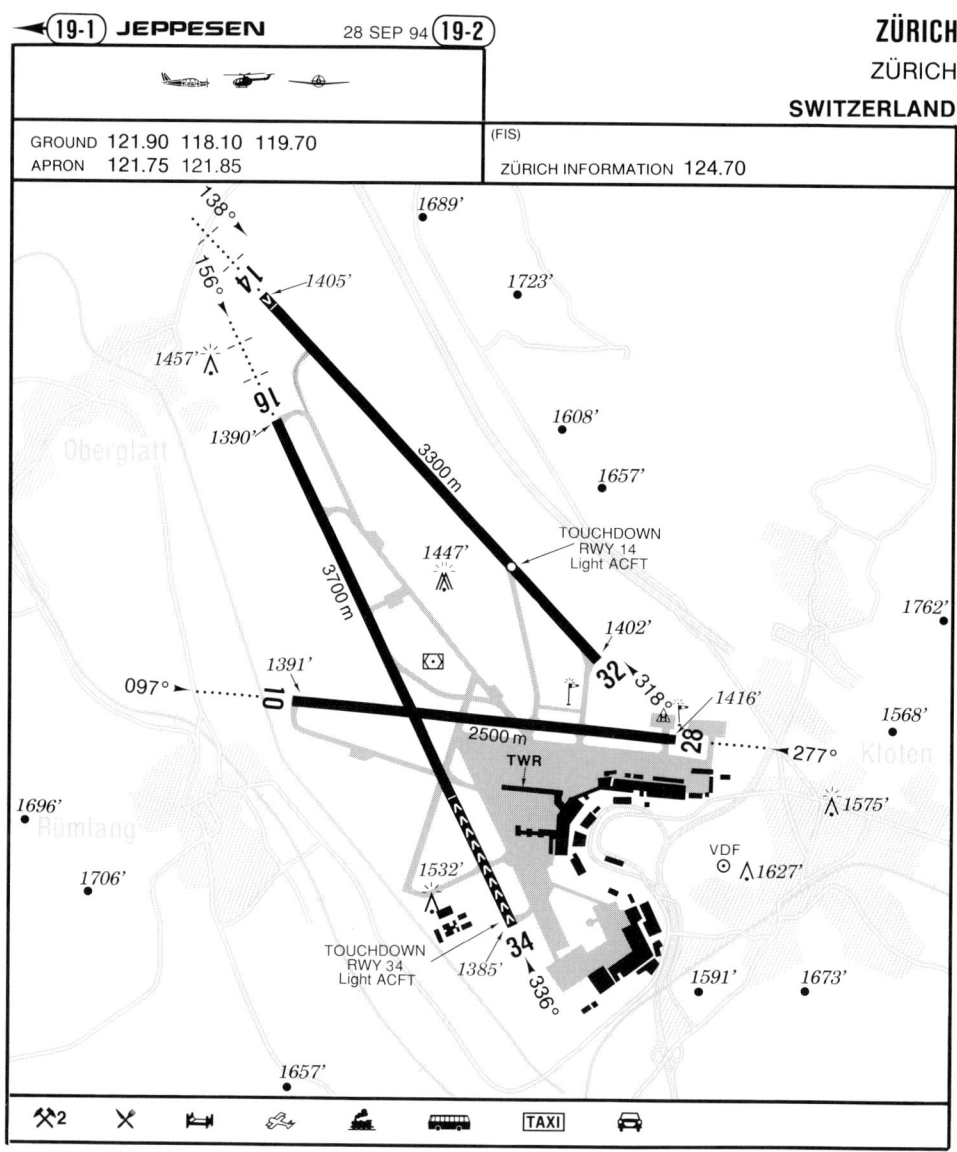

19-1 **JEPPESEN** 28 SEP 94 19-2

ZÜRICH
ZÜRICH
SWITZERLAND

GROUND 121.90 118.10 119.70
APRON 121.75 121.85

(FIS)
ZÜRICH INFORMATION 124.70

138°
156°
14
1405'
1457'
16
1390'
1689'
1723'
1608'
1657'
3300 m
TOUCHDOWN
RWY 14
Light ACFT
1447'
1402'
32
318°
1416'
1762'
1568'
097°
1391'
10
277°
2500 m
TWR
1575'
VDF
1627'
1696'
1706'
1532'
TOUCHDOWN
RWY 34
Light ACFT
1385'
34
336°
1591'
1673'
1657'
3700 m
28

Flughafen	Zürich / Schweiz
ICAO-Code	LSZH
IATA-Code	ZRH
Nationale Airline	Swissair
Code der nationalen Airline	SWR/SR
Lage	9,1 km N Zürich
Koordinaten	N 47 27 34 / E 08 32 56
Flughafenhöhe	432 m
Start-/Landebahn 1	10/28 > 2.500 m
Start-/Landebahn 2	14/32 > 3.300 m
Start-/Landebahn 3	16/34 > 3.700 m
ATIS	128,52 MHz
FIS	Zürich Information 124,70 MHz
GND	Zürich Apron 121,75 MHz
	Ground 121,90 MHz
TWR	Zürich Tower 118,10 MHz
APP/DIV	Zürich Terminal 127,75 MHz
	Arrival 118,00 MHz
	Departure 125,95 MHz
Passagiere p.a.	13,5 Mio.
Fracht p.a. (Tonnen)	0,292 Mio.
Flugbewegungen p.a.	0,234 Mio.

Informationen

1946: Referendum der Einwohner des Kantons Zürich: 105.000 Einwohner (30.000 Gegenstimmen) entscheiden sich im Mai für den Bau eines Flughafens. Baubeginn im Juni. Inbetriebnahme der Start-/Landebahn West.
1948: Inbetriebnahme Instrumentenflug-Bahn.
1953: Offizielle Eröffnung des Flughafens.
1958-1969: Verlängerung der West-Bahn auf 2.500 m, der Instrumentenflug-Bahn auf 3.700 m. Bau des Cargo Terminals, des neuen Hangars für Jumbo-Jets, Terminalerweiterung.
1970-1979: Bau einer Start-/Landebahn für Instrumentenanflüge (3.300 m), Erweiterung des Vorfelds, Bau des Terminals B.
1980: Eröffnung der Flughafen-Bahnstation.
1981-1992: Bau der Terminal-Piers und des Parkbereichs A, Erweiterungen des Vorfelds.

In naher Zukunft sollen die wichtigsten Ausbauprojekte zusammengefaßt werden. Im wesentlichen geht es um eine Optimierung der Verbindungswege, u.a. von den Gates zum Bahnhofsterminal für anreisende Passagiere.

Touristische Tips

Zürich, die Hauptstadt des schweizerischen Kantons Zürich, liegt am Nord-Ende des Zürichsees. 353.0500 Einwohner.
Die Stadt ist sowohl kulturelles und wirtschaftliches als auch Handels- und Finanz-Zentrum der Schweiz und ist (neben Bern) Sitz der Schweizerischen Nationalbank und mehrerer Großbanken. Sie ist zugleich wichtigster und größter Industriestandort des Landes (vor allem Metallverarbeitung und Textilindustrie) und außerdem Kongreß- und Messestadt.
Eine Universität, eine Musikhochschule und eine Musikakademie, das Pestalozzianum, Institute, Archive, zahlreiche Museen, das Opern- und das Schauspielhaus, Theater sowie ein botanischer Garten und ein Zoo gehören zum Angebot Zürichs.
Es gibt zahlreiche mittelalterliche Sakralbauten, z.B. das doppeltürmige Großmünster über den Fundamenten einer Basilika, das Fraumünster mit modernen Fenstern von Marc Chagall, die Wasserkirche und das Rathaus mit reich stukkiertem Festsaal. Das Haus zum Rechberg mit fast vollständig erhaltener Innenausstattung gehört zu den bedeutenden Privatbauten. Vom 16., 17. und 18. Jahrhundert sind einige Zunfthäuser erhalten. Zu den Bauten des 19. und 20. Jahrhunderts zählen u.a. das Kunsthaus, die Universität, das Geschäftshochhaus „Zur Palme" und der Ausstellungspavillon nach Plänen von Le Corbusier.
Die Bahnhofstraße ist Zürichs bekannteste Einkaufsstraße.

Vorfeld, Rollbahn- und Start-/Landebahnsystem des Flughafens Zürich, Blickrichtung Nord-Westen (Flughafendirektion Zürich).

Kapitel 4
Anhang

Begriffe aus dem Flughafenbereich

Aufsetzzone
Der Teil einer Start- und Landebahn jenseits der Schwelle, der für die erste Berührung landender Flugzeuge mit der Landebahn bestimmt ist.

Bewegungsfläche
Der Teil eines Flugplatzes, der für Start und Landung und für das Rollen von Luftfahrzeugen zu benutzen ist, bestehend aus dem Rollfeld und dem (den) Vorfeld(ern).

Festgesetzte Strecken
a) Verfügbare Startlaufstrecke (TORA). Die Länge der Start- und Landebahn, die als verfügbar und geeignet für den Startlauf eines startenden Luftfahrzeuges erklärt worden ist.
b) Verfügbare Startstrecke (TODA). Die Länge der verfügbaren Startlaufstrecke zuzüglich der Länge der Freifläche, falls vorhanden.
c) Verfügbare Start(lauf)abbruchstrecke (ASDA). Die Länge der verfügbaren Startlaufstrecke plus Länge der Stoppbahn, falls vorhanden.
d) Verfügbare Landestrecke (LDA). Die Länge der Start- und Landebahn, die als verfügbar und geeignet für den Landelauf eines landenden Luftfahrzeuges erklärt worden ist.

Flugplatz
Ein festgelegtes Gebiet (Land o. Wasser, inkl. Gebäude, Anlagen und Ausrüstung), das ganz oder teilweise für Ankunft, Abflug und Bewegungen von Luftfahrzeugen am Boden bestimmt ist.

Flugplatzbezugspunkt
Der Punkt, der die geographische Lage eines Flugplatzes bestimmt.

Flugplatzerkennungszeichen
Ein Zeichen, das sich auf einem Flugplatz befindet, um die Erkennung des Flugplatzes aus der Luft zu erleichtern.

Flugplatzhöhe
Die Ortshöhe über Meer des höchsten Punktes im Landebereich.

Flugplatzleuchtfeuer
Luftfahrtleuchtfeuer, das die Lage eines Flugplatzes aus der Luft anzeigt.

Haupt-Start- und Landebahn(en)
Start- und Landebahn(en), die bevorzugt vor anderen benutzt wird (werden), wenn die Bedingungen es zulassen.

Hindernis
Alle festen (zeitweilig oder ständig vorhandenen) und alle beweglichen Objekte oder Teile davon, die sich auf einer für die Bodenbewegungen von Luftfahrzeugen bestimmten Fläche befinden oder über eine festgelegte Fläche hinausragen, die zum Schutze von Luftfahrzeugen im Fluge bestimmt ist.

Landebereich
Der Teil einer Bewegungsfläche, der für das Landen oder Starten von Luftfahrzeugen bestimmt ist.

Luftfahrzeug-Standplatz
Eine festgelegte Fläche auf einem Vorfeld, die zum Abstellen eines Luftfahrzeuges bestimmt ist.

Rollbahn
Ein festgelegter Weg auf einem Landflugplatz für das Rollen von Luftfahrzeugen, der dazu bestimmt ist, eine Verbindung zwischen einem Teil des Flugplatzes und einem anderen herzustellen, einschließlich:
a) Standplatzrollgasse. Ein Teil eines Vorfeldes, der als Rollbahn bezeichnet ist und ausschließlich dazu bestimmt ist, Zugang zu Luftfahrzeugstandplätzen zu gewähren.
b) Vorfeldrollbahn. Ein Teil eines Rollbahnsystems, der auf einem Vorfeld liegt und dazu bestimmt ist, eine durchgehende Rollstrecke über das Vorfeld zu gewähren.
c) Schnellrollbahn. Eine Rollbahn, die in spitzem Winkel mit einer S/L-Bahn (Start- und Landebahn) verbunden ist und dazu bestimmt ist, landenden Flugzeugen das Abrollen mit höheren Geschwindigkeiten als auf anderen Abrollbahnen zu ermöglichen, um dadurch die Start- und Landebahnbelegungszeiten so gering wie möglich zu halten.

Rollbahnstreifen

Ein eine Rollbahn umgebender Streifen, der dazu bestimmt ist, auf der Rollbahn verkehrende Luftfahrzeuge zu schützen und die Beschädigungsgefahr für Luftfahrzeuge zu verringern, die unbeabsichtigt von der Rollbahn abkommen.

Rollfeld

Der Teil eines Flugplatzes, der für Start und Landung und für das Rollen von Luftfahrzeugen zu benutzen ist, ausgenommen Vorfelder.

Rollhalteort

Ein bezeichneter Ort, an dem rollende Luftfahrzeuge und andere Fahrzeuge zum Halten aufgefordert werden können, um einen ausreichenden Abstand zu einer Start- und Landebahn zu erhalten.

Schulter

Eine an den Rand eines Belages angrenzende Fläche, die so hergerichtet ist, daß sie einen Übergang zwischen dem Belag und der angrenzenden Oberfläche herstellt.

Schwelle

Der Anfang des für die Landung benutzbaren Teiles der Start und Landebahn. Eine versetzte Schwelle ist eine Schwelle, die sich nicht am äußersten Ende einer Start- und Landebahn befindet.

Sicherheitsfläche am Start- und Landebahnende (RESA)

Eine symmetrisch zur verlängerten Start- und Landebahnmittellinie liegende und an das Ende des Streifens angrenzende Fläche, die hauptsächlich dafür bestimmt ist, die Gefahr der Beschädigung eines Flugzeuges herabzusetzen, das bei der Landung zu kurz oder zu weit kommt.

Sichtanflug-Landebahn

Eine Landebahn, die für den Flugbetrieb von Luftfahrzeugen nach Sichtanflugverfahren bestimmt ist.

Signalfeld

Ein Feld zum Auslegen von Bodensignalen auf einem Flugplatz.

Start- und Landebahn

Eine festgelegte rechteckige Fläche auf einem Landflugplatz, die für die Landung und den Start von Luftfahrzeugen hergerichtet ist.

Start- und Landebahnsicht

Die Entfernung, über die der Führer eines Luftfahrzeuges auf der Start- und der Landebahnmittellinie die Marken auf der Oberfläche der Start- und Landebahn oder die Feuer sehen kann, die die Start- und Landebahn begrenzen oder ihre Mittellinie kennzeichnen.

Start- und Lahndebahnstreifen

Eine festgelegte Fläche, die die Start- und Landebahn und, falls vorhanden, die Stoppbahn umgibt und dafür bestimmt ist,
a) die Gefahr der Beschädigung von Luftfahrzeugen herabzusetzen, die von einer Start- und Landebahn abkommen, und
b) Luftfahrzeuge zu schützen, die sie während des Start- und Landevorganges überfliegen.

Stoppbahn

Eine festgelegte rechteckige Fläche auf dem Boden am Ende der verfügbaren Startlaufstrecke, die so hergerichtet ist, daß darauf ein Luftfahrzeug im Falle eines abgebrochenen Starts zum Halten gebracht werden kann.

Vorfeld

Eine festgelegte Fläche auf einem Landflugplatz, die für die Aufnahme von Luftfahrzeugen zum Ein- oder Aussteigen von Fluggästen, Ein- oder Ausladen von Post oder Fracht, Be- oder Enttanken, Abstellen oder zur Wartung bestimmt ist. Der Vorfeldkontrolldienst regelt die Tätigkeiten und die Bewegungen von Luftfahrzeugen und Fahrzeugen auf einem Vorfeld.

Wartebucht

Eine festgelegte Fläche, auf der Luftfahrzeuge halten oder überholt werden können, um die zügige Bewegung von Luftfahrzeugen am Boden zu erleichtern.

Abkürzungen, Akronyme und Fachbegriffe

Die Abkürzungen, Akronyme und Fachbegriffe in diesem Handbuch gehören zur umfangreichen Luftfahrt-Terminologie und wurden speziell für dieses Buches zusammengestellt. Dieses Verzeichnis erhebt keinen Anspruch auf Vollständigkeit, da die Thematik begrenzt ist. Besonders betont wurden natürlich Fach-Termini aus dem internationalen Luftverkehr und dem Geschehen an und um einen Verkehrsflughafen.

A > Asphalt
ABN > Aerodrome Beacon > Flugplatzleuchtfeuer
ACC > Area Control Centre or Area Control > Bezirkskontrollstelle oder Bezirkskontrolle
ACFT > Aircraft > Luftfahrzeug
ACPT > Accepted > Angenommen
ACT > Activated > Aktiviert, in Betrieb
AD > Aerodrome > Flughafen
ADDN > Additional > Zusätzlich
ADF > Automatic Direction Finder > Automatisches Peilgerät
AFIS > Aerodrome Flight Information Service > Flugplatz-Fluginformationsdienst
ASDA > Accelerate Stop Distance Available > Verfügbare Start(lauf)abbruchstrecke
ATIS > Automatic Terminal Information Service Automatische Ausstrahlung von Start- und Landeinformationen
AIC > Aeronautical Information Circular > Luftfahrtinformationsblatt
AIP > Aeronautical Information Publication > Luftfahrthandbuch
Aircraft > Flugzeug
Airline > Fluggesellschaft
Airliner > Verkehrsflugzeug
AIS > Aeronautical Information Service > Flugberatungsdienst
ALS > Approach Light System > Anflugbefeuerungssystem
ALT > Atitude > Höhe über Meer
Angle > Winkel
AP > Autopilot > Automatisches Flugzeug-Steuerungssystem
APP > Approach > Landeanflug

Approach > Landeanflug
Approved > zugestimmt
APR > Apron > Vorfeld
Area > Fläche
ARP > Aerodrome Reference Point > Flugplatzbezugspunkt
ARR > Arrival > Ankunft
Arrival > Ankunft
ASPH > Asphalt
ATA > Actual Time of Arrival > Tatsächliche Ankunftszeit
ATC > Air Traffic Control > Flugverkehrskontrolle
ATD > Actual Time of Departure > Tatsächliche Abflugzeit
ATIS > Automatic Terminal Information Service > Automatische Ausstrahlung von Lande- und Startinformationen
Available > Erhältlich
AVGAS > Aviation Gasoline > Flugbenzin
Baggage > Gepäck
Baggage Claim > Gepäckausgabe
Baggage Label > Gepäckaufkleber
Baggage Tag > Gepäckanhänger
Baggage Tracing > Gepäckermittlung
BCN > Beacon > Leuchtfeuer
BGS > Bundesgrenzschutz
BLDG > Building
Boarding > Einsteigen in das Flugzeug
Boarding Card > Bordkarte
Boarding Time > Einsteigezeit
Buildings > Gebäude
Business Class > Flugzeugabteil mit besserem Bordservice
Cabin > Flugzeugkabine
Cancellation > Annullierung eines Fluges
Captain > Flugkapitän
Cargo > Cargo, Fracht
Carrier > Fluggesellschaft
CAT > Clear Air Turbulence > Turbulenz in wolkenfreier Luft
Catering > Beladung mit Mahlzeiten und Serviceartikeln
Certification > Zulassung
Chart > Karte
Charterflug > Sonderflug, kein Linienflug
Check > Überprüfung des Flugzeugs
Check-In > Fluggastabfertigung am Boden
CIV > Civil > Zivil
Closed > Geschlossen
Cockpit > Flugzeugkanzel

COM > Communications > Fernmeldewesen
Commuter > Zubringerflug, Zubringerflugzeug
Completed > Abgeschlossen
CONC > Concrete > Beton
Connected > Verbunden
Connex > Verbindung, Anschluß
Control Tower > Kontrollturm
Coordinates > Koordinaten
Counter > Schalter
Crew > Flugzeugbesatzung
Crosswind > Gegenwind
Customs > Zoll
CVFR > Controlled VFR Flight > Kontrollierter
    Sichtflug
Dangerous Goods > Gefährliche Güter
DEL > Delivery > Erteilung von (Freigaben)
Delay > Verspätung
DEP > Departure > Abflug
Departure > Abflug
DEST > Destination > Zielflughafen
Destination > Zielflughafen
DFS > Deutsche Flugsicherung GmbH
DIR > Director
Diversion > Umleitung
DLA > Delayed > Verspätet
DME > Distance Measuring Equipment > Ent-
    fernungsmeßgerät
Domestic Flight > Inlandflug
Domestic Terminal > Terminal für Inlandflüge
Duty-Free > Zollfrei
DVOR > Doppler VOR
DVORTAC > Doppler VOR + TACAN
E > East > Ost
EAT > Expected Approach Time > Voraussicht-
    liche Anflugzeit
Economy Class > Standardklasse
EFAS > Electronic Flash Approach Light >
    Elektronische Blitzanflugfeuerkette
ELEV > Elevation > Ortshöhe über Meer
Emergency Exit > Notausgang
ENE > East-North-East > Ost-Nord-Ost
Engine > Triebwerk
Engine Check > Motoren-Testlauf
Equipment > Ausrüstung, Gerät
ESE > East-South-East > Ost-Süd-Ost
ETA > Estimated Time of Arrival > Voraussicht-
    liche Ankunftszeit
ETD > Estimated Time of Departure > Voraus-
    sichtliche Abflugzeit
Exceed > Überschreiten, übersteigen

Executive Charter > Chartermöglichkeiten Flug-
    zeuge/Hubschrauber
Exit > Ausgang
EXP > Expected > Erwartet
FAC > Frankfurt Airport Center
FAG > Flughafen Frankfurt/Main AG
Finger > Fluggastbrücke
First > Erste, erster
First Class > Erste Klasse
First Officer > Co-Pilot
FIS > Flight Information Service > Fluginforma-
    tionsdienst
Flaps > Klappen an der Flügelhinterkante
Flight > Flug
Flight Number > Flugnummer
Follow-Me > Leitfahrzeug für Flugzeuge
FREQ > Frequency > Frequenz
ft > Feet > Fuß (0,3048 m)
GA > General Aviation > Allgemeine Luftfahrt
GAC > General Aviation Center > Abfertigungs-
    zentrum für die Allgemeine Luftfahrt
Galley > Bordküche
Gangway > Fluggasttreppe
GAT > General Aviation Terminal > Terminal für
    die Allgemeine Luftfahrt
Gate > Warteraum, Ausgang zum Flugzeug,
    Fluggastsammelraum
Gate-Check-In > Abfertigung von Passagieren
    mit Handgepäck direkt am Gate
Gear Doors > Fahrwerkklappen
General > Allgemeines
Glide-Slope > Gleitweg
GMT > Greenwich Mean Time > UTC > Univer-
    sal Time Coordinated > Mittl. Greenwich-Zeit
GND > Ground > Grund, Boden, Rollkontrolle
Hangar > Flugzeughalle
HEL > Helicopter > Hubschrauber
Holding > Warteschleife
hPa > Hectopascal > Hektopascal
IAS > Indicated Air Speed > Angezeigte Flug-
    geschwindigkeit
IATA > International Air Transport Association >
    Internationale Vereinigung der Linienflugge-
    sellschaften
ICAO > International Civil Aviation Organization
    > Internationale Organisation der Zivilluft-
    fahrt
ID > Identifier > Kennung
IFR > Instrument Flight Rules > Instrumenten-
    flugregeln

ILS > Instrument Landing System > Instrumen-
ten-Landesystem,
IMC > Instrument Meteorological Conditions >
Instrumentenflug-Wetterbedingungen
INFO > Information
INOP > Inoperative > Außer Betrieb
INT > Intersection > Kreuzung (Rollbahnen,
S/L-Bahnen)
INTL > International
Jet Lag > Wirkung der Zeitverschiebung auf die
körperliche Verfassung
Kerosin > Flugzeugtreibstoff
KM > Kilometres > Kilometer
KMH > Kilometres per Hour > Kilometer pro
Stunde > km/h
kt > Knot > Knoten (1,853 km)
L > Left > Links, z.B. RWY 09L > S/L-Bahn 09
Links
L > Locator > Anflugfunkfeuer
Landing beyond > Landen hinter
LAT > Latitude > Geografische Breite
LDA > Landing Distance Available > Verfügbare
Landestrecke
LDG > Landing > Landung
Legend > Legende, Zeichenerklärung
Length > Länge
LLZ > Localizer > Landekurssender
LON(G) > Longitude > Geografische Länge
Lost & Found > Fundbüro
Lounge > Komfortabler Warteraum
LT > Local Time > Mittlere Ortszeit
LTD > Limited > Begrenzt
m > metres > Meter
MAG > Magnetic > Mißweisend
MAINT > Maintenance > Wartung
Maintenance > Wartung
MAX > Maximum
Meeting Point > Treffpunkt
Message > Nachricht
MET > Meteorological > Wetter...
MHz > Megahertz > Megahertz
MIL > Military > Militärisch
MIN > Minute
MNM > Minimum
MOGAS > Super Petrol > Autobenzin (Super)
MPH > Miles Per Hour > Meilen (1,609 km) pro
Stunde
MPS > Metres Per Second > Meter pro Sekunde
MPW > Maximum Permissible Weight >
Höchstzulässiges Gewicht

MSG > Message > Nachricht
MSL > Mean Sea Level > Mittlere Meereshöhe
MTOW > Maximum Take-Off Weight > Start-
höchstgewicht
N > North > Nord
N/A > Not Available > Nicht verfügbar
NAV > Navigation
NDB > Non Directional Beacon > Ungerichtetes
Funkfeuer
NE > North-East > Nord-Ost
NM > Nautical Mile > Nautische Meile (1,852 km)
NNE > North-North-East > Nord-Nord-Ost
NNW > North-North-West > Nord-Nord-West
Nonstop > Flug ohne Zwischenlandung
NW > North-West > Nord-West
O/R > On Request > Auf Anforderung
Off Blocks > Losrollen zum Start
Official > Offiziell, öffentlich
On Duty > Im Dienst
On Time > Rechtzeitig
OP HR > Opening Hours > Betriebszeiten
Operation > Betrieb
Operations > Flugzeugabfertigung am Boden
OPS > Operations > Betrieb
Parking > Parkplätze
Parking Position > Park-Position
Pier > Fluggastbrücke, Landungsbrücke
POB > Persons On Board > Personen an Bord
Porter Service > Gepäckträgerdienst
Prohibited > Verboten
PSN > Position
Purser/Purserette > Chef(in) der Kabinen-
besatzung
Push-Back > Zurückschieben
PWR > Power > Leistung, Kraft
R > Right > Rechts, z.B. RWY 09R > S/L-Bahn
09 Rechts
RAD > Radar
Rail & Fly > Bahn-Zubringerservice
Railway > Bahn
Ref > Reference > Referenz, Bezug
Requiring > Erfordern
Rollbahn > Weg zur Start-/Landebahn
Routing > Streckenführung
Runway > Start-/Landebahn
RVR > Runway Visual Range > Start-/Lande-
bahnsicht
RWY > Runway > Start-/Landebahn (S/L-Bahn)
S > South > Süd
S/L-Bahn > Start-/Landebahn

SAN > Sanitary > Sanitäts...
Schedule > Zeitplan, Flugplan
SE > South-East > Süd-Ost
SEC > Seconds > Sekunden
Security > Sicherheit
Shop > Geschäft
Shuttle Service > Pendel-Zubringerdienst
SITA > Societé Internationale de Telecommuni-
cation Aeronautiques > Weltweiter Tele-
kommunikations- und Informationsdienst
der Verkehrsluftfahrt (Airlines, Flughäfen,
Behörden usw.)
SKED > Scheduled > Planmäßig
Sky Line > Passagier-Transfersystem zwischen
Terminal 1 und 2 in Frankfurt/Main
Slot > Zeitbereich, in dem ein Flugzeug starten
oder landen darf
Speed > Geschwindigkeit
SR > Sunrise > Sonnenuntergang
SS > Sunset > Sonnenaufgang
SSE > South-South-East > Süd-Süd-Ost
SSW > South-South-West > Süd-Süd-West
Stand-By > Bereitschaft, (Passagier ist) auf
Warteliste
Start-Up > Anlassen
Steward/Stewardess > Flugbegleiter(in)
STOL > Short Take-Off and Landing > Kurzstart
und Kurzlandung
Supervisor > Aufsicht
SVFR > Special VFR > Sonder VFR
SW > South-West > Süd-West
SWY > Stopway > Stoppbahn
t > Tons > Tonnen (Gewicht)
TACAN > UHF Tactical Air Navigation Aid >
UHF Taktische Flugnavigationshilfe
Take-Off > Flugzeug-Start
Take-Off-Clearance > Starterlaubnis
TAS > True Air Speed
Taxi > Rollen
Taxiway > Zu-/Abrollweg zwischen Runway und
Vorfeld
TEL > Telephone > Telefon
Temporarily > vorübergehend
Terminal > Abfertigungsgebäude
THR > Threshold > Schwelle
Ticket > Flugschein
Timetable > Flugplan
TML > Terminal
TODA > Take Off Distance Available > Verfüg-
bare Startstrecke

TORA > Take Off Run Available > Verfügbare
Startlaufstrecke
Touch Down > Aufsetzen des Flugzeuges
Tower > Kontrollturm
Transfer > Umsteigen, Wechsel
Turboprop > Flugzeug mit Propeller-Turbine
TWR > Tower > Kontrollturm
TWY > Taxiway > Rollbahn, Rollweg
U/S > Unserviceable > Unbrauchbar
Unusable > nicht verwendbar
Usable > nutzbar
UTC > Universal Time Coordinated > Koordi-
nierte Weltzeit (= GMT)
VAL > Visual Approach and Landing Chart >
Sichtanflug- und Landekarte
VDF > Very High Frequency Direction Finding
Station > UKW-Peilstelle
VFR > Visual Flight Rules > Sichtflugregeln
VIP > Very Important Person > Sehr wichtige
Persönlichkeit
VIS > Visibility > Sicht
VMC > Visual Meteorological Conditions >
Sichtwetterbedingungen
VOLMET > Meteorological Information for Air-
craft in Flight > Wetterinformationen für
Luftfahrzeuge im Fluge
VOR > Very High Frequency Omnidirectional
Radio Range > UKW-Drehfunkfeuer
Vorfeld > Flugzeugabstellfläche
VORTAC > Kombination VOR und TACAN
W > West
Wide Body Jet > Großraumflugzeug
Wing > Tragfläche, Flügel
WNW > West-North-West > West-Nord-West
WSW > West-South-West > West-Süd-West
X-Ray > Röntgengerät
Z > Zulu-Time > Zulu-Zeit (= UTC, GMT)

Anschriften

Wir danken der Flughafen Frankfurt/Main AG für die freundliche und umfangreiche Unterstützung bei der Produktion dieses Handbuches. Die Karten und Kartenausschnitte stellte uns freundlicherweise Jeppesen & Co. GmbH, Frankfurt, zur Verfügung. Leider hatten nicht alle ausgewählten Flughäfen das für die Portraits erforderliche Informationsmaterial und konnten deshalb nicht in den Portraits berücksichtigt werden.

Internationale europäische Verkehrsflughäfen

Amsterdam Schiphol
Amsterdam Airport Schiphol
NV Luchthaven Schiphol
P.O. Box 7501
NL - 1118 ZG Schiphol Airport

Ankara Esenboga
Esenboga Airport
Airport Administration
TR - Esenboga - Ankara

Athen Athinai
Athens Airport
Airport Administration
GR - 16603 Athens

Barcelona
El Prat Airport
Airport Administration
08820 Prat de Llobregat
E - Barcelona

Basel-Mulhouse
Euro Airport Bale-Mulhouse Freiburg
Airport Administration
Postfach
CH - 4030 Basel

Berlin Schönefeld
Flughafen Berlin Schönefeld
Flughafenverwaltung
D - 12521 Berlin

Berlin Tegel
Flughafen Berlin Tegel
Flughafenverwaltung
D - 13405 Berlin

Berlin Tempelhof
Flughafen Berlin Tempelhof
Flughafenverwaltung
Platz der Luftbrücke
D - 12101 Berlin

Bordeaux Merignac
Merignac Airport
Airport Administration
Cedex 40 Aerogare
F - 33700 Merignac

Bratislava Ivanka
Bratislava M.R. Stefanik Airport
Slovak Airports Authority
SLOVAKIA - 82301 Bratislava

Brüssel National
Brussels Airport International
Regie der Luchtwegen
B - 1920 Zaventem

Budapest Ferihegy
Budapest Ferihegy Airport
Legiforgalmi es Repuloteri
Igazgatosag, PF 53
H - 1675 Budapest

Dresden
Flughafen Dresden Klotzsche
Flughafenverwaltung
D - 01109 Dresden

Dublin
Dublin Airport
Airport Administration
Aer Rianta
IRL - Dublin

Düsseldorf
Rhein-Ruhr Flughafen Düsseldorf
Flughafenverwaltung
PF 300363
D - 40403 Düsseldorf

Frankfurt/Main
Flughafen Frankfurt/Main AG
Flughafenverwaltung
D - 60547 Frankfurt

Fuerteventura
Fuerteventura Airport
Gerencia de Aeropuerto
Airport Administration
E - Fuerteventura, Puerto Rosario

Funchal
Funchal Airport
Aeroporto de Funchal
Airport Administration
P - 9100 Santa Cruz, Madeira

Genf Cointrin
Geneva International Airport
Direction de l´Aeroport
Aeroport de Cointrin Case 319
CH - 1215 Geneve 15 - Aeroport

Genua Sestri
Sestri/Aeroporto Christoforo Colombo
Airport Administration
P.O. Box 123
I - 16154 Genova Sestri

Glasgow
Glasgow Airport Ltd.
Airport Administration
GB - Paisley, PA3 2ST

Göteborg Landvetter
Göteborg Landvetter Airport
Airport Administration
S - 43880 Landvetter

Gran Canaria
Gran Canaria Airport
Airport Administration
E - Gran Canaria, Las Palmas

Hamburg
Flughafen Hamburg
Flughafenverwaltung
Paul-Bäumer-Platz 1-3
D - 22335 Hamburg

Hannover
Flughafen Hannover
Flughafenverwaltung
PF 420280
D - 30662 Hannover

Helsinki Vantaa
Helsinki-Vantaa Airport
Airport Administration
Box 29
SF - 01531 Vantaa

Ibiza
Aeropuerto de Ibiza
Airport Administration
E - 07871 Ibiza

Innsbruck
Tiroler Flughafen-Betr. Ges.mbH
PF 39
A - 6026 Innsbruck

Iraklion Nikos-Kazantzakis
Iraklion Airport
Airport Administration
GR - Crete

Köln/Bonn
Flughafen Köln/Bonn
Flughafenverwaltung
PF 980120
D - 51129 Köln

Kopenhagen Kastrup
Copenhagen Airport
Airport Administration
P.O. Box 74
DK - 2770 Kastrup

Lanzarote
Arrecife Airport
Airport Administration
Gerencia del Aeropuerto
E - Lanzarote, Arrecife

Leipzig-Halle
Flughafen Leipzig-Halle
Flughafenverwaltung
PF 01
D - 04029 Leipzig

Lissabon
Lisbon Airport Administration
ANA EP
P - 1700 Lisboa

Ljubljana
Brnik Airport Ljubljana
P.O. Box 10
SLOVENIA - 64210 Brnik

London Gatwick
Gatwick Airport Ltd.
Airport Administration
GB - Gatwick, W- Sussex, RH6 ONP

London Heathrow
London Airport Ltd.
Airport Administration
D´Albiac House
GB - Hounslow, Middx TW6 1JH

Luxembourg
Findel Airport
Airport Administration
BP 273
L - 2012 Luxembourg GD

Madrid
Madrid Barajas Airport
Aeropuerto de Madrid Barajas
Airport Administration
E - 28071 Madrid

Mailand Linate
Milan-Linate Airport
SEA- Esercizi Aeroportuali spa
I - 20090 Milano Linate

Malta Luqa
Luqa International Airport
Department of Civil Aviation
M - Malta-Luqa

Manchester
Manchester Airport PLC
Airport Administration
GB - Manchester M22 5PA

Marseille Provence
Marignane Airport
Airport Administration
BP 1 Aeroport
F - 13727 Marignane Cedex

Menorca
Mahon Menorca Airport
Gerencia del Aeropuerto de Menorca
Airport Administration
E - Mahon, Menorca

München
Flughafen München
Flughafenverwaltung
Nordallee 25
D - 85356 München

Nizza
Nice Cote d´Azur Airport
Airport Administration
F - 06056 Nice Cedex

Oslo Fornebu
Oslo Fornebu Airport
Airport Administration
P.O. Box 85
N - 1330 Oslo Lufthavn

Palma de Mallorca Son San Juan
Palma de Mallorca Airport
Gerencia del Aeropuerto de Mallorca
Airport Administration
E - Palma de Mallorca

Paris Charles de Gaulle
Paris Charles de Gaulle Airport
Airport Administration
BP 20101
F - 95711 Roissy CDG Cedex

Paris Orly
Paris Orly Airport
Airport Administration
Orly Sud 103
F - 94396 Orly Aerogare Cedex

Prag
Prague Ruzyne Airport
Airport Administration
TCH - 16008 Prague 6

Reykjavik
Reykjavik Airport
Airport Administration
P.O. Box 350
IS - 121 Reykjavik

Rom Leonardo da Vinci
Rome Fiumicino Airport
Aeroporto Leonardo da Vinci
P.O. Box 68
I - 00050 Fiumicino, Roma

Rotterdam
Zestienhoven Airport
Luchthaven Rotterdam
P.O. Box 12025
NL - 3004 GA Rotterdam

Salzburg
Flughafen Salzburg
Airport Administration
Innsbrucker Bundesstr. 95
A - 5020 Salzburg

Shannon
Limerick Airport
Airport Administration
Aer Rianta
IRL - Shannon, Co- Clare

Stockholm Arlanda
Stockholm Arlanda Airport
Airport Administration
S - 19045 Stockholm-Arlanda

Stuttgart
Flughafen Stuttgart
Flughafenverwaltung
PF 230461
D - 70624 Stuttgart

Teneriffa South
Tenerife South
Reina Sofia
Airport Administration
E - Tenerife

Turin Caselle
Turin Airport / Citta di Turino
Airport Administration
SAGAT SpA
I - 10072 Caselle Torinese

Venedig Marco Polo
Venice Airport
SAVE Aeroporto di Venezia Marco Polo
Airport Administration
I - 30030 Venezia Tessera

Warschau Okecie
Warsaw Okecie Airport
Polish Airports State Enterprise
Airport Administration, P.O. Box 3
PL - 00-906 Warszawa 19

Wien Schwechat
Wien/Schwechat Airport
Flughafen Wien
PF 1
A - 1300 Wien-Flughafen

Zagreb
Zagreb Airport
Airport Administration
P.O. Box 1
KROATIEN - Zagreb

Zürich
Zürich International Airport
Zürich Interkontinentaler Flughafen
Postfach
CH - 8058 Zürich-Flughafen

Internationale europäische Luftverkehrsgesellschaften

In dem folgenden Verzeichnis sind die Anschriften der europäischen Luftverkehrsgesellschaften (Airlines) zu finden, deren Kurzbezeichnungen mit IATA-Codes in den Flughafen-Portraits unter „Nationale Airline" aufgeführt sind. Dabei handelt es sich immer um die größte Airline des jeweiligen Landes, dessen Flughäfen beschrieben sind. Daneben werden der Vollständigkeit halber auch die nationalen Airlines der europäischen Länder genannt, von denen keine Flughafen-Portraits aufgenommen wurden.

Belgien
Sabena Belgian World Airlines
Große Eschenheimer Str. 38A
60313 Frankfurt/Main

Bulgarien
Balkan Bulgarian Airlines
Stephanstr. 1-3
60313 Frankfurt/Main

Dänemark
SAS Scandinavian Airlines Systems
Saonestr. 3
60528 Frankfurt/Main

Deutschland
Deutsche Lufthansa AG
Von-Gablenz-Str. 2-6
50679 Köln

Finnland
Finnair Oy
Düsseldorfer Str. 14
60329 Frankfurt/Main

Frankreich
Air France Compagnie Nationale
Friedensstr. 11
60311 Frankfurt/Main

Griechenland
Olympic Airways S.A.
Hamburger Allee 2-10
60486 Frankfurt/Main

Großbritannien
British Airways
Poststr. 2-4
60329 Frankfurt/Main

Irland
Aer Lingus Irish Airlines
An der Hauptwache 7/8
60313 Frankfurt/Main

Island
Icelandair
Roßmarkt 10
60311 Frankfurt/Main

Italien
Alitalia Linee Aeree Italiane
Frankfurt Airport Center
60549 Frankfurt/Main

Kroatien
Adria Airways
Große Eschenheimer Str. 43
60313 Frankfurt/Main

Luxembourg
Luxair
Berliner Promenade 17-19
66111 Saarbrücken

Malta
Air Malta Co Ltd.
Münchener Str. 49
60329 Frankfurt/Main

Niederlande
KLM Royal Dutch Airlines
Siemensstr. 9
63263 Neu-Isenburg

Norwegen
SAS Scandinavian Airlines Systems
Saonestr. 3
60528 Frankfurt/Main

Österreich
Austrian Airlines
Gutleutstr. 32
60329 Frankfurt/Main

Polen
LOT Polskie Linie Lotnicze
Wiesenhüttenplatz 26
60329 Frankfurt/Main

Portugal
TAP Air Portugal
Waldschmidtstr. 39
60316 Frankfurt/Main

Rumänien
TAROM Transporturile Aeriene Romane
Zeil 13
60313 Frankfurt/Main

Russland
Aeroflot Russian International Airlines
Wilhelm-Leuschner-Str. 41
60329 Frankfurt/Main

Schweden
SAS Scandinavian Airlines Systems
Saonestr. 3
60528 Frankfurt/Main

Schweiz
Swissair Schweizerische Luftverkehr AG
Am Hauptbahnhof 6
60329 Frankfurt/Main

Slowakei
Tatra Air Slowakische Republik
HS Travel & Consulting
Westendstr. 16
64546 Mörfelden

Slowenien
Adria Airways
Große Eschenheimer Str. 43
60313 Frankfurt/Main

Spanien
Iberia
Westendstr. 12
60325 Frankfurt/Main

Tschechien
CSA Ceskoslovenske Aerolinie
Rathenauplatz 2-8
60313 Frankfurt/Main

Türkei
Turkish Airlines
Baseler Str. 35-37
60329 Frankfurt/Main

Ungarn
MALEV Hungarian Airlines
Düsseldorfer Str. 19-23
60329 Frankfurt/Main

Zypern
Cyprus Airways Ltd.
Hugo-Eckener-Ring
60549 Frankfurt/Main

Sonstige wichtige Anschriften

**ADV - Arbeitsgemeinschaft
Deutscher Verkehrsflughäfen e.V.**
Flughafen
70629 Stuttgart

Aerokurier
Luftfahrt-Zeitschrift
Ubierstr. 83
53173 Bonn

Büro der Nachrichten für Luftfahrer
Kaiserleistr. 29-35
63067 Offenbach

**Bundesministerium für Verkehr
Abteilung Luft- und Raumfahrt**
Robert-Schumann-Platz 1
53175 Bonn

Deutsche Flugsicherung GmbH
Zentralstelle
Kaiserleistr. 29-35
63067 Offenbach

Eisenschmidt GmbH
Vertrieb amtlicher Luftfahrtkarten
Frankenallee 25
60327 Frankfurt

Fliegermagazin
Luftfahrt-Zeitschrift
Ringier Verlag GmbH
Gustav-Heinemann-Ring 212
81739 München

Flugrevue
Luftfahrt-Zeitschrift
Ubierstr. 83
53173 Bonn

**Jeppesen Sanderson, Inc.
Bottlang Airfield Manuals
Jeppesen Airfield Manuals**
Walter Kolb Str. 13
60594 Frankfurt

Luftfahrt-Bundesamt
Postfach 3054
38020 Braunschweig

SVA Südwestdeutsche Verlagsanstalt GmbH
Jahrbuch der Luft- und Raumfahrt
68151 Mannheim

Literatur- und Quellenhinweise

Neben den Jahres- und Geschäftsberichten sowie verschiedenen Informationsbroschüren, Flugplänen, Dokumentationen und Planungsunterlagen, die uns die meisten der in diesem Handbuch portraitierten Flughäfen übersandten, standen vor allem folgende Quellen zur Verfügung:

BFS / DFS:
*Flugplätze - Anhang 14 zum Abkommen
über die internationale Zivilluftfahrt*
Bundesanstalt für Flugsicherung 1983,
Deutsche Flugsicherung 1995

Cook, Thomas:
Airports Guide International
The Thomas Cook Group Ltd.,
Peterborough (England), 1992

FAG Frankfurt:
Flughafen-Fachthemen-Hefte
Flughafen Frankfurt/Main AG, Frankfurt, 1994

Jane´s Information Group:
Jane´s ABC
Jane´s Information Group,
Coulsdon (England), 1994

Jeppesen Sanderson:
Bottlang Airfield Manuals
Jeppesen Sanderson Inc., Frankfurt, 1995

Jeppesen Sanderson:
Jeppesen Airway Manuals
Jeppesen Sanderson Inc., Frankfurt, 1995

Kroll, Dr. Jens M.:
Taschenbuch für die Touristikpresse
Seefeld, 1994

Prüter, Wolf:
Take Off - Handbuch des Fliegens
Universitas Verlag, Berlin, 1984

Reuss, Tilman T. (Hrsg.):
Jahrbuch der Luft- und Raumfahrt 1994
SVA, Mannheim, 1994

Wright, Allan J.:
European Airports
Ian Allan Ltd., Shepperton (England), 1990

Der Autor

Peter Bachmann (Jahrgang 1942) studierte nach dem Abitur Wirtschaftswissenschaften an der J.W.v.-Goethe-Universität in Frankfurt. Nach dem Studium war er fünf Jahre lang Geschäftsführer in drei großen deutschen Verlagen, bevor er 1975 einen eigenen Verlag und ein betriebswirtschaftliches Beratungsbüro gründete. Bis heute sind in diesem Verlag weit über 100 Publikationen, vorwiegend über Luftfahrt-Themen, erschienen.

Daneben werden seit 1975 im Beratungsbereich des Verlages Wirtschaftlichkeitsanalysen über den Einsatz von ein- und zweimotorigen Privat- und Geschäftsreiseflugzeugen erstellt.

Neben diesem Know-How über die betriebswirtschaftlichen Aspekte in der Luftfahrt stehen die praktischen Erfahrungen aus rund 3.500 VFR- und IFR-Flugstunden, die Peter Bachmann seit 1973 als Pilot-In-Command und Co-Pilot gesammelt hat. Vor diesem Hintergrund ist das vorliegende Handbuch entstanden.

**Bisherige Veröffentlichungen
im Motorbuch Verlag, Stuttgart:**

Einmotorige Flugzeuge
Bilder, Daten, Kosten (1976 und 1978)

Ein- und zweimotorige Flugzeuge
Bilder, Daten, Kosten (1980, 1991, 1993)

Flugzeuginstrumente
*Vom Sportflugzeug zum Airbus
Typen, Technik, Funktion (1992)*

Handbuch der Satelliten-Navigation
*GPS (Global Positioning System) Technik
Geräte - Anwendung (1993)*

Luftfahrtberufe
Voraussetzungen - Ausbildung - Perspektiven (1994)

Internationale Flughäfen Europas
Pläne - Daten - Fakten (1995)

Was damals von größter Bedeutung war, zählt auch heute noch.

Qualität und Genauigkeit: Diese Eigenschaften waren bedeutsam, als Captain "Jepp" Jeppesen in den 30er Jahren gefährliche Routen detailliert aufzeichnete, um seinen Pilotenkameraden zu ermöglichen, sicher durch den Himmel zu steuern. Die gleiche kompromißlose Aufmerksamkeit für Genauigkeit und Detail ist auch heute von höchster Wichtigkeit bei Jeppesen.

Im Lauf der Jahre wurde Jeppesen zum anerkannten internationalen Marktführer in den Bereichen Flight Information Services, Flight Planning und Weather Services sowie Pilot Training Systems. Wir erweitern ständig unseren Service, um den gestiegenen Anforderungen in der Luftfahrt gerecht zu werden, und weisen den Weg mit aufregenden Innovationen für die Zukunft.

Heute wie in den vergangenen Jahren vermittelt der Name Jeppesen den Piloten in aller Welt Qualität und Vertrauen. Piloten zu helfen ist unser stolzes Vermächtnis, und ausgezeichnete Qualität unsere fortwährende Verpflichtung.

Unser Katalog liegt auf Anfrage für Sie bereit.

Alles über Luft- und Raumfahrt!

Zwei aktuelle Magazine informieren umfassend und kompetent über die neuesten Themen im Flugbereich. Fundierte Beiträge mit faszinierenden Farbfotos, aktuelle Berichte und Fachinformationen aus aller Welt – das alles finden Sie monatlich neu in aerokurier und FLUG REVUE.

Das ganze Spektrum der zivilen Luftfahrt: Motor- und Segelflug, Luftsport und Luftverkehr, Geschäfts- und Privatfliegerei.

Alles Wissenswerte aus der Zivil- und Militärluftfahrt, Raumfahrt, Forschung, Technik, Entwicklung und Historie.

Jeden Monat aktuell im Zeitschriftenhandel